SYLVIA SCHAAB
Es geht auch ohne Plastik
Die 30-Tage-Challenge für die ganze Familie!

GOLDMANN
Lesen erleben

Sylvia Schaab

Es geht auch OHNE Plastik

Die 30-Tage-Challenge für die ganze Familie!

GOLDMANN

Sollte diese Publikation Links auf Webseiten Dritter enthalten, so übernehmen wir für deren Inhalt keine Haftung, da wir uns diese nicht zu eigen machen, sondern lediglich auf deren Stand zum Zeitpunkt der Erstveröffentlichung verweisen.

Die Rezepte in diesem Buch wurden nach bestem Gewissen zusammengetragen. Für die Vollständigkeit und Richtigkeit der Rezepte, Tipps und Anleitungen kann weder von der Autorin noch vom Verlag Haftung übernommen werden. Jegliche Zubereitung und Anwendung erfolgt auf eigene Verantwortung und Gefahr.

 Dieses Buch ist auch als E-Book erhältlich.

Verlagsgruppe Random House FSC® N001967

1. Auflage
Originalausgabe Juni 2019
© Wilhelm Goldmann Verlag, München,
in der Verlagsgruppe Random House GmbH,
Neumarkter Str. 28, 81673 München
Umschlaggestaltung: UNO Werbeagentur, München
Umschlagmotiv: Flora Press/flora production; FinePic®, München
Fotos in den Umschlaginnenseiten: © Sylvia Schaab
Alle Illus: © shutterstock/matsabe; außer Einleitung, Kapitel 1,
Kap. 17: © justone; Kap. 3: © bsd; Seite 24, 232: © NinjaStudio.
Lektorat: Sabine E. Rasch, Ottersberg
SSt · Herstellung: cf
Satz: Satzwerk Huber, Germering
Druck und Bindung: CPI books GmbH, Leck
Printed in Germany
ISBN: 978-3-442-22280-3
www.goldmann-verlag.de

Besuchen Sie den Goldmann Verlag im Netz:

Inhalt

Wie alles begann ...

Schon als Jugendliche interessierte ich mich für Natur- und Umweltschutz, alternative Lebensformen und Nachhaltigkeit. In der Schule beteiligte ich mich an einer Ausstellung, die sich mit dem Ozonloch beschäftigte. Meine Mutter brachte mich dazu, den Müll sauber zu trennen und Jutebeutel für den Einkauf zu verwenden. Meine Überzeugung verlor ich auch während des Studiums, beim Start ins Arbeitsleben und nach der Geburt meiner Kinder nicht. Doch irgendwann zwischen Windeln wechseln und Geld verdienen verlor ich diese Themen etwas aus dem Fokus. Ich fuhr zwar weiterhin lieber mit dem Fahrrad als mit dem Auto und achtete darauf, sorgsam mit Lebensmitteln umzugehen, die ich möglichst in Bioqualität einkaufte – aber längst nicht immer. Oft war die Ersparnis von Zeit und Geld eher mein Antrieb als die Umweltverträglichkeit. Bequemlichkeit schlug Umweltbewusstsein.

Dennoch ärgerte ich mich ständig über die Nachbarn unserer Mietwohnung, die ihren Müll wild in alle Tonnen verteilten, während ich ihn brav trennte. Sprach ich sie darauf an, hieß es: »Das wird doch alles eh zusammengeschmissen.« Solche Sprüche verunsicherten mich und warfen die Frage auf: »Kann ich wirklich nichts tun, um das Recycling von Ressourcen zu unterstützen?« Genau wie meine Nachbarn wusste ich offensichtlich nicht genug über dieses

Thema – aber ich wollte keinesfalls einfach resignieren und mich mit Halbwissen zufriedengeben.

Heute weiß ich, dass leider tatsächlich nicht der gesamte, getrennt gesammelte Plastikmüll recycelt wird. Woran das liegt, das erfahren Sie in diesem Buch. Meine Nachbarn haben trotzdem unrecht. Denn tatsächlich können sie durch eine korrekte Trennung dafür sorgen, dass Müll besser verwertet werden kann. Ich zeige Ihnen außerdem, wie Sie durch Ihre Einkaufsentscheidungen Ressourcen schonen, damit Müllberge gar nicht erst entstehen.

Eigenes Haus mit eigenem Müll

Als wir in unser eigenes Haus zogen, war ich plötzlich nur mit dem von unserer Familie produzierten Müll konfrontiert. Genervt stellte ich fest, dass ich ständig auf dem Weg zur gelben Tonne war. Nach jedem Einkauf quoll der Eimer für den Plastikmüll über, und ich dachte nur: »Muss das sein?«. Also begann ich, mich mit Alternativen zu beschäftigen und wurde so zur Expertin für Plastikvermeidung. Schnell eröffneten sich mir zudem neue Sichtweisen auf das Thema Nachhaltigkeit und Ressourcenschonung. Stellen Sie sich vor, Sie ziehen an dem Faden einer Wollsocke, und während sie sich auftrennt, kommen immer neue Farben zum Vorschein. So war das bei uns mit dem Thema Müll und Plastik vermeiden. Wir fingen an, unsere Einkaufsgewohnheiten zu hinterfragen und bei der Recherche nach Alternativen kamen immer neue Facetten der Nachhaltigkeit zum Vorschein. Deshalb änderten wir Stück für Stück unser ganzes Konsumverhalten.

Als Journalistin wollte ich andere Menschen an den Erkenntnissen teilhaben lassen und mich mit ihnen austauschen. Also hielt ich in meinem Blog »Grüner wird's nimmer!« meinen Weg zu weniger Müll und zu einem nachhaltigen Leben fest (gruenerwirdsnimmer.de).

Damit brachte ich einen Stein ins Rollen: Die örtliche Zeitung berichtete über mich und meinen Blog. Ich nutzte die Gelegenheit, zusammen mit der Gründerin der Facebook-Seite »Plastikfrei in Augsburg« einen realen Austausch über ein Leben ohne Plastik zu organisieren. So wurde der »plastikfreie Stammtisch« im November 2015 geboren.

Der Stammtisch war von Anfang an ein Riesenerfolg. Seitdem kommen jeden Monat bis zu 20 Menschen zusammen und tauschen sich über immer neue Themen aus. Viele Freundschaften und sogar Partnerschaften sind daraus entstanden, sogar Babys sind in dieser Zeit zur Welt gekommen.

Aus dem Stammtisch ging das »Forum Plastikfreies Augsburg – Wege in ein ressourcenschonendes und nachhaltiges Leben« hervor, das Menschen, Unternehmen und Verantwortlichen in Verwaltung und Politik ein Leben ohne Plastik aufzeigt. Und die Idee pflanzt sich fort. In unserer Region sind schon drei weitere Stammtische entstanden, und wir bekommen Anfragen von anderen Orten, um Starthilfe für solche regelmäßigen Treffen zu geben. Darüber freuen wir uns natürlich sehr.

Denn nur wenn jeder sich auf den Weg macht und sein Leben Stück für Stück ändert, kommen wir als Gesellschaft dem ökologischen Wandel näher. Dass wir so nicht wie bisher, weitermachen können, wissen wir alle. Allerdings wissen viele nicht, wie und was sie ändern können. Dieses Buch möchte zeigen, wie leicht es geht, sein Leben umzustellen – ohne dabei an Lebensqualität einzubüßen. Im Gegenteil, Sie werden merken, dass Ihr Leben durch viele neue Erfahrungen bereichert wird. Sie werden Ihr altbekanntes Umfeld neu kennenlernen, neue Gewohnheiten entwickeln, neue Facetten an Menschen entdecken.

Dafür habe ich eine 30-Tage-Challenge für Sie konzipiert. Natürlich können Sie diese an einem Stück durchführen. Doch auch falls Sie ein bisschen länger brauchen, kommen Sie zum Ziel. Jeder

Schritt zählt. Jedes Gespräch, das Sie über ein Leben ohne Plastik führen, inspiriert andere. Wie oft habe ich schon gehört: »Neulich musste ich an dich denken, als ich wieder so viel Plastik sah.« Es passiert etwas in den Köpfen der Menschen, die jetzt bemerken, dass Plastikmüll ein globales Problem geworden ist, dass unser Lebensstil in dieser Form nicht lange weitergeführt werden kann, dass unsere Ressourcen endlich sind. Und es werden täglich mehr, die sehen, dass sie etwas tun können, um diesen Planeten zu retten. Die Plastikfrei-Challenge ist eine Möglichkeit, in Ihrem Leben etwas zu verändern, Schritt für Schritt, Tag für Tag. Natürlich verschwinden die Probleme nicht, wenn Sie und ich Plastikmüll vermeiden. Aber solche kleinen Schritte führen dazu, dass sich etwas verändert. Und sie wirken sich auf Ihr Umfeld aus. Viele Menschen, die viele kleine Schritte machen, sorgen für große Bewegungen. Als ich anfing, Plastik einzusparen, haben viele über mich gelächelt. Inzwischen ist das vollkommen normal. Ich würde mich freuen, wenn mein Engagement Sie inspirieren würde, Ihr eigenes Thema zu suchen und aktiv etwas zu verändern. Ich bin fest davon überzeugt, dass der Wandel hin zu einem nachhaltigeren Leben kommen wird. Wir haben es in der Hand, einen sanften Übergang in ein neues Zeitalter zu gestalten. Wenn jeder in seinem Umfeld die Weichen stellt, dann können wir es schaffen.

Möchten Sie etwas tun gegen das Plastik im Meer, den Klimawandel und das Artensterben? Packen wir es an!

Ihre Sylvia Schaab

Kapitel 1

Aller Anfang ist ...

... schwer? Nun, das ist relativ. »Leben ohne Plastik? Ist das nicht unheimlich schwer?«, werde ich häufig gefragt. Wie so vieles ist es Ansichtssache und eine Frage der Aufmerksamkeit. Wer jede Woche bei einem Discounter oder im Supermarkt die vermeintlich besten Schnäppchen jagt, sieht den Wald vor lauter Plastik nicht. Wer sich noch nie über die Alternativen Gedanken gemacht hat, für den ist es vermutlich unvorstellbar, dass es auch anders geht. Und dass es gar nicht so kompliziert ist.

Schwierig ist es vor allem dann, wenn man die Umstellung auf ein Leben ohne Plastik auf einmal erledigen möchte. Denn im laufenden Haushaltsbetrieb von heute auf morgen einen Umstieg zu schaffen, ist eine eher große Herausforderung. Ich vergleiche es gerne mit der Situation im Urlaub oder nach einem Umzug. Auch da muss man sich in einer neuen Umgebung erst einmal orientieren: Wo ist der nächste Bäcker? Wo gibt es einen guten Supermarkt? Wo kriege ich frisches Obst und Gemüse?

Wenn man im Urlaub ist, hat man Zeit. Wenn man umgezogen ist, keine Wahl. Doch im Alltag muss jeden Morgen das Pausenbrot geschmiert und Essen für die Mittagspause vorbereitet werden. Dazwischen stehen Arbeit, Kinderbetreuung, Arzttermine und Freizeitaktivitäten auf dem Programm. Da bleibt nur wenig Zeit, neue

Gewohnheiten zu entwickeln. Doch: Es ist möglich! Und zwar dann, wenn man sich Zeit dafür lässt. Es muss ja nicht sofort alles anders werden. Wie heißt es so schön? Jeden Tag ein bisschen besser und ein bisschen mehr! So habe auch ich es angefangen. Daher habe ich die 30-Tage-Challenge entwickelt. Damit bleiben Sie am Ball und können jeden Tag ein neues Thema angehen. Das Ergebnis: Ohne große Mühe und Anstrengungen leben Sie nach den 30 Tagen nachhaltiger und gesünder.

Meine Motivation, ohne Plastik zu leben, begann beim Anblick der schieren Mengen an Plastikmüll, die sich in der gelben Tonne wiederfanden. Ein Blick offenbarte: Es waren vor allem die Tetrapaks, die mich veranlassten, mindestens alle zwei Tage den Plastikmüll nach unten zu bringen. Milch- und Safttüten, die in einem fünfköpfigen Haushalt literweise anfallen. Also stiegen wir um auf Pfandflaschen. Als Nächstes kamen die Wurst- und Käseverpackungen auf den Prüfstand. In vielen Supermärkten gibt es eine Frischetheke, und der Metzger ist ja auch gleich um die Ecke. Durch solch gezielte Einkäufe sparte ich schon eine Menge Müll.

Interessanterweise ergaben sich durch die neuen Einkaufsgewohnheiten neue Fragen: Wie weit reist die Milch, bevor sie bei uns auf den Tisch landet? Wie hat das Tier gelebt, das bei uns zu Schnitzel verarbeitet wurde? Welche Schadstoffe stecken überhaupt in so einer Plastikverpackung?

Natürlich wussten wir, dass regional einzukaufen besser ist und dass Massentierhaltung Leid für die Tiere bedeutet. Doch im Alltag am Discounter-Regal sowie beim Blick in den Geldbeutel wurden die Moral und das ökologische Gewissen oft ganz leise. »Warum noch einmal extra zum Metzger fahren, wenn man hier sowieso schon alles kriegt? Und auf der Packung steht ja auch, dass auf das Tierwohl geachtet wird. Na, dieses eine Mal, wird schon nichts ausmachen.« Vielleicht kennen Sie solche Sätze und Gedanken? Aber da Sie zu diesem Buch gegriffen haben, möchten Sie vermutlich diese oder ähnliche Ausreden beiseiteschieben und Ihrem Gewissen Gehör verschaffen. Nehmen Sie sich 30 Tage jeden Tag eine andere nachhaltige Aufgabe vor und legen Sie los. Leben Sie Ihr Ändern!

Weniger Plastik ist schon eine Menge wert

»Und Sie haben wirklich kein Plastik mehr?«, wundern sich Menschen oft, wenn sie mir begegnen. In unserer modernen Welt ist so vieles aus Kunststoff, dass wir den Lebensstandard, den wir heute erreicht haben, ohne Plastik gar nicht halten könnten. Es wäre zu einfach zu sagen, dass der Kunststoff generell schlecht ist. Problematisch ist, was wir damit machen und wie viel wir davon verbrauchen. Würde alles Plastik wieder ordentlich recycelt werden, wären unsere Ozeane nicht voll davon. Würden wir kreislauffähige, also komplett recycelbare Produkte entwickeln, dann müssten wir das Plastik nach seiner Nutzung nicht verbrennen. Und würden wir darauf achten, dass unsere Plastikprodukte keine Schadstoffe abgeben, dann müssten wir uns nicht um unsere Gesundheit sorgen.

Zero Waste Lebensstil

Wir müssen uns darüber im Klaren sein, dass es weder sinnvoll noch möglich ist, Plastik gänzlich zu vermeiden. Wenn wir jedoch weniger Plastik verwenden und uns nach den Prinzipien von Zero Waste richten, können wir bereits eine Menge erreichen.

Die fünf Prinzipien von Zero Waste:
- Refuse – Ablehnen/Vermeiden:
  Lehnen Sie ab, was Sie nicht brauchen. Verzichten Sie auf Einweggeschirr und Gegenstände aus Einwegplastik wie Strohhalme oder einzeln eingepackte Kekse zum Kaffee. Leh-

nen Sie Gratisgeschenke, Werbepost oder Quittungen ab und kaufen Sie keine unnötig verpackten Produkte.

▶ Reduce – Reduzieren
Kaufen Sie nur das, was Sie wirklich brauchen. Unnötige Dinge nehmen Platz in Anspruch und rauben uns Energie und Zeit. Behalten Sie lediglich das, was Sie brauchen. Was Sie nicht brauchen, geben Sie weiter oder teilen Sie es mit anderen.

▶ Reuse – Wiederverwenden
Was bereits produziert ist, sollte so lange wie möglich genutzt werden. Kaufen Sie daher gebrauchte Produkte oder Produkte, die wiederverwendbar, wiederbefüllbar und wiederaufladbar sind. Alle Gegenstände sollen sich leicht reparieren lassen sowie vielseitig nutzbar und lange haltbar sein.

▶ Recycle – Recyceln/Wiederaufbereiten
Damit aus Altem Neues wird, sollte man dort, wo man Verpackung oder Müll nicht vermeiden kann, darauf achten, die Dinge in den Recyclingkreislauf zu geben: Wertstoffhöfe oder Ankaufsstellen für Altmetall sind dabei gute Anlaufstellen.

▶ Rot – Kompostieren
Alles, was man der Natur zurückgeben kann, sollte man kompostieren: im Bukashi[1], auf dem eigenen Komposthaufen oder über die Biotonne.

GEbrauchen statt VERbrauchen

Zero Waste ist ein Lebensstil der Müll-Vermeidung, den Bea Johnson in ihrem Buch »Zero Waste Home[2]« vorstellt und der eine weltweite Bewegung ausgelöst hat. Die Prinzipien von Zero Waste ermöglichen uns, ein umweltfreundliches Leben zu führen. Dahinter steckt der Gedanke, dass wir uns auf das Wesentliche in unserem Leben konzentrieren. Dass wir keine Sachen anschaffen, die wir nicht benötigen, nur um sie zu besitzen, und dass wir die Dinge, die wir kaufen, auch tatsächlich GEbrauchen und nicht einfach nur VERbrauchen.

Wenn wir Sachen VERbrauchen, dann lassen wir uns den zwanzigsten Werbekugelschreiber geben, der dann im Müll landet, sobald er nicht mehr schreibt. Wenn wir Sachen dagegen GEbrauchen, dann kaufen wir uns hochwertige Produkte, die uns lange erhalten bleiben. Das beginnt bei einem guten Kugelschreiber, führt über ein hochwertiges Paar Schuhe bis hin zu einer Pfanne, die ein Leben lang hält. Das ist nicht nur nachhaltiger und schont Ressourcen, es ist auch einfach schöner! Haben wir wenige wirklich schöne Dinge um uns herum, können wir uns mehr daran erfreuen: der hochwertige Füller für einen persönlichen Brief, die schöne Olivenholzschale für den Salat oder der Putzeimer aus Emaille.

Plastik ist vergleichsweise günstig, das verleitet uns häufig, mehr Dinge zu kaufen, als wir tatsächlich brauchen. Doch machen uns diese Dinge wirklich glücklich? Vermutlich nicht. Denn wer auf ständigen Konsum und die schnelllebigen Plastikprodukte verzichtet, lebt häufig deutlich entspannter. Dazu kommt: Wer weniger Sachen in seinem Haushalt hat, benötigt weniger Zeit, um diese in Ordnung zu halten und zu pflegen.

Gesünder leben ohne Plastik

Wer ohne Plastikverpackungen lebt, lebt gesünder. Warum? Schauen Sie sich im Supermarkt um. Was genau ist denn in Plastik verpackt? Hauptsächlich Fertigprodukte und Süßigkeiten. Da ist überall viel Zucker drin. Und wir wissen alle, dass die meisten von uns viel zu viel Zucker essen. Dazu kommen Konservierungsstoffe und Geschmacksverstärker, die sich ebenfalls negativ auf unser Wohlbefinden auswirken können. Natürlich ist es einfach, nach einem anstrengenden Arbeitstag die Tiefkühlpizza in den Ofen zu schieben. Andererseits gibt es auch viele Gemüsegerichte, wie asiatisches

Wok- oder Ofengemüse, die schnell zubereitet sind. Das Geheimnis liegt in der Einkaufsplanung. Wenn Sie alle Zutaten bereits im Haus haben, sparen Sie sich den vielleicht täglichen Gang zum Supermarkt. Die Zeit, die Sie dadurch gewinnen, können Sie locker für das Zubereiten einer leckeren und gesunden Mahlzeit verwenden. Wenn Sie dann auch noch gemeinsam mit Ihrer Familie kochen können, ist es umso schöner. Dann verbringen Sie mehr Zeit miteinander, und die Kinder lernen, Verantwortung zu übernehmen und etwas fürs Leben: nämlich wie man frisches, leckeres Essen zubereitet.

TIPP Planen Sie Ihren Wocheneinkauf und legen Sie Vorräte an. So sichern Sie sich eine entspannte Essensversorgung!

Auch bei uns mögen nicht alle Kinder jedes Gemüse. Es ist mir ein Rätsel, wie aus den Kleinkindern, die liebend gern Gemüse aßen, irgendwann einmal mäkelige Teenager werden, die zwar Tomatensauce lieben, aber frische Tomaten zurückweisen. Deshalb kommt es vor, dass an unserer Tafel ein Kombinationsmenü bereitsteht. Ich akzeptiere die Vorlieben meiner Kinder und weiß aus eigener Erfahrung, dass sich der Geschmack meist im Erwachsenenalter wieder ändert. Manchmal lassen sich die Kinder dazu hinreißen, etwas Neues zu probieren und gehen neue geschmackliche Wege. Ansonsten bekommen sie das Gemüse, das sie auch wirklich essen – selbstverständlich ohne Plastikverpackung. Aufbewahrt wird unser Essen natürlich auch plastikfrei.

Ein kunststofffreies Umfeld wirkt sich auch sonst positiv auf uns und unser Wohlbefinden aus. Kosmetik und Pflegeprodukte sind ein gutes Beispiel: Wer weiß schon, welche Mikroplastik-Teilchen in uns eindringen und wie sie auf unseren Organismus wirken. Abgesehen von den Auswirkungen auf die Umwelt, wenn das Mikroplastik über das Abwasser wieder in die Natur kommt. Ebenso sparen wir uns die Plastikfasern aus Kleidung oder Teppichen, die durch Haut oder Atmung in unser System eindringen können.

Da wir heute wissen, welche Auswirkungen Kunststoffe auf uns haben, ist es nun an uns, Alternativen ohne Plastik zu wählen. Es ist an der Industrie, Alternativen ohne Plastik anzubieten, und an der Politik, ordnend einzugreifen und damit die Entwicklung von umweltfreundlichen Verpackungen und Gegenständen voranzutreiben.

In Kreisläufen denken

Dazu ist es wichtig, Dinge so zu produzieren, dass sie wieder in einen Kreislauf eingehen können und nicht zu Müll werden. Bei einem Umstieg auf ein Leben ohne Plastik geht es also nicht darum, wahllos Dinge aus Kunststoff zu entsorgen. Mit der 30-Tage-Challenge erfolgen die Änderungen überlegt und in kleinen Schritten. Für jeden Tag nehmen Sie sich eine neue Herausforderung vor. Ja, das ist manchmal mit Mühe und Verzicht verbunden. Aber seien Sie sicher: Sie gewinnen dabei eine Menge an Lebensqualität, an Gesundheit, an Freude dazu. Bedenken Sie auch, dass Verzicht eine große Erleichterung darstellen kann. Für mich und meine Familie kann ich sagen, dass es selbst nach so vielen Jahren ohne Plastik nichts gibt, was uns ernsthaft fehlt.

Und seien Sie nicht zu streng zu sich! Auch mein Heim ist nicht komplett ohne Plastik. Entweder, weil es nicht zu ersetzen ist, weil es noch gut zu verwenden ist oder ich noch keine Gelegenheit hatte, es weiterzugeben. Aber: Es kommt kaum neuer Kunststoff ins Haus. Denn meine Einkaufsgewohnheiten haben sich grundlegend geändert. Wenn wir etwas brauchen, dann versuchen wir, es entweder gebraucht zu kaufen oder in guter Qualität, damit es lange hält. Und bei uns gibt es keinen wöchentlichen Discounter-Einkauf mehr, bei dem der Smoothie-Maker, das Laminiergerät oder die neuen Plastik-Rollerblades zum unschlagbar günstigen Preis verführerisch in den Warenauslagen liegen.

Die einzigen Herausforderungen, die sich uns heute stellen, sind die Mengen an Gemüse, die wir aufgrund unserer Mitgliedschaft bei der Solidarischen Landwirtschaft wöchentlich zu verkochen haben.

Machen Sie sich auf den Weg!

Es gibt also keinen Grund angesichts des vielen Plastiks zu verzweifeln! Um sich auf den Weg zu machen, ist dieses Buch gedacht. Es zeigt, wie man in 30 Tagen die Weichen für ein nachhaltigeres und zukunftsfähiges Leben ohne Plastik führen kann. Nicht jeder Schritt taugt für jeden. Jeder muss erst die für sich beste Lösung finden. Daher gibt es bei vielen Produkten unterschiedliche Alternativen, bei denen Sie entweder nur anders einkaufen, etwas Selbermachen oder sogar völlig darauf verzichten können.

Verzichten, das klingt zunächst nach einem großen Wort. Aber eigentlich geht es darum, dass wir manches einfach nicht mehr wollen und der Verzicht eine große Erleichterung darstellt. Und wenn mir Menschen erzählen, es sei einfach bequemer, Plastikverpackungen zu kaufen, dann heißt das eigentlich nur, dass sie ihren verpackungsfreien Weg noch nicht gefunden haben.

Ich wünsche Ihnen viel Spaß dabei, den Ihrigen zu entdecken.

6 Tipps zum Start in ein plastik-freie(re)s Leben

TIPP
1

Seien Sie gelassen!

Wenn Sie sich erst einmal vom Plastik umzingelt fühlen, bleiben Sie ruhig und werfen Plastiksachen nicht wahllos weg. Schließlich wurden auch wertvolle Ressourcen zur Herstellung benötigt. Plastikbehälter kann man alternativ für Schrauben, Nägel oder anderen Kleinkram statt wie bisher für Nahrungsmittel verwenden. Gut erhaltene Sachen finden über Sozialkaufhäuser neue Besitzer.

TIPP
2

Seien Sie vorbereitet!

Wenn Sie zum Einkaufen gehen, überlegen Sie vorher, was Sie brauchen und nehmen entsprechende Behältnisse mit: Korb oder (Stoff-)Tasche, um den Einkauf heimzubringen, wiederverwendbare Säckchen (zum Beispiel von naturtasche.de) für Obst und Gemüse, Dosen oder Gläser für Wurst oder Käse.

Seien Sie mutig!

Trauen Sie sich, das Verkaufspersonal hinter der Theke zu bitten, Wurst, Fleisch oder Käse in mitgebrachte Behältnisse zu füllen. Manchmal muss man hartnäckig sein und erst ein Bewusstsein für den plastikfreien Einkauf schaffen. Meist dürfen die Verkäufer die Dosen nicht über die Theke nehmen, aber der Transfer auf der Theke klappt oft. Da diese Vorschriften vor allem für Fleisch, Fisch und Käse gelten, sind Veganer klar im Vorteil!

Seien Sie aufmerksam!

Schauen Sie sich beim Einkaufen im Supermarkt um. Viele Produkte gibt es in Glas oder Papier statt in Plastik verpackt. Milch und Joghurt im Pfandglas sind zwar etwas teurer, dafür schmeckt man aber den Unterschied. Nudeln, Tiefkühlgemüse und Eis gibt es ebenfalls im Karton und eingelegtes Gemüse im Glas. Vieles, was mit Plastik verpackt ist, ist häufig sowieso ungesund (Fertigprodukte, Snacks oder Süßigkeiten) oder nicht wirklich notwendig (flaschenweise spezialisierte Reinigungsmittel oder Pflegeprodukte). Schokolade gibt es unverpackt in Schokoladenläden, Kekse schmecken selbst gebacken ohnehin am besten.

Seien Sie kreativ!

Die Umstellung auf ein plastikfreies Leben muss nicht teuer sein. Sammeln Sie alte Einmach- und Marmeladengläser und verwenden Sie sie zur Aufbewahrung. Außerdem können Sie die Gläser für einen unverpackten Einkauf nutzen. Anderes lässt sich upcyceln: So werden aus abgelegten T-Shirts oder Vorhängen Stoffbeutel für den Gemüse- oder Broteinkauf.

Machen Sie's einfach!

Manche modernen Produkte sollen unser Leben vereinfachen, machen es in Wahrheit aber eher kompliziert. Zum Beispiel ist Wasser aus der Leitung gut trinkbar und enthält weniger Rückstände als gekauftes Mineralwasser in Plastikflaschen. In Glas- oder Edelstahlflaschen lässt es sich prima transportieren und inzwischen an vielen Orten kostenlos auffüllen. Achtung: Aluflaschen sind keine geeignete Alternative, da sie innen mit Kunststoff beschichtet sind. Kaffee können Sie in der Thermoskanne mitnehmen oder in einem wiederverwendbaren Becher unterwegs beim Lieblings-Kaffee-Kiosk kaufen. Snacks, Wraps und Gemüse sind am besten in Brotzeitdosen aus Edelstahl aufgehoben. Die eignen sich auch für das Sandwich, das Sie unterwegs kaufen. Flüssigseife im Kunststoffspender ist im wahrsten Sinne des Wortes überflüssig, denn sauber wird man auch mit Seife. Es gibt wunderbare Seifen für Haut und Haar, die sollten Sie unbedingt ausprobieren.

Kapitel 2

Plastik, was ist das eigentlich?

Das Wort Plastik leitet sich ab vom griechischen *plassein*, das für »bilden, formen« steht. Der Name ist Motto, denn der Vorteil von Plastik ist, dass es leicht formbar und daher für alle erdenklichen Gegenstände und Einsatzzwecke verwendbar ist. Darüber hinaus hat Plastik ein nur geringes Gewicht. Plastik ist ebenfalls das umgangssprachliche Wort für Kunststoff, einem Material also, das so in der Natur nicht vorkommt und chemisch hergestellt wird. Der Ausgangsstoff von Plastik ist meist Erdöl: Für einen Liter Kunststoff benötigt man zwei Liter Erdöl. Alternative Ausgangsstoffe können nachwachsende Rohstoffe sein. Relativ bekannt und schon lange im Einsatz sind Kautschuk oder Zellulose.

Kunststoffe bestehen aus langkettigen Kohlenwasserstoff-Verbindungen, die Polymere genannt werden. Eine Mischung aus den Polymeren und Zusatzstoffen ergeben die formbare Kunststoffmasse. Die Reaktion heißt Polykondensation und wurde Ende des 19. Jahrhunderts erstmals von Adolf von Baeyer beschrieben[3]. Damit begann die Erfolgsgeschichte der Kunststoffe, die im Laufe des 20. Jahrhunderts Holz, Glas, Metall und viele andere natürlichen Rohstoffe ersetzte. Denn mit Kunststoffen kann man leicht und billig alle möglichen Formen, Farben und Eigenschaften erzeugen. Diese Erfindung prägt unsere moderne Gesellschaft bis heute.

Kunststoffe verrotten nicht

Kunststoffe sind äußerst widerstandsfähig. Sobald sie einmal zu Polymeren wurden, lässt sich dieser Vorgang nur schwer wieder rückgängig machen. Das heißt, anders als natürliche Stoffe verrotten Kunststoffe in der Natur nicht. Sie zersetzen sich durch Wind und Wetter in immer kleinere Teile, geben dabei die enthaltenen Inhaltsstoffe an die Umgebung ab und binden im Wasser sogar andere Schadstoffe an sich.

Diese kleinen Teile werden von Tieren für Nahrung gehalten und gefressen. Für die Tiere sind die Kunststoffe nicht zu verdauen, und so schockieren uns immer wieder Bilder von Walen, die eine Unmenge an Plastik im Magen haben und elendig daran zugrunde gingen.

> ### Plastik hat in der Natur nichts zu suchen
> Plastik, dieser menschengemachte Wunderstoff, darf nicht in die Natur gelangen, sondern muss von Menschen fachgerecht entsorgt und möglichst wieder einem Recyclingkreislauf zugeführt werden.

Plastik in der Umwelt

Auch wenn viele Menschen ihren Müll trennen und ordnungsgemäß entsorgen, so landet er leider allzu häufig dort, wo er nicht hingehört: in unserer Umwelt. Das sogenannte Littering, der unabsichtliche Eintrag von Müll in die Natur, ist ein weltweites Problem. Fehlende Müllkonzepte sind dafür verantwortlich, dass wie etwa in Asien viel Plastik ins Meer gelangt. Die aufstrebenden Industrienationen sorgen sich eher um sauberes Wasser und weniger um das Müllproblem.

Doch auch hierzulande gelangt Plastik über Flüsse in Seen und das Meer. Die Mikroplastikkonzentration im Rhein ist mit 3,9 Mikroplastikteilchen die weltweit höchste gemessene Konzentration an Mikroplastik in Gewässern.[4]

Die Mengen an Plastik haben katastrophale Auswirkungen auf die Tiere, die Plastikteile für Nahrung halten oder sich in alten Fischernetzen verheddern und verenden. Jährlich sterben eine Millionen Seevögel durch Kunststoffe.[5] Fünf große Plastikstrudel gibt es in den Weltmeeren, von denen der »Great Pacific Garbage Patch« im Nordpazifik inzwischen die Größe Mitteleuropas erreicht hat. Säuberungsaktionen wie »The Ocean Cleanup«[6] versuchen, das Plastik wieder aus dem Meer zu fischen.

Mikroplastik als Gefahr

Diese riesigen Müllstrudel und die verschmutzten Strände sind es vor allem, die uns Sorgen machen. Denn das Plastik verwittert durch Wasser und Sonneneinstrahlung und zerfällt in immer kleinere Teile: in Mikroplastik. Das sind mikroskopisch kleine Teilchen, die nur schwer mit bloßem Auge erkennbar sind. Sogar in der Tiefsee und in der Antarktis hat man es schon gefunden.

Mikroplastik ist fest und unlöslich. Daher ist es nicht biologisch abbaubar und verbleibt Jahrzehnte in der Umwelt. Zudem dringt Mikroplastik in unsere Nahrungskette vor. Von Kleinstlebewesen wie Plankton oder Krill wandern die kleinen Partikel über Muscheln, Krebse, Fische und Vögel in der Nahrungskette immer weiter nach oben, bis sie irgendwann auf unseren Tellern landen. Mikroplastik kann langlebige organische Schadstoffe wie zum Beispiel die Insektizide DDT anreichern. Diese gelangen ebenfalls in die Organismen und können dort toxische oder hormonelle Wirkungen hervorrufen.

Für Kosmetikprodukte und Reinigungsmittel wird Mikroplastik sogar gezielt hergestellt. Als flüssiger Kunststoff oder in Form kleiner

Schleifpartikel, die unsere Haut glatter machen sollen, wird es in unsere Cremes und Peelings gemischt. Erkennbar sind sie an der Bezeichnung »Poly« in den Inhaltsstoffen, wie etwa Polyamid (PA, Nylon), Polyacrylat (PA), Polyethylen (PE) oder Polypropylen (PP). Mit der App »Codecheck« kann jeder selbst überprüfen, in welchem Produkt Mikroplastik enthalten ist.

Zusatzstoffe belasten Mensch und Umwelt

Problematisch und für Mensch und Natur belastend sind die vielen verschiedenen Zusatzstoffe, die Kunststoff zugesetzt werden, damit er bestimmte Eigenschaften bekommt. Weich- und Hartmacher sowie Flammschutzmittel bilden einen fiesen Chemiecocktail und dünsten mit der Zeit aus oder lösen sich durch Fette oder Wärme und gehen somit in ihre Umgebung über.

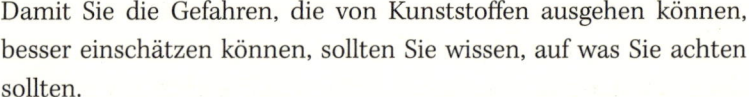

Die Gefahr lauert überall
Kunststoffe sind überall: Wir atmen sie ein, nehmen sie über die Haut auf oder essen sie. Daher sollten wir sie, so gut es geht, vermeiden.

Damit Sie die Gefahren, die von Kunststoffen ausgehen können, besser einschätzen können, sollten Sie wissen, auf was Sie achten sollten.

Weichmacher
Damit Kunststoffe dehnbar, geschmeidig und biegsam werden, braucht es Weichmacher. Sie finden sich in vielen Produkten sowie

Verpackungen, Bodenbelägen, Duschvorhängen, Kunstleder, Regen-kleidung, Sportartikeln oder Kinderspielzeug. Vor allem die flüchti-gen Phthalate sind im Kunststoff nicht fest gebunden und können mit der Zeit »ausgasen«, sich durch Reibung lösen oder im Kontakt mit Flüssigkeiten oder Fetten in diese übergehen. Weichmacher kommen vor allem in PVC vor. Phthalaten wird hormonähnliche Wirkung zugeschrieben. Sie werden als »fortpflanzungsgefährdend« eingestuft und sollen Übergewicht und Diabetes verursachen.

Polyzyklische aromatische Kohlenwasserstoffe (PAKs)

PAKs entstehen als Abfallprodukt bei der Verbrennung von Erdöl und Kohle. Daher finden sie sich auch in Abgasen, (Tabak-)Rauch und gegrillten Lebensmitteln. Sie dienen als Weichmacher zum Bei-spiel in Ummantelungen, Kabeln, Gummistiefeln, Wasserbällen oder Badeschlappen. PAKs gelten als krebserregend, erbgutverän-dernd und fortpflanzungsschädigend.[7]

BPA - Bisphenol A

Nach wie vor ist BPA als Weich- und Hartmacher in vielen Plastik-produkten enthalten. Es ist hitzeresistent, durchsichtig und chemi-kalienbeständig. Es dient als Ausgangsstoff zur Herstellung von Polycarbonat-Kunststoffen und Kunstharzen.

Zu den Produkten, die BPA enthalten können, zählen: Trinkfla-schen aus Polycarbonat (PC) Haushaltsgeräte mit Kunststoffgefä-ßen (zum Beispiel Wasserkocher), Kunststoffgeschirr sowie Innen-beschichtungen von Konserven- und Getränkedosen (Metall). In Babyfläschchen ist BPA seit 2011 EU-weit verboten. Ein generelles Verbot gibt es noch nicht. Auch BPA gehört zu den hormonellen Schadstoffen, die für Frühreife, reduzierte Spermienzahl oder Ver-haltensstörungen verantwortlich gemacht werden. Es kann wie das weibliche Sexualhormon Östrogen wirken. Daher sollte man unbedingt alles meiden, was mit BPA versetzt ist. Dazu zählen auch Thermo-Kassenzettel oder Dosen mit BPA-Beschichtungen.

Flammschutzmittel

Da die meisten Kunststoffe leicht brennbar sind, werden ihnen chemische Flammschutzmittel zugesetzt. Das erhöht die Brandsicherheit von Gegenständen, die uns täglich begegnen, wie etwa Gehäuse von Computern oder Fernsehern, Elektrokabel, Matratzen oder Dämmstoffe. Ebenso kommen sie in Kuscheltieren mit Kunstfell oder in Elektrospielzeugen vor. Gefährlich sind vor allem die bromierten Flammschutzmittel, die in Europa zu etwa elf Prozent eingesetzt werden. Sie gelten als gesundheits- und umweltschädigend.

So meiden Sie gefährliche Inhaltsstoffe

Nicht in allen Kunststoffen sind auch gesundheitsgefährdende Stoffe. Um diese jedoch zu meiden, sollten Sie sich an Siegeln wie »Geprüfte Sicherheit« (GS), dem Umweltzeichen »Blauer Engel« oder »Öko-Tex« orientieren. Zudem sollten Sie kein Billigspielzeug aus China kaufen und bei unvermeidbaren Plastikprodukten auf den Geruch achten. Riechen Kunststoffprodukte stark nach Öl oder Gummi, dann könnte das an einer hohen PAK-Belastung liegen. Tragen Sie Gummistiefel oder Regenkleidung nie auf nackter Haut. Damit können Sie vermeiden, dass eventuelle Schadstoffe über die Haut aufgenommen werden. Zudem sollten Sie PVC-Produkte wie Plastikgeschirr oder Duschvorhänge meiden.

Jede Verpackung und auch viele Kunststoffprodukte haben eine Kennzeichnung, die zeigt, aus welchem Material sie sind. Das hilft informierten Verbrauchern einzuschätzen, ob sich in dem Produkt gesundheitsschädliche Stoffe befinden. Anhand dieser Kennzeichnung erfassen Recyclingunternehmen, um welchen Kunststoff es sich handelt. Sortenreine Kunststoffe können am einfachsten recycelt werden.

Der Code besteht aus dem Recyclingsymbol mit drei Pfeilen und einer Nummer, die das Material kennzeichnet:

01: PET – Polyethylenterephthalat (PET): Möglichst vermeiden

PET kennen wir als Ein- und Mehrwegflaschen, Verpackungen für Kosmetika und Lebensmittel, Schalen für Fertiggerichte, Folien und Polyesterfasern. Es enthält zwar keine Phthalate, dennoch gibt PET mit der Zeit gesundheitsschädigendes Acetaldehyd und Antimontrioxid an Flüssigkeiten ab, was als krebserregend gilt. Daher sollten Sie Trinkflaschen aus PET vermeiden. Acetaldehyd schmeckt im Wasser fruchtig. Damit sich der Stoff nicht löst, werden heute teure PET-Flaschen mit Acetaldehyd-Blocker versehen.

PET-Flaschen werden häufig zu Fleecejacken, Kunststoffteppichen, Rucksäcken, Sportschuhen oder Surfbrettern. Mechanisch-chemisches Recycling ermöglicht aber auch, dass aus alten PET-Flaschen wieder neue werden. Dazu werden die sortenreinen beispielsweise über Pfandsysteme gesammelt.

02: HDPE – Stark verdichtetes Polyethylen

Polyethylen (PE) ist der Kunststoff, der am häufigsten genutzt wird. PE ist beständig gegen Säuren, Laugen, Öle und Fette und kann daher breit eingesetzt werden. Hart-Polyethylen wird für feste Tüten, Getränkekästen, Eimer, Flaschen für Reinigungsmittel oder Rohre verwendet. Recycelt wird PE beispielsweise zu Kunstholz oder Picknick-Tischen.

03: Polyvinylchlorid (PVC) - Unbedingt meiden

PVC benötigt Weichmacher, damit es geschmeidig wird. Es ist beständig gegen Säuren, Laugen, Alkohol und Öl und damit gut geeignet als Verpackung für diese Dinge. Allerdings hat man bei bestimmten Weichmachern festgestellt, dass sie durch Fett gelöst werden, und so ist in Europa seit 2007 der Weichmacher DEHP [8] in Lebensmittelverpackungen verboten.

Viele Produkte wie Bodenbeläge, Kunststoffrohre, Kunststofffenster, Flaschen für Reinigungsmittel, Kinderspielzeug, Schläuche, Kunstleder, Vinyl-Tapeten, Dachbahnen, Schwimmreifen oder Dichtungen sind aus Weich-PVC. Von der Produktion bis zur Entsorgung verursacht PVC gravierende Gesundheits- und Umweltprobleme. So wird bei der Herstellung Vinylchlorid verwendet, das als krebserregend gilt. Das Recycling ist durch die Vielzahl der Zusatzstoffe problematisch, und bei der Verbrennung können giftige Dioxine entstehen. Daher sollten Sie, soweit es geht, auf PVC verzichten.

04: LDPE - Gering verdichtetes Polyethylen

Das Weich-Polyethylen ist transparent und im Vergleich zum HDPE viel flexibler. Es wird daher für dünne Plastiktüten, Verpackungsfolien und als Innenbeschichtung von Getränkekartons verwendet. Es kann leicht wieder zu Plastiktüten und anderem recycelt werden. PE gilt nicht als gesundheitsgefährdend, da es keine Weichmacher enthält. Allerdings ist es extrem langlebig und führt zu starker Umweltverschmutzung, wenn es in der Natur landet.

05: Polypropylen (PP)

Chemisch gesehen ähnelt das Polypropylen dem Polyethylen. Es ist fester und temperaturbeständiger und kann daher gut für Trinkbecher und als Mikrowellengeschirr verwendet werden. Weil es gegen

Fett und Feuchtigkeit schützt, gehört es zu den am meisten einge-
setzten Kunststoffen bei Lebensmittelverpackungen. Dazu zählen
Becher für Milchprodukte, Flaschenverschlüsse, kochfeste Folien
und Klebefolie. Auch Gehäuse oder Fahrzeugteile werden aus PP gefertigt. Kalt mag es das PP nicht: Unter null Grad Celsius wird es in
der Regel spröde. Auch bei PP gibt es keine gesundheitlich bedenklichen Inhaltsstoffe, doch ist es ebenfalls sehr langlebig und führt in
der Natur zu Problemen.

06: Polystyrol (PS)

Polystyrol wird, wenn es aufgeschäumt wird, meist als Styropor be-
zeichnet und dient als Verpackungsmaterial sowie als Dämmstoff.
Einwegbecher, Einmalbesteck, Joghurtbecher, Isolierung elektri-
scher Kabel, Schaltergehäuse, Verpackungsfolien sind aus PS. Der
Kunststoff ist sehr durchlässig für Wasserdampf und Gase, dabei ge-
ruchs- und geschmacksneutral, was für die Lagerung von Obst, Gemüse, Fleisch und Fisch vorteilhaft ist. Polystyrol kann gut zwischen
10 und 79 Grad Celsius verwendet werden. Die Herstellung von PS
ist bedenklich, weil giftiges Benzol und Styrol zum Einsatz kommen.

07: »Other« - Mehrschichtige Kunststoffe wie Polycarbonat und Polyamid

Unter den Recyclingcode »07« fallen Kunststoffe wie Polycarbonat
(PC) oder Polyamid. PC entsteht durch eine Reaktion von Kohlensäu-
rechlorid und Bisphenol A, das wegen seiner hormonähnlichen Wirkung in Verruf geraten ist. Daher wird PC für Lebensmittel kaum mehr
verwendet. PC ist transparent und farblos, sodass Brillengläser oder
optische Linsen daraus entstehen. Es dient zudem als Rohstoff für
CDs und Thermopapier von Kassenzetteln. PC-Produkte sind schwierig zu recyceln, da sie aus diversen Kunststoffschichten bestehen.

Auch Polyamide fallen unter den Recyclingcode »07«. Sie sind Polymere auf Basis von Peptidbindungen und haben eine chemische Verwandtschaft zu Eiweißmolekülen. Nylon ist ein bekanntes Polyamid, das sehr gut recycelbar ist. Polyamide sind industriell leicht zu verarbeiten, da sie sehr fest und zäh sind. Sie bilden eine Sperre gegen Sauerstoff und Feuchtigkeit und werden daher für Folien, Wurstpellen und als Barrieremterial in Kombination mit anderen Kunststoffen verwendet. Zusammen mit Polyethylen ergeben sich Mehrschichtfolien für die Vakuumverpackung von sauerstoffempfindlichen Lebensmitteln wie Schinken, Käse oder Würsten.[9]

Ohne Codierung: Polyurethan (PU)

Wie PVC ist Polyurethan ein Kunststoff auf Chlorbasis und deshalb bei der Herstellung und bei der Verbrennung genauso wie PVC durchaus problematisch. Es findet in vielen Bereichen Anwendung wie in der Textilfaser Elasthan und im Polyurethanschaumstoff, aus dem Matratzen, Autositze, Sitzmöbel, Küchenschwämme, Dämmstoffe und vieles mehr ist.

Plastik: Wohin geht die Reise?

Kunststoff hat in den vergangenen Jahrzehnten in der Verpackungsindustrie enorme Bedeutung erlangt. Plastik ist leicht und kann, wenn es sortenrein gesammelt wird, gut recycelt werden. Außerdem ist der Rohstoff Öl relativ günstig. Doch Erdöl wird knapp. Zwar finden Ingenieure immer wieder Wege, auch aus dem letzten Stückchen Natur Erdöl zu gewinnen. Das ist jedoch energieaufwändig und zerstört die Umwelt. Daher macht es Sinn, Erdöl zurückzugewinnen. Das dachten sich auch die Ingenieure des österreichischen Energiekonzerns OMV[10] und entwickelten ein Verfahren, mit dem aus Plastikabfällen Rohöl gewonnen werden kann. Dabei werden gebrauchte Plastikverpackungen und -folien aus dickwandigem Material – etwa Polyethylen oder Polypropylen – durch Hitze- und Druckeinwirkung zu synthetischem Rohöl umgewandelt.

Während beim üblichen mechanischen Recycling das vorhandene Plastik quasi eingeschmolzen wird und daraus dann wieder der gleiche Kunststoff mit qualitativen Abstrichen entsteht, kann bei diesem chemischen Verfahren das Rohöl einfach wiedergewonnen werden. Aus 100 Kilogramm Verpackungsmüll können nach Angaben von OMV pro Stunde 100 Liter Rohöl gewonnen werden. Daraus stellt das Unternehmen in der Raffinerie Treibstoffe oder Grundstoffe für die Kunststoffindustrie her. Bei der Verarbeitung des synthetischen Öls entstehen 45 Prozent weniger Treibhausgase als bei der Verarbeitung mit gewöhnlichem Rohöl. Allerdings ist das chemische Recycling im Gegensatz zum mechanischen sehr energieaufwändig. Ökologischer wäre es, wenn für die Erzeugung erneuerbare Energien benutzt würden und so der CO_2-Ausstoß verringert würde.

Der wirtschaftliche Nutzen eines solchen Verfahrens ist noch unklar. Da die Ölpreise nach wie vor sehr niedrig sind, stellt das synthetische Öl aus Verpackungsmüll noch keine echte Alternative zu Rohöl dar. Zum Glück gibt es jedoch bereits mehrere Firmen, die auf chemisches Recycling setzen.

Bioplastik als neuer Trend

Bioplastik ist der neueste Trend auf dem Verpackungsmarkt: Kaffeekapseln aus Cellulose, Einweggeschirr aus Pflanzenfasern, Folie aus Milchproteinen oder Gemüsenetze aus Buchenholz-Fasern. Doch was steckt dahinter? Bioplastik wird aus nachwachsenden Rohstoffen wie Mais, Kartoffeln oder Zuckerrohr hergestellt. Auch Abfallprodukte der Landwirtschaft wie Bananenschalen, Sonnenblumenschalen oder Lignin, einem Abfallprodukt der Papierherstellung, kommen zum Einsatz. Die korrekte Bezeichnung dafür ist daher »biobasierte Kunststoffe«.

Doch Achtung! Nur weil »bio« draufsteht, ist nicht nur »bio« drin. Oder besser gesagt: »bio« hat in diesem Fall nichts mit ökologischer Landwirtschaft zu tun. Beim Anbau werden möglicherweise Dünger und Pestizide verwendet, was durch Versauerung und Überdüngung nachteilige Effekte auf Boden und Gewässer hat. Beim Anbau und bei der Verarbeitung werden auch beim Biokunststoff fossile Energieträger wie beispielsweise Erdöl und Erdgas verbraucht.

Bioplastik hat nach Untersuchungen des Umweltbundesamtes derzeit noch keinen ökologischen Vorteil gegenüber erdölbasiertem Kunststoff. Damit ein wirklicher Vorteil entsteht, müsste die gesamte Herstellungskette umweltfreundlich und mit erneuerbarer Energie ablaufen.

Bioplastik macht bei Verpackungen nicht halt. Auch PE (Polyethylen) und PET (Polyethylenterephthalat) können aus nachwachsenden Rohstoffen hergestellt werden. So werden Brotzeitdosen oder Trinkflaschen aus Bioplastik gefertigt. Damit sie die notwendigen Eigenschaften bekommen, brauchen sie Zusätze wie Gleitmittel und Stabilisatoren. Das bedeutet, dass solche biobasierten Kunststoffe nicht kompostierbar sind. Die Produkte sind dann ebenso langlebig wie die erdölbasierten Produkte und verursachen in der Natur genau die gleichen Probleme.

Biologisch abbaubarer Kunststoff

Daneben gibt es Kunststoffe, die tatsächlich biologisch abbaubar und kompostierbar sind. Als Basis dienen Stärke, Cellulose oder Milchsäure. Materialien wie Cellophan, PLA (Polylactide-Milchsäure), Chitin und andere werden unter anderem zur Herstellung von Folien, Getränke- und Joghurtbechern, Gemüseschalen und Flaschen eingesetzt.

Biokunststoffe dürfen sich nach Europäischer Norm 13432 / EN 1499[11] kompostierbar nennen, wenn nach 90 Tagen in einer Industriekompostierung nur noch zehn Prozent der Masse vorhanden ist. Allerdings reicht in den meisten deutschen industriellen Kompostier- und Biogasanlagen diese Zeit zum Kompostieren nicht aus: Sie sind für eine Laufzeit von vier bis sechs Wochen konzipiert. Das wissen die Anbieter von Bioplastik-Tüten und schreiben daher auf ihre Tüten: »Wird in der Kompostieranlage biologisch abgebaut, jedoch nicht von jeder Entsorgungsanlage angenommen.«

Nur theoretisch kompostierbar

Viele Abfallentsorgungsbetriebe sortieren die Bioplastik-Tüten aus. Zumal sie auch schwer von den herkömmlichen Plastiktüten zu unterscheiden sind. Ein Stoffbeutel ist somit stets die bessere Wahl.

Bioplastik kann recycelt werden

Biobasierte Kunststoffe können genauso wie erdölbasierte Kunststoffe mechanisch recycelt werden, auch gemeinsam. Zwar ist der Ausgangsstoff ein anderer, doch die Struktur der Polymere ist die gleiche. Doch bisher gibt es nicht für alle Biokunststoffe entsprechende Recyclingverfahren oder -anlagen.[12]

Auch wenn die Biokunststoffe bisher noch kein Allheilmittel sind, so stellen sie doch eine gute Ausgangsbasis für die künftige Entwicklung von Kunststoffen und als Alternative zu Erdöl dar. Nachwachsende Rohstoffe sind dem Erdöl auf alle Fälle überlegen in Sachen CO_2. Voraussetzung dafür ist allerdings, dass der Anbau der Rohstoffe umweltverträglich und nicht auf Kosten von dringend benötigten Nahrungsmitteln geschieht.[13] Vor allem kompostierbare

Kunststoffe wären ein Baustein gegen die immense Umweltverschmutzung mit Kunststoffen weltweit, weil sie eben nicht Jahrhun-
derte in der Natur überdauern.

Bambus als ökologische Alternative?

Die »Plastikfrei- und Zero-Waste-Bewegung« ist nun schon einige
Jahre aktiv, und findige Köpfe haben sich bereits allerhand Alternativen zu Kunststoffprodukten einfallen lassen. Logischerweise sind es
vor allem nachwachsende Rohstoffe, die dabei zum Einsatz kommen. Viele dieser Hersteller haben Bambus als Rohstoff entdeckt,
weil es relativ anspruchslos ist und schnell wächst – im Gegensatz
zu heimischen Hölzern. Die Produktpalette reicht von Hygienepa-
pieren über Brillengestelle, Socken bis hin zum Fahrradrahmen.

Bambus ist eigentlich ein Gras, das ein großflächiges Wurzelsys-
tem besitzt, aus dem ständig neue Pflanzen wachsen. Wenn man
ihn nach drei bis fünf Jahren erntet, bleibt die Pflanze an sich erhalten. Das Holz ist sehr hart und dicht und kann für robuste und langlebige Möbel verwendet werden. Doch auch als Baumaterial oder
für Elektrogeräte ist es geeignet, weil es gleichzeitig leicht und flexi-
bel ist.

Bambus bindet sehr viel CO_2 und ist sehr widerstandsfähig. Daher
braucht er beim Anbau kaum Düngemittel, Pestizide oder künstliche
Bewässerung. Derzeit wird Bambus hauptsächlich von Kleinbauern
in China angebaut, die selbst von Hand ernten. Dort herrschen allerdings niedrige Umwelt- und Sozialstandards, die durch die kleinbäu-
erliche Struktur jedoch nicht ganz so stark ins Gewicht fallen. In Afrika ist Äthiopien in Sachen Bambus auf dem Vormarsch. Dort wird mit
Hilfe des Bambusanbaus, die sich ausbreitende Wüste zurückge-
drängt und neue Arbeitsplätze geschaffen.

Bisher gibt es für Bambus kaum Zertifizierungen. Grundsätzlich
ist der Bambusanbau für die Umwelt gut verträglich. Um sicherzu-

gehen, dass keine Primärwälder zerstört werden, sollte man sich beim Händler über die Anbaubedingungen erkundigen. Ein FSC-Siegel ist für Bambus bisher eher selten. In Weltläden, beim Fair-Trade-Importeuer Gepa und in entsprechenden Online-Shops findet man oftmals eine kleine Auswahl an Bambusprodukten aus fairem Handel.

Bei der Ökobilanz zu bedenken

Bambus kommt von weit her und verursacht beim Transport viel CO_2. Holz aus heimischen, nachhaltig bewirtschafteten Wäldern hat dagegen kurze Anlieferungswege.

Ob sich Bambus durchsetzen wird, muss man abwarten. Bis dahin muss jeder für sich selbst abwägen, ob das Toilettenpapier aus Bambus sein soll oder aus Recyclingpapier. Für natürlich nachwachsende Rohstoffe wie Bambus, Holz oder Baumwolle spricht, dass sie einfach kompostierbar sind. Denn die organischen Abfälle lassen sich problemlos im Kreislauf führen und in Kompostier- oder Biogasanlagen in Humus und Energie umzuwandeln.

Plastikabfall: Müll oder Wertstoff?

Bilder von Plastikbergen in Flüssen und an Stränden machen in den sozialen Medien die Runde und zeigen uns, dass wir ein riesiges Problem mit Plastik haben. In den Ländern, aus denen solche Bilder stammen, fehlt es an Abfallverwertungsmöglichkeiten, wie wir sie haben. Bei uns ist seit den 1990er Jahren das Anlegen von Mülldeponien verboten. Damals entstanden – oftmals gegen den Widerstand von Umweltaktivisten – Müllverbrennungsanlagen. Viele Menschen fürchteten, dass Gestank und giftige Dämpfe die Luft in der Nachbarschaft verpesten würde. Strenge Emissionswerte sowie Filteranlagen in den Schornsteinen verhindern diesen Effekt. Schlacke und giftige Stoffe, die aus den Filteranlagen kommen, müssen immer noch gelagert werden. Dies ist aber im Vergleich zu offenen Deponien, von denen aus Plastik in die Umwelt gelangt, ein umweltfreundlicherer Weg.

Das Duale System

Kunststoffe sollten jedoch nicht verbrannt werden, sondern möglichst wieder recycelt werden. Angesicht dessen, dass jeder Deutsche statistisch gesehen 37 Kilogramm Plastikmüll[14] im Jahr produziert und damit sechs Kilo mehr als der EU-Durchschnitt, wäre ein Recycling gut, um Ressourcen zu schonen. Das hohe Verpackungsmüllaufkommen liegt zum einen an der hohen Wirtschaftsleistung. Zum anderen gibt es in Deutschland sehr viele kleine Haushalte, und daher sind die Packungsgrößen relativ klein. Das heißt, es fällt relativ viel Verpackungsmüll im Verhältnis zum Inhalt an.

Eigentlich sollte dieser ganze Verpackungsmüll recycelt werden. Das war zumindest die Idee bei der Einführung des Dualen Systems 1991. Demnach sollten die Hersteller für die Entsorgung der Verpackungen sorgen. Diese wälzten diese Verantwortung an die »Der Grüne Punkt – Duales System Deutschland GmbH« ab, die diese Aufgabe für sie übernehmen sollten. Die Kosten für die Entsorgung wurden über den Preis an den Verbraucher weitergegeben. Also zahlen wir mit unserem Einkauf dafür, dass die Verpackung im gelben Sack oder der gelben Tonne entsorgt werden kann. Daher ist es wichtig, diese auch wirklich zu nutzen. Tun wir das nicht, zahlen wir doppelt: Müllgebühren für den Restmüll und den Aufschlag für das Duale System.

Es wurden riesige Sortieranlagen gebaut, damit die Verpackungen wieder in einen Stoffkreislauf eingehen können. Doch leider hat man dabei vergessen, Vorgaben zu machen, wie die Recyclingfähigkeit gewährleistet werden kann. Daher wurden die Hersteller nicht dazu verpflichtet, ihre Verpackungen so zu designen, dass sie problemlos wieder recycelt werden können. Ebenso hätte man sie verpflichten müssen, die Verpackungen als Rezyklate auch wieder für ihre Verpackungen zu verwenden. Das führte dazu, dass zwar eine Unmenge an Plastikverpackungen gesammelt wurde, jedoch nur ein Bruchteil davon wiederverwertet wird. Zuletzt wurden etwa 47 Prozent der eingesammelten Plastikverpackungen auch tatsächlich recycelt. Der Rest wurde thermisch verwertet – sprich verbrannt. In Müllverbrennungsanlagen werden sie zu Strom oder Fernwärme, oder sie dienen als Ersatzbrennstoff in Zementwerken oder Kraftwerken.[15] Das liegt häufig daran, dass die Verpackungen teilweise aus einem Materialmix bestehen, der sich nicht mehr in seine Einzelbestandteile zerlegen lässt. Wie zum Beispiel Getränkekartons, die aus Pappe, Aluminium und Kunststoff bestehen. Oder aber die einzelnen Materialien hängen noch zusammen, wie zum Beispiel der Aludeckel am Joghurt-Becher. Das kann niemand manuell nachsortieren und wird daher komplett verbrannt.

 **TIPP** Trennen Sie stets unterschiedliche Materialien Ihres Verpackungsmülls und stecken Sie unterschiedliche Verpackungen nicht ineinander. So gewährleisten Sie, dass Ihre Verpackungen auch tatsächlich wieder recycelt werden können.

Wohin mit dem Müll?

Wir Deutschen sind Weltmeister im Mülltrennen: Glas, Papier, Metall, Plastik und Restmüll. So viel zur Theorie. In der Praxis ist das leider nicht immer so leicht. Materialmixe machen es uns schwer zu entscheiden, ob etwas nun Plastik oder Papier ist. Manche Hersteller schreiben drauf, wohin was gehört. Doch es bleibt eine Restunsicherheit. Dazu kommt der Irrglaube, dass doch sowieso wieder alles zusammen verbrannt wird. Aber mal ehrlich: Glauben Sie tatsächlich, dass die Abfallentsorger sich die Mühe machen würden, alles getrennt zu sammeln, um es dann wieder zusammenzukippen? Außerdem ist der Großteil von dem, was wir wegschmeißen, gar kein Müll, der verbrannt werden muss, sondern ein Wertstoff. Aus Altpapier wird Recyclingpapier und Karton, aus Glas werden neue Glasflaschen, aus Aluminiumfolie neue Alufolie, aus Dosen werden neue Dosen, und aus Kunststoff wird eben wieder Kunststoff. Das funktioniert allerdings nur, wenn wir unseren Müll auch ordentlich trennen.

Ich habe stundenlang mit Mitarbeitern von Abfallentsorgungs-, Abfallverwertungs- und Recyclingunternehmen gesprochen, um hinter den Mythos Müll zu blicken. Eines ist klar: Es ist ein riesiger Wirtschaftszweig, und in Anbetracht der knapper werdenden Rohstoffe wird unser Abfall immer mehr zur Ressource. Wer also nachhaltig leben möchte, der sollte sich auch damit auseinandersetzen, was mit den Dingen geschieht, die im Müll landen.

Downcycling statt Kreislaufwirtschaft

Viele unserer Verpackungen werden leider nicht zu neuen Verpackungen oder PET-Flaschen. Stattdessen werden Teile unserer Kunststoffabfälle nach Asien verschifft, wo Fleecepullover daraus hergestellt werden oder der Müll einfach auf offenen Deponien landet.[16] Andere Kunststoffabfälle werden zu Parkbänken und Plastikkörben. Da solche Produkte später nur noch verbrannt werden können, ist so das Ende des Kreislaufs schon wieder erreicht. Schließlich können wir die Welt nicht mit Plastikparkbänken vollstellen …

Die Versäumnisse bei den Regelungen zum Dualen System versucht man nun fast 30 Jahre später mit dem neuen Verpackungsgesetz[17] auszugleichen. Dabei muss jeder, der Verpackungen in den Verkehr bringt, eine Gebühr bezahlen. Diese Gebühr richtet sich nach der Menge sowie der Recyclingfähigkeit. Je besser eine Verpackung also recycelt werden kann, desto weniger muss derjenige bezahlen, der eine Verpackung nutzt oder befüllt. Dies soll ein Anreiz sein, weniger und besser recycelbare Verpackungen in Umlauf zu bringen. Manche Unternehmen haben schon früh und ohne Vorgaben ihre Verpackung möglichst recycelfähig gemacht. Dazu gehören Öko-Vorreiter Frosch oder auch Ritter Sport, die sich den Prinzipien von Cradle to Cradle (siehe nachfolgende Seite) verschrieben haben. Die Verpackung des Schokoladenherstellers[18] besteht aus einem einzigen Stück Polypropylen, das vollständig recycelt werden kann. Das und das Bestreben des Unternehmens nur noch zertifizierten Kakao einzukaufen, sind für uns Gründe, ab und zu Schokolade dieser Marke zu kaufen. Und die Tatsache, dass es ein familiengeführtes Unternehmen ist und keinem großen Konzern angehört.

Angesichts der Plastikproblematik in der Umwelt, den Kundenwünschen nach einer umweltfreundlicheren Verpackung und den strengeren politischen Vorgaben arbeitet die Verpackungsindustrie daran, Kunststoffe besser im Kreislauf zu führen. Wir dürfen also gespannt sein, was da noch kommt. Bis dahin sollten wir darauf achten, dass wir unseren Verpackungsmüll so trennen, dass er wiederverwertet werden kann.

INFO

Cradle to Cradle – Gegenstände im Kreislauf führen

Kreislaufwirtschaft ist das Schlüsselwort für eine zukunftsorientierte Abfallwirtschaft. Die Denkschule Cradle to Cradle geht noch einen Schritt weiter: Das Konzept setzt darauf, etwas Gutes zu tun und mit den Produkten einen Mehrwert zu erzielen. Ein T-Shirt, das man komplett kompostieren kann, ein Fahrradschlauch, der nach seiner Nutzung recycelt wird oder Baustoffe, die völlig schadstofffrei für ein gesundes Wohnumfeld sorgen – all das sind Produkte, die nach dem Cradle-to-Cradle-Prinzip (C2C) funktionieren. In der Welt von C2C existieren nur Nährstoffe, die in geschlossenen Stoffkreisläufen – in einem biologischen und technischen Kreislauf – zirkulieren. Damit soll das Ressourcenproblem gelöst und eine ökologische Zukunft eingeleitet werden. Ziel ist es, die Gesellschaft zum Umdenken zu bewegen und Dinge zu entwickeln, die der Natur etwas zurückgeben. Was wäre, wenn der Abrieb von Autoreifen nicht Mikroplastik verursacht, sondern einen Dünger, mit dem Pflanzen noch besser wachsen? Mit solchen Lösungen leben wir in Einklang mit der Natur und nicht auf Kosten unserer Umwelt. Klingt wie eine Utopie? Ist es aber nicht! Es gibt bereits zahlreiche Produkte, die genau nach diesem Prinzip funktionieren: von Putzmittel, über Handtücher, T-Shirts, Papier, Schokoladenverpackungen bis hin zu Bauteilen in der Industrie. Viele Unternehmen wollen die Welt besser machen. Wer mehr über die Denkschule wissen möchte: c2c-ev.de. Welche Produkte bereits Zertifikate besitzen, finden Sie unter c2ccertified.org.

So trennen Sie Müll richtig:

▶ Mix aus verschiedenen Materialien selbst trennen und getrennt entsorgen
▶ Joghurt-Becher
  Aludeckel von Becher abziehen
  Papierbanderole von Joghurt-Bechern abziehen
▶ Schraubverschluss von Tetrapaks und anderen Flaschen abdrehen und getrennt in der gelben Tonne entsorgen
▶ Brottüten mit Sichtfenster: Plastik entfernen
▶ Verpackungen aus Plastik mit Karton

Gelbe Tonne / Gelber Sack

▶ Milch- und Saftkartons
▶ Tablettenblister
▶ Styropor
▶ Deckel und Verschlüsse von Gläsern
▶ Beschichtete Tiefkühlverpackungen

Altpapier

▶ keine Tetrapaks. Sie sind beschichtet und gehören zum Verpackungsmüll in die gelbe Tonne
▶ kein verschmutztes Papier, Taschen- und Haushaltstücher, Tapeten, Back-, Transparent- und Kohlepapier sowie Fotos gehören in den Restmüll
▶ Dämmmaterial aus Kartons wie zum Beispiel Styropor darf nicht in die Papiertonne.
▶ Klebebänder und Klammern sollte man, so weit es geht, entfernen.

Sonstiges

▶ Korken von Weinflaschen sammeln und im Recyclinghof oder beim Weinhändler des Vertrauens abgeben.

▶ Medikamente in den Restmüll

▶ Altholz am besten zum Wertstoffhof

▶ CDs und DVDs zum Wertstoffhof. Sind Daten drauf: am besten zerkratzen oder zerbrechen

▶ Fotos gehören in den Restmüll

▶ Kassenzettel aus Thermopapier in den Restmüll

▶ Zigarettenkippen in den Restmüll

Kapitel 3

So gelingt der Einkauf ohne Plastik

Die Schritt-für Schritt-Anleitung für weniger Plastik

Ärgern Sie sich auch darüber, ständig Berge von Plastikverpackungen in der gelben Tonne zu entsorgen? So ging es mir auch. Fasziniert las ich im Januar 2015 einen Artikel über unverpacktes Einkaufen. Als bei meinem Sohn in der Schule dann auch noch das Thema Recycling behandelt wurde, stand mein Entschluss fest: Unser Konsumverhalten muss sich ändern! Weniger Verpackungen – weniger Müll. Damals gab es noch keinen Unverpackt-Laden in unserer Stadt, doch mich spornte dies an, selbst nach Alternativen zu suchen.

Ein Blick auf unseren Kunststoffmüll verriet mir gleich, wo ich ansetzen konnte, um unser Müllaufkommen drastisch zu senken: die Getränkekartons. Milch, Saft, aber auch passierte Tomaten befinden sich häufig in sogenannten Tetrapaks. Also machte ich mich auf die Suche nach passenden Alternativen und stellte schnell fest, dass das gar nicht so schwer ist. Im Supermarkt gibt es Milch in der Pfandflasche und Joghurt im Pfandglas. Meistens sind diese Sachen auch in Bioqualität und von regionalen Erzeugern zu haben.

Dann begann ich, nach alternativen Verpackungen Ausschau zu halten, nach Papier und Glas. Auch hier wurde ich schnell fündig:

Nudeln gibt es im Karton, Mehl und Zucker, Tiefkühlprodukte wie Gemüse und Eis ebenso. Anderes fand ich im Glas: Ketchup, Gemüse, Apfelmus. So gelang es mir, im Supermarkt eine gute Auswahl an plastikfreien oder unverpackten Lebensmitteln zu kaufen.

Auf zu neuen Ufern

Doch nicht alles bekommt man im Supermarkt ohne Plastikverpackung, Gewürze zum Beispiel, Tee oder Kaffee. Deshalb suchte ich nach Läden, bei denen ich unverpackt einkaufen konnte. Dazu gehören zum Beispiel Tee- und Kaffeeläden sowie andere Spezialitäten- und Spezialgeschäfte wie Metzgereien, Käseläden, türkische Gemüse- und Spezialitätenläden oder Gewürzläden. Natürlich zählen auch Marktstände dazu. Also fing ich an, diese Läden abzuklappern, tauchte dort mit meinen Gefäßen auf und fragte nach, ob man mir die Ware direkt dorthinein füllen könnte. Das klappte von Anfang an erstaunlich gut. Nur ein regionaler Metzger akzeptiert leider bis heute keine mitgebrachten Dosen. Oft geriet ich in interessante Gespräche mit den Geschäftsleuten und lernte einiges über Hygiene und darüber, dass ich nicht die einzige Kundin war, die mit eigenen Gefäßen einkaufen ging.

Bei meiner Suche entdeckte ich auch einen Tante-Emma-Laden, der sich nur zwei Straßen weiter befindet. Ganz unscheinbar in einer Seitenstraße, in der ich vorher noch nie war, liegt der Laden, dessen Einrichtung sich seit Jahrzehnten nicht verändert hat: Bei Mehl Mayr gibt es seit Ende des 2. Weltkriegs Mehl aus der Region und allerhand anderes für den täglichen Bedarf. Der Besitzer ist zwar nicht mehr aus dieser Zeit, dafür ist er aber wie sein Laden ein Original. Um herauszufinden, was er alles im Sortiment hat, braucht es Zeit und viele Fragen. Dafür füllt er ohne Probleme alle mitgebrachten Gefäße auf. Verpacktes gibt es nur wenig und wenn, dann füllt er es selbst in Tüten ab. Die ganze Nachbarschaft kauft dort Mehl, Nüsse, Eier, aber auch Bio-Quinoa oder Chia-Samen.

Da wir am Stadtrand wohnen, machte ich bald auch in meiner weiteren Umgebung Hofläden und sogar eine Milchabfüllstation aus. Also sind Fleisch, Eier und je nach Saison auch Obst und Gemüse ganz frisch und nah zu haben. Mit Hilfe dieser Läden entwickelte ich relativ schnell meine neue Einkaufsroutine. Dazu gehörten nicht nur die neuen Einkaufsmöglichkeiten, sondern auch die eingeschränkten Öffnungszeiten der inhabergeführten Geschäfte und Hofläden. Heute kaufe ich nur noch einmal pro Woche oder noch weniger ein, hole dabei größere Mengen und spare im Alltag Zeit.

Alternative Produkte:
Selber mischen statt selber kaufen
Neben den neuen Bezugsquellen für Grundnahrungsmittel ging es im nächsten Schritt darum, liebgewonnene Fertigprodukte zu ersetzen. Dazu zählen Süßigkeiten wie Gummibärchen oder Kekse, »Knick-Joghurts« oder fertige Tiefkühlprodukte. Natürlich reicht es nicht, den Kindern zu sagen, was wir nicht mehr kaufen und damit nicht mehr essen. Es braucht Alternativen. Knick-Joghurt lässt sich ganz gut ersetzen, in dem man Natur-Joghurt im Glas mit Crunchy-Müsli mischt. Anfangs haben wir das Müsli dazu noch gekauft. Allerdings ist Müsli ja meist stark gesüßt, voller Zusatzstoffe und natürlich in Plastik verpackt. Da man es aber relativ einfach selbst machen kann und die Zutaten dafür, wie (Hafer-) Flocken, Kakao, Nüsse etc., größtenteils unverpackt oder in Papier verpackt erhältlich sind, mischten wir bald selbst. Das hat den Vorteil, dass die Menge an Zucker kontrollierbar ist. Mittlerweile geben sich die Kinder aber sogar mit einfachen Haferflocken und Kakao zufrieden.

Kinder auf den Weg mitnehmen

Als wir anfingen, plastikfreier zu leben, war meine Tochter Lisa-Lu vier Jahre alt. Wenn ich mit ihr zum Einkaufen ging, wollte sie ihre Lieblingsprodukte natürlich immer haben. Ich gewöhnte mir den Spruch an: »Das ist in Plastik verpackt, das kaufen wir nicht.« Damit konnte ich die Diskussion meistens ganz gut unterbinden. Bei »Überraschungseiern« überzeugte ich die Kinder mit dem Preis-Leistungsverhältnis. Wie viel Schokolade bekomme ich zum Preis eines Überraschungseis? Natürlich ist der Inhalt auch spannend, aber der ist ja ebenfalls aus Plastik und landet normalerweise ziemlich schnell in der Ecke. Der Gegenwert einer ganzen Tafel Schokolade kann so ein süßes Ei tatsächlich aufwiegen. So ist Schokolade mittlerweile die einzige Süßigkeit, die wir regelmäßig kaufen: entweder im Unverpackt-Laden oder im Supermarkt. Da sie relativ wenig eingepackt ist, schlägt sie sich nicht so sehr auf unsere Müllbilanz nieder.

Zu Hause sprachen wir häufig über die Verpackung von Lebensmitteln und probierten gemeinsam die Alternativen aus. Alle drei Kinder waren begeistert bei der Sache. Sie mischten Müslis und halfen Plätzchen, Brot oder Käsestangen zu backen und nahmen diese Sachen auch stolz mit in die Schule. So lernten sie die geschmacklichen Vorzüge von Selbstgemachten kennen und lieben. Und die Schwierigkeiten dabei: Manches gelang leicht, anderes misslang oder brannte an. Aber es war und ist ein spannender Prozess des Entdeckens. Heute ist mein ältester Sohn Julian sehr nachhaltig und achtet streng darauf, kein unnötiges Plastik zu kaufen oder zu verwenden. In der 6. Klasse hielt er sogar ein Referat über das Thema »Plastikfrei leben«.

Grundsätzlich hat meine Familie die Umstellung recht gut aufgenommen. Mein Mann war schnell auf meiner Seite und häufig sogar ambitionierter als ich. Nur bei den Chips wird er noch manchmal schwach. Julian, mein großer Sohn, machte sich in seiner frühpubertären Phase erst über mich lustig, als ich im Laden die angebotene Tüte mit den Worten: »Danke ich habe meine eigene dabei« ablehnte. »Ach Mama«, sagte er, »du mit deinen Taschen ...!« Heute ist er der strengste Plastikfreieinkäufer in unserer Familie und bringt auch die in den Einkaufswagen gefallene Chipstüte für den Papa immer wieder zurück ins Regal. Nach dem Schüleraustausch in Frankreich kam Julian völlig schockiert zurück. Dort gab es zur Brotzeit nur Kekse und anderes in Plastik verpacktes Fertigessen. Seine Brotzeitdose hielt die Gasteltern nicht davon ab, alles noch mal extra in Folie zu verpacken.

Marlon, mein zweitältester Sohn, beäugt mit seinen elf Jahren die Sache kritisch von außen. Bringen wir vom Einkauf etwas in Plastik Verpacktes mit, darf ich mir anhören: »Mama, warum hast du was in Plastik gekauft?« Wenn es aber darum geht, selbst auf den eingepackten Schokoriegel zu verzichten, werden andere Prioritäten gesetzt. Zwar geht er fleißig zum Bäcker, nimmt den Stoffbeutel aber nur unter Protest mit und lässt sich auch die Brötchen nicht darin einfüllen. Aber das ist in Ordnung: Wichtig ist mir, dass er von den Problemen mit Plastik und Plastikmüll weiß. Bei Einkäufen spielt er zwar nicht den Aufpasser, aber er akzeptiert es sofort, wenn ich etwas nicht kaufe, weil es in Plastik eingepackt ist.

Von Plastik umzingelt

Die ersten Monate unseres plastikbefreiten Lebens kundschafteten, wählten und probierten wir sehr viel aus. Das war teilweise sehr spannend, weil wir unseren Horizont erweiterten, aber auch anstrengend und frustrierend. Beim Einkauf im Supermarkt – sei es konventionell oder bio – fühlten wir uns überall von Plastik umzingelt. Manchmal hatte ich beim Einkaufen eine richtige Aversion. Vor allem nachdem wir als Familie den Film »Plastic Planet« gesehen hatten, war es fast unerträglich, einen Supermarkt zu betreten. Ich erinnere mich, als ich erstmals mit meiner Tochter Lisa-Lu einen neu eröffneten Biomarkt in der Innenstadt besuchte. Wir gingen durch die Gemüseabteilung, besichtigten die Regale, und ich sagte zu ihr:»Hier gibt es nichts, was ich kaufen möchte, das ist alles in Plastik eingepackt.« Gerne wollte ich das auf den Feedback-Bogen an der Kasse schreiben, leider gab es gerade keine Stifte und Zettel.

Mittlerweile ist dieser Horror einem gewissen Gleichmut gewichen. Ich muss das alles ja nicht kaufen. Ich habe die Wahl. Genauso wie Sie! Wenn wir all diese Dinge nicht mehr kaufen, dann werden sie irgendwann auch nicht mehr angeboten. Und es gibt immer Alternativen!

Alternative Verpackungen

Viele Supermärkte – vor allem die Biomärkte – haben sich den geänderten Einkaufsgewohnheiten ihrer besonders kritischen Käufer angepasst. Wer bio kauft, ist meist schon relativ umweltbewusst und achtet darauf, wie sein Essen eingepackt ist. Dennoch ist es leider auch eine Tatsache, dass gerade Bioprodukte häufig in Plastik verpackt sind. Das liegt sicher zum Teil daran, dass Plastik gegenüber Glas in der CO_2-Bilanz aufgrund seines Gewichts einen eindeutigen Vorteil hat. Zudem will der Kunde sehen, was sich in der Packung befindet. Daher wird das Produkt in einer durchsichtigen Kunststoffverpackung oder einer Verpackung mit einem Sichtfenster aus Plastik versehen. Letzteres ist besonders ärgerlich, wenn es unterschiedliche Materialien sind, da es das sortenreine Recycling gefährdet. Sowohl ein Papieraufkleber auf einer Plastikverpackung, als auch ein Plastikfenster in einer Papierpackung sind unter ökologischen Gesichtspunkten unsinnig. Die Materialien muss man auseinandernehmen und getrennt entsorgen. Achten Sie daher bei Verpackungen, die Sie nicht vermeiden können auf eine sortenreine Verpackung.

Warum Sie unverpackt einkaufen sollten

Grundsätzlich ist es ökologischer, gar keine Produkte mit Verpackung einzukaufen. Auf diesem Weg werden Ressourcen geschont und auch keine Energie verbraucht, um die Stoffströme wieder einsatzbereit zu machen. Unverpackt bzw. ohne Plastik einzukaufen hat mehrere Vorteile. Zum einem sparen Sie einen Haufen Verpackungsmüll, zum anderen tragen Sie durch Ihre veränderten Einkaufsgewohnheiten eine Menge zum ökologischen Wandel bei. Viele der Läden, die sie künftig besuchen werden, sind inhabergeführte Unternehmen. Darunter sind sicher etliche, die es schwer haben, sich gegen die auf Preis bedachten großen Ketten zu behaupten. Mit Ihrem Einkauf bei diesen meist kleinen Geschäften sorgen Sie dafür, dass faire Arbeitsplätze in Ihrer Region gesichert werden und die Vielfalt der Einkaufsmöglichkeiten erhalten bleiben.

Viele dieser örtlichen Einzelhändler besorgen ihre Ware aus der Region. Das heißt, Sie sorgen gleich doppelt dafür, dass es eine regionale Wertschöpfung gibt: Das Geld, das Sie ausgeben, bleibt somit in der Region. Es versorgt Familien vor Ort und trägt damit zum Wohlstand Ihrer Gegend bei.

Diesen Aspekt vergessen wir häufig im Rahmen der Globalisierung. Kaufen wir von internationalen Konzernen hergestellte Produkte, unterstützen wir mit unseren Kaufentscheidungen andere Landstriche und sorgen womöglich dafür, dass hiesige Strukturen verkümmern. Wollen wir das wirklich? Die Unverpackt-Bewegung ist also nicht nur eine bewusste Entscheidung gegen Verpackungen, sondern zudem eine Stärkung regionaler Strukturen. Unverpackt-Läden haben den Anspruch, ihre Lebensmittel möglichst aus der Nähe zu beziehen. Das sorgt dafür, dass die Transportwege minimiert werden und die CO_2-Belastung durch den Transport sinkt.

Warum wir regionale Strukturen stärken sollten

Die Idee, regionale Strukturen zu stärken, vielleicht auch mit Regionalwährungen, ist Teil der »Transition Town Bewegung«. Bei dieser Bewegung, die der Engländer Rob Hopkins gegründet hat, geht es darum, dass wir nicht warten, bis die Regierungen und Kommunen die Weichen für die Zukunft stellen, sondern die Veränderung selbst in die Hand nehmen. Das heißt, dass die Menschen vor Ort ihr Umfeld selbst gestalten. Sie nutzen Flächen, um Obst und Gemüse anzubauen, sie gründen lokale Energieversorger, sie verändern ihre Nachbarschaft so, dass es den Menschen insgesamt dort besser geht. Dabei geht es nicht darum, auf Waren aus anderen Ländern zu verzichten. Wir sollten aber das stärken, was wir bereits haben und unser Geld nicht an multinationale Konzerne geben, die teilweise mehr Umsatz machen als einzelne Volkswirtschaften. Denn: Wie oft beklagen wir, dass es keine Bäckereien oder Einkaufsläden in abgelegenen Orten mehr gibt?

Welche Projekte weltweit schon regionale Strukturen stärken und wie sie positiv die Welt verändern, zeigt übrigens sehr anschaulich der Film »Tomorrow – Die Welt ist voller Lösungen (tomorrow-derfilm.de)

Unverpackt heißt nicht gleich teuer

Zudem sparen Sie beim unverpackten Einkauf bares Geld! Vieles, was in Plastik eingepackt ist, wie Fertigprodukte, kostet viel Geld. Unverpackte Lebensmittel mögen im Einzelnen vielleicht ein bisschen teurer sein, doch unter dem Strich bezahlen Sie weniger. Sie kaufen nur die Menge, die Sie wirklich benötigen und schmeißen wahrscheinlich nichts oder weniger weg. Sie verzichten auf teure Fertigprodukte und Süßigkeiten und kaufen vielleicht nur noch saisonales Obst und Gemüse zum günstigen Preis. Und wenn Sie weniger Putzmittel in den Einkaufswagen legen oder sie gar selber machen, dann sparen Sie richtig viel Geld. Das Argument, dass man sich unverpackt kaufen nicht leisten kann, gilt also nicht.

Welche Läden bieten Waren ohne Plastik an?

Mit der Zeit habe ich herausgefunden, in welchen Läden ich Dinge unverpackt oder ohne Plastik kaufen konnte. Es kommt doch eine beachtliche Auswahl zusammen, sodass Sie sicher einen Laden finden werden, in dem Sie ohne Plastik einkaufen können.

(Bio-)Supermärkte

Der gute alte Supermarkt ist sicherlich nicht die erste Adresse, an die Sie denken, wenn Sie weniger Plastik einkaufen möchten. Dabei gibt es hier viele Möglichkeiten, ohne Verpackung oder mit eigenem Behälter einzukaufen: Obst und Gemüse, Wurst und Fleisch an Frischtheken und viele Produkte in (Pfand-)Glas oder Papier. Einige Supermärkte, vor allem im Biosektor, schaffen bereits Abfüllbehälter für Müsli oder Ähnliches an.

Unverpackt-Läden

Seit der erste Unverpackt-Laden 2014 in Kiel eröffnet hat, sind etliche dazugekommen. (Liste im Anhang). Die meisten Läden sind biozertifziert, und ihre Gründer sind Leuchttürme in Sachen Nachhaltigkeit.

Wie funktioniert ein Unverpackt-Laden?

Die Waren werden in sogenannten Schütten gelagert. Man bringt eigene Gläser oder Beutel mit und füllt dann die Mengen ein, die man braucht. Vor dem Abfüllen wiegt man sein Gefäß und klebt einen Zettel darauf, das Gewicht wird natürlich später abgezogen, sodass man am Ende für seine individuelle Menge bezahlt. Das sorgt dafür, dass man nur die Menge kauft, die man wirklich braucht. Viele Unverpackt- Läden haben auch andere Dinge für den täglichen Bedarf: alles zum Putzen sowie Basics für die Körperpflege.

Die Zahl der Unverpackt-Läden steigt ständig – auch in ländlichen Regionen. Dort wird die Nahversorgung immer schlechter, Bäcker und Metzger schließen, während Supermarktketten in den nächsten größeren Orten nur noch mit dem Auto erreichbar sind. Diesen Mangel versuchen neu gegründete Genossenschaften auszugleichen, die den ländlichen Raum wieder mit regionalen und biologischen Waren versorgen möchten. So entsteht zum Beispiel im Landkreis Augsburg mit dem Herzstück e.V. ein Dorfladen mit Kaffeewirtschaft, in dem nicht nur unverpackt verkauft, sondern auch nach den Grundsätzen der Gemeinwohlökonomie gehandelt wird. (herzstueck-horgau.de)

Doch auch sonst gibt es allerhand Läden, bei denen man bestimmte Sachen offen kaufen kann:

Feinkost & Spezialitätenläden

Hier reicht das Angebot von offenen Antipasti wie Oliven, gefüllte Paprika, Cremes über Nüsse, getrocknetes Obst bis hin zu Gewürzen. In asiatischen Läden gibt es manchmal sogar selbst gemachten Tofu. Es lohnt sich also, öfter mal einen Blick in solche Läden zu werfen. Die inhabergeführten Läden freuen sich, wenn Menschen ihre eigenen Gefäße mitbringen und füllen gerne mitgebrachte Schraubgläser und Edelstahldosen auf. Das hat für beide Seiten einen Vorteil: Der Händler spart sich die Kosten für die Plastikverpackung, und man selbst trägt die leckeren Antipasti im fest verschlossenen Schraubglas nach Hause.

Wochenmärkte und Hofläden

Märkte und Hofläden sind ein wahres Fest für alle, die unverpackt einkaufen möchten. Es gibt offenes Obst und Gemüse, meist aus der Region. Viele Hofläden verkaufen auch Eingemachtes, Nudeln oder Fleisch aus eigener Herstellung. Hofläden in der Nähe findet man zum Beispiel:

dein-bauernladen.de.

hofladen-bauernladen.info

einkaufen-auf-dem-bauernhof.com

Lebensmittelfachgeschäfte für Fleisch und Käse

Auch in lokalen Metzgereien und Käsegeschäften bekommt man auf Wunsch seine Ware in eine mitgebrachte Dose. Je nach Laden gibt es dort Fleisch und Käse aus der Region.

Getreidemühlen

Viele Getreidemühlen verkaufen ihre Ware in handelsüblichen Mengen: von der Kilo-Packung bis hin zum Mehlsack, den man sich zum Beispiel mit den Nachbarn teilen kann. Häufig findet man dort auch Mehlprodukte wie selbst gemachte Nudeln oder andere Produkte aus der Region.

Tee- und Kaffeeläden

Völlig problemlos lassen sich im Tee- oder Kaffeeladen eigene Dosen mit losem Tee und Kaffee befüllen. Manche Läden geben sogar Rabatt, wenn man seine eigene Dose dabei hat und damit Verpackung spart.

Bäcker und Konditoren

Kuchen und Backwaren lassen sich gut in mitgebrachten Behältnissen nach Hause bringen. Brot kann man sich direkt in einen Brotbeutel geben lassen. Dort hält es sich auch länger. Brötchen gehen ebenfalls in ein Stoffsäckchen. Auch für Kuchen gibt es Möglichkeiten: einfach eine Kuchenform, eine große Aufbewahrungsbox oder eine Keksdose mitbringen. Bäcker sind zudem eine gute Quelle für allerhand andere Zutaten, die man sonst nur verpackt bekommt, vorausgesetzt, der Bäcker backt noch selbst: zum Beispiel Hefe oder Blätterteig.

Spirituosenfachgeschäfte, Öl und Essig vom Fass

Schon lange gibt es in den Städten Läden, in denen man Öl, Essig und Spirituosen vom Fass bekommt. Die Produkte sind qualitativ hochwertig und haben ihren Preis, schmecken dafür sehr gut, und man kann seine Flasche immer wieder auffüllen lassen. Der Vorteil: Man kann direkt probieren und entscheidet sich dann für die Sachen, die einem wirklich schmecken.

Weniger Verpackung + mehr Vorrat = weniger Stress

Weniger Stress?, werden Sie sich jetzt vielleicht fragen. Es sind schon einige Läden, die Sie ansteuern müssen, bis Ihr Einkauf komplett ist. Wer bisher seinen Familien-Wocheneinkauf beim Discounter oder im Supermarkt erledigt hat, wird sich sicher fragen: Wie soll das gehen? Das Geheimnis: planen und große Mengen einkaufen. Grundnahrungsmittel wie Mehl, Zucker, Nudeln, Reis, Hülsenfrüchte etc. kann man problemlos auf Vorrat kaufen. Wer einen Vorratsraum hat, kann alles in schöne Gefäße abfüllen. Grundsätzlich bringt die gute alte Vorratshaltung Ruhe in den sonst so stressigen Alltag. Wer alles zu Hause hat, muss nicht kurz vor Ladenschluss noch in den Supermarkt hetzen, um schnell noch etwas fürs Abendessen zu besorgen. Damit lässt sich der Supermarktwahnsinn nicht nur auf ein Minimum reduzieren, auch das ganze Leben wird dadurch entspannter. Denn im Supermarkt stehen Sie vor riesigen Regalen und haben die Wahl zwischen zig verschiedenen Marken, Ausführungen und Geschmacksrichtungen. In unserer hektischen Zeit ist es manchmal einfach entspannter, keine Wahl treffen zu müssen. Dann gibt es eben nur die Butter in Papier verpackt, den Joghurt ohne Geschmack, den man je nach Lust und Jahreszeit mit frischen Früchten oder Marmelade mischt, und das Gemüse der Saison.

Bei uns findet die Entdeckung von neuen Genüssen am heimischen Herd statt. Unsere Kreativität ist gefordert, wenn sich plötzlich Topinambur, Zuckerhut und massenweise Sellerie in unserer wöchentlichen Gemüseration findet. Da werden Zeitschriften und Kochbücher gewälzt und das Internet durchforstet und plötzlich verliert der Schwarzkohl seinen Schrecken und wird geröstet mit etwas Chili und Salbeikartoffeln zum leckeren Abendessen.

Bewusst konsumieren

»Wir haben alles, was Sie brauchen. Was wir nicht haben, brauchen Sie auch nicht!«

So stand es an einem Tante-Emma-Laden. Vieles, was wir besitzen, brauchen wir eigentlich gar nicht. Dies sollten wir uns vor Augen führen, wenn uns wieder eine der zahlreichen Werbebotschaften verführen will, doch noch etwas zu kaufen.

Was brauchen Sie für den plastikfreien/unverpackten Einkauf?

Je nachdem, welche Vorlieben Sie haben, brauchen Sie unterschiedliche Einkaufsutensilien.

(Baumwoll-)Taschen für Obst und Gemüse

Inzwischen werden in vielen Obst- und Gemüseabteilungen kleine wiederverwendbare Stoffbeutel angeboten. Natürlich kann man die Stoffsäckchen auch selbst nähen. Zum Beispiel aus alten Tüll-Vorhängen, die sind leicht und durchsichtig, sodass man gleich sieht, was drinnen ist. Doch auch schöne, leichte Baumwollstoffe eigenen sich dafür.

Größere/voluminöse Produkte wie Nudeln können Sie gut auch in Stoffbeutel füllen. Da passt dann mehr hinein. Beim Bäcker können Brot und Brötchen in Baumwolltaschen – gerne auch zusammen. Dort halten sie auch länger frisch.

Anleitung:

Das wird gebraucht:

*1 rechteckiges Stück Stoff – für ein Gemüsesäckchen ist
eine gute Größe 25 x 75 cm. Dazu braucht man eine Kordel
ca. 70 cm lang.*

So wird's gemacht:
- Schmale Seiten des Stoffs 2 cm umschlagen und absteppen. Das wird der Tunnel für das Band.
- Den Stoff mit den schmalen Kanten aufeinanderlegen und unterhalb des Tunnels an beiden Seiten absteppen. Dann umdrehen und mit Hilfe einer Sicherheitsnadel die Kordel einziehen. Fertig!

Frischhalte- oder Brotzeitboxen aus Edelstahl oder Glas

Käse sowie Fleisch und Fisch können Sie in einer Frischhaltebox gut nach Hause bringen. Bewährt haben sich beispielsweise Edelstahldosen mit mehreren Stockwerken. Dann hat jede Sorte ihre eigene Schale und kann so auch gleich beim Abendbrot aufgetischt werden. Wenn Sie unterwegs Sandwiches oder süße Teilchen vom Bäcker kaufen, nehmen Sie am besten ebenfalls eine Brotzeitbox mit.

Leere Schraubgläser

Feinkost wie Oliven, eingelegte Paprika, Frischkäsemischungen kann in leeren Schraubgläsern auslaufsicher untergebracht werden. Ebenso Salate und Suppen für unterwegs. Schraubgläser eignen sich auch prima für trockene Lebensmittel wie Nüsse, Gewürze oder Kakao aus einem Unverpackt-Laden. Die Gläser am besten mit einem abwaschbaren Aufkleber versehen, auf den man schreiben kann, was drin ist.

 Sammeln Sie leere Marmeladen- oder andere Gläser, waschen Sie diese aus und bewahren Sie sie in einem Stoffbeutel für den nächsten Einkauf auf.

Kaffee- und Teedosen
Für Ihren Einkauf von Tee oder Kaffee nehmen Sie am besten leere Dosen mit. Darin können die Verkäufer leicht die Ware einfüllen, ohne sie zu berühren, wie das etwa bei Tüten der Fall wäre.

Eigene Einkaufstasche oder Korb
Damit Ihr Einkauf sicher und plastikfrei nach Hause kommt, brauchen Sie eine Tasche, einen Korb oder einen Rucksack. Am besten in allen Taschen stets eine kleine Baumwolltasche oder große Einkaufstaschen im Auto deponieren.

Einkaufen ohne Plastik: So geht's in der Praxis

Plastikfallen bei Lebensmitteln:

- Fertigprodukte sind immer in Plastik eingepackt
- Kunststoffbeschichtungen in Konservendosen
- Papierverpackungen, die innen mit Plastik beschichtet sind
- Kaugummis bestehen aus Kunststoff
- Kassenzettel aus Thermopapier können BPA enthalten

Plastikvermeidung wäre sicher am einfachsten, wenn jeder in einem Unverpackt-Laden einkaufen könnte. Zwar eröffnet in Deutschland beinahe monatlich ein neuer Laden für verpackungsfreies Einkaufen, aber von flächendeckend sind wir weit entfernt. Außerdem hat sich unser Einkaufsverhalten seit Jahrzehnten in Richtung Supermarkt bewegt, das lässt sich von heute auf morgen nicht ändern. Der Aufbau anderer Strukturen benötigt Zeit und ein anderes Bewusstsein. Daher enthält dieses Buch Tipps und Alternativen für unterschiedliche Typen und unterschiedliche Einkaufsmöglichkeiten. Sie hängen von der Verfügbarkeit der Produkte sowie der Zeit und der Motivation des Einzelnen ab. Sind Sie eher Anfänger und wollen es erst einmal langsam angehen? Oder sind Sie eher ambitioniert und wollen am liebsten alles selber machen? Egal ob Einsteiger, Ressourcenschoner oder Selbermacher: Jeder findet auf den folgenden Seiten Tipps für den eigenen Weg. Und das Schönste: Jeder einzelne Schritt beeinflusst unser Wirtschaftssystem. Denn mit unserer Nachfrage haben wir einen direkten Einfluss. Kaufen wir den gezupften Salat in Plastik verpackt oder den Kopfsalat frisch vom Hofladen nebenan? Wenn wir den frühen Spargel aus Griechenland liegen lassen, dann wird er auch nicht mehr geordert. Wenn wir stattdessen warten, bis der heimische so weit ist, dann sparen wir eine Menge CO_2 für den Transport.

Konkrete Alternativen für Produkte:

Milchprodukte

Milch, Joghurt, Sahne, Quark – all diese Produkte sind größtenteils im Tetrapak oder im Plastikbecher verpackt. Hierfür gibt es unterschiedliche Alternativen.

Für Eilige: *Pfandflaschen und Gläser*

Die meisten Supermärkte haben in ihren Regalen Milch, Joghurt und Sahne in Pfandflaschen bzw. Pfandgläsern von Molkereien aus der Region. Das gilt allerdings nicht für Discounter. Sie sind auf den schnellen Durchlauf von Waren spezialisiert und verfügen daher nicht über die Logistik für ein solches Pfandsystem. Saure Sahne, Schmand oder Frischkäse gibt es allerdings nur im Plastikbecher. Quark gibt es erst seit kurzem im Glas. »Quark im Pfandglas« – so heißt der Blog einer Plastikvermeiderin, die vor einigen Jahren auf der Suche nach eben diesem Produkt war. Und damals gab es tatsächlich keine Molkerei in Süddeutschland, die Quark im Pfandglas verkaufte. Nach Auskunft einer Molkerei ist die Konsistenz einfach nicht dazu geeignet. Daher war wohl der erste Pfandglas-Quark, der in meinem Biomarkt auftauchte, eine Quark-Joghurt-Mischung. Die muss man dann zwar vor Gebrauch noch einmal kräftig durchmischen, doch für Kräuterquark oder zum Kuchenbacken eignet sich das Gemisch allemal.

Butter gibt es normalerweise nur in der Aluminiumverpackung. Allerdings bieten Bio-Supermärkte eine Fassbutter der »Gläsernen Molkerei« in Papier. Manchmal verpacken auch kleinere Molkereien ihre Butter in Papier. Mein Tante-Emma-Laden um die Ecke fährt einmal im Monat ins Allgäu und besorgt dort in Papier verpackte Butter direkt von der Molkerei. Da bestelle ich mir immer einen ganzen Monatsvorrat.

Für Motivierte: *Milch beim Bauern selbst abfüllen*

Vieles, was in Vergessenheit geraten ist, kommt wieder zurück. So entstehen zunehmend auf Bauernhöfen Abfüllstationen für Milch. Zwar geht man heute nicht mehr mit der Milchkanne zum Bauern, dafür aber mit seinen ausgekochten Milchflaschen. Dort bekommt man Rohmilch, die völlig unbehandelt, also weder homogenisiert noch pasteurisiert ist und die man vor dem Verzehr abkochen sollte.

Wir haben das Glück, einen solchen Milchautomaten direkt in der Nähe zu haben, nur etwa fünf Kilometer entfernt. Das ist eine Strecke, die man noch bequem mit dem Fahrrad zurücklegen kann.

Wo gibt es Milchautomaten?

▶ abhof-automat.de
▶ milchautomaten-direktvermarkter.de
▶ milchtankstellen.com

Vielerorts ist es gar noch nicht so lange her, dass Milchautomaten in Supermärkten standen. Für die Händler bedeutete dies einen recht großen Aufwand. Und da die Nachfrage nach der empfindlichen frischen Milch nicht ausreichend war, wurden die Automaten wieder abgeschafft. Nun kommen sie wieder in Mode, auch in den Supermärkten. Wer also einen in der Nähe hat, sollte ihn nutzen, damit sich die Investition für den Handel langfristig lohnt.

Für Selbermacher: *Eigene Milchprodukte herstellen*

Haben Sie auch einen Joghurt-Bereiter im Keller, der vor sich hinstaubt? Packen Sie ihn wieder aus und bereiten Sie Ihren eigenen Joghurt zu. Das spart Geld und vermeidet Schlepperei beim Einkauf. Wer viel Joghurt isst, sollte daher über eine Anschaffung nachdenken.

Quark und Frischkäse selber machen

Nach einigen erfolglosen Versuchen, aus Sauermilch Frischkäse zu zaubern, habe ich eine ganz einfache und leckere Methode entdeckt, Frischkäse selbst zu machen. Und zwar aus Joghurt. Dazu machen Sie den Joghurt entweder selber oder besorgen ihn im Glas. Für ein besonderes leckeres Ergebnis ist ein Joghurt mit zehn Prozent Fett sehr gut geeignet. Den Joghurt in ein Abtropfgefäß oder in ein mit Baumwolltuch ausgelegtes Sieb geben und zum Abtropfen in ein Gefäß in den Kühlschrank stellen. Mit etwas Salz und / oder Zitrone bekommt die Mischung etwas Geschmack. Nach vier bis sechs Stunden ist daraus ein leckerer Quark geworden, nach insgesamt zehn bis vierzehn Stunden ein cremiger Frischkäse. Den füllen Sie nur noch ein (Glas-)gefäß um. Sie können ihn entweder so essen oder je nach Geschmack mit Kräutern und Gewürzen verfeinern. Bei uns kommt nichts anderes mehr auf den Tisch, und ich bin froh, endlich eine einfache Lösung ohne Plastikverpackung gefunden zu haben.

Sauerrahm und Crème fraîche selber machen

Zutaten Sauerrahm:

200g Schlagsahne (Pfandflasche)

2 EL Joghurt (Pfandglas)

Schraubglas

2 Tage Zeit

Zutaten Crème fraîche:

200g Schlagsahne (Pfandglas)

2 TL Zitronensaft

Schraubglas

2 Tage Zeit

Zubereitung:

▶ Den Joghurt bzw. den Zitronensaft einfach in die Sahne einrühren und in ein sauberes Schraubglas oder einen anderen gut schließenden Behälter füllen. An einen warmen Ort stellen. Fertig. Nach zwei Tagen hat sich die Sahne deutlich verfestigt und schmeckt leicht säuerlich.

▶ Diese beiden Produkte lassen sich wirklich einfach herstellen. Übrigens kann man sie auch einfrieren, daher lohnt es sich, eine größere Menge anzusetzen und diese in kleine Gläschen zu füllen. So haben Sie immer etwas davon ohne großen Planungsaufwand parat.

Butter selber machen

Für Butter brauchen Sie nur gut rahmende Sahne in der Glas-Pfandflasche (½ Liter). Es gibt zwei Wege, um zu leckerer Süßrahmbutter zu gelangen. In beiden Fällen ist es vorteilhaft, die Sahne auf Zimmertemperatur zu erwärmen, sie also einige Zeit vorher aus dem Kühlschrank zu nehmen.

Weg 1: Man füllt ein großes Glas mit Schraubdeckel zu gut drei viertel voll. Dann das Glas kräftig und lange schütteln bis ein großer Butterklumpen entsteht. Das braucht seine Zeit und ersetzt das Fitnessstudio.

Weg 2: Schneller geht es mit einem Rührgerät oder einer Küchenmaschine mit Schneebesen. Man rührt so lange, bis die Sahne zu Butter wird. Das dauert etwa fünf bis zehn Minuten.

Nun haben sich Butterfett und Buttermilch getrennt. Die Buttermilch gießen Sie durch ein mit Mulltuch ausgelegtes feines Sieb zurück in die ausgespülte Sahneflasche oder in ein anderes Gefäß. Die restliche Flüssigkeit aus der Butter drücken Sie im Mulltuch aus. Streichen Sie danach die fertige Butter in Schraubgläser mit weiter Öffnung oder in ein schönes Buttergefäß.

Machen Sie ruhig etwas mehr und frieren Sie die Butter ein. So hält sie sich problemlos bis zu einem Jahr. Somit können Sie die beste Qualität aus der guten Sommermilch (Weidehaltung mit feinen Kräutern) für den Winter sichern.

Aus der Butter lassen sich auch tolle Varianten kreieren: entweder mit Kräutern oder süß mit Vanille, Orangenschale oder Zimt. Der Kreativität sind keine Grenzen gesetzt. Die übrig gebliebene Buttermilch ist ein fettarmes und gesundes Fitnessgetränk und schmeckt im Kaffee, als Pudding oder mit Säften gemischt wunderbar.

Aus Butter wird ganz leicht Butterschmalz oder Ghee

Für viele Rezepte benötigt man geklärte Butter, also Butterschmalz. In der ayurvedischen Küche wird sie auch Ghee genannt und soll entzündungshemmend wirken. Geklärte Butter entsteht, indem man die Butter von Milchzucker und Milcheiweiß befreit. Ghee kann übrigens ohne Bedenken sehr stark erhitzt werden.

Lassen Sie die Butter bei geringer Hitze in einem Topf schmelzen. Die Butter sollte in flüssiger Form leicht aufkochen, aber nicht braun werden. Nun stellen Sie die Herdplatte auf die niedrigste Stufe und lassen die Butter bis zu 35 Minuten vor sich hin blubbern. Dabei entsteht aus dem Milcheiweiß Schaum, der regelmäßig abgeschöpft werden sollte, damit Sie sehen können, wann er sich verringert. Beobachten Sie den Prozess. Er ist beendet, wenn das Butterschmalz nicht mehr dampft und keinen Schaum mehr produziert, leicht nach Karamell riecht, goldgelb und durchsichtig ist. Nun legen Sie ein Mulltuch in ein feines Sieb und füllen das Butterschmalz/Ghee in Gläser. Sie ist zunächst klar und wird nach dem Abkühlen cremig, aber nicht ganz fest.

Auch eine Alternative: Milch und Milchprodukte vom Speiseplan streichen

Ob wir Menschen Calcium aus Milchprodukten tatsächlich lebensnotwendig brauchen und es gesundheitsfördernd ist, wird immer häufiger kritisch hinterfragt. Zudem gibt es immer mehr Menschen, die laktoseintolerant sind und überhaupt keine Milch vertragen. Außerdem hat die Art der Milchwirtschaft ökologische Auswirkungen auf unsere Umwelt. Viele Kühe stehen nicht mehr auf der Weide, sondern bekommen Kraftfutter mit Soja, für das in Südamerika Regenwälder abgeholzt wurden.

Wer Milch kauft, sollte zumindest darauf achten, dass die Kühe auch Auslauf hatten. Denn die Tierhaltung hat Auswirkungen auf die Qualität der Milch und somit auf die Inhaltsstoffe, die als gesund für den Menschen gelten, so wie Omega-3- und Omega-6-Säuren. Allerdings sind diese auch in pflanzlichen Produkten, allen voran in Ölen, enthalten. Hinterfragen Sie Ihren Milchkonsum und finden Sie Alternativen: zum Beispiel Müsli mit Fruchtsaft mixen oder Getreidebrei (Porridge) mit Wasser essen.

Käse

Käse im Pfandglas, das wäre sicher für einige Sorten eine gute Idee. Stattdessen liegt er immer maximal in Plastik eingeschweißt im Kühlregal. So soll er lange haltbar sein, weil keine Luft an das Produkt kommt. Dafür lösen sich aber durch das enthaltene Fett im Käse Inhaltsstoffe aus der Verpackung. Ich finde, das schmeckt man auch. Daher gehen wir der Plastikverpackung lieber aus dem Weg.

Für Eilige: *Weniger Verpackung:*
Statt des eingeschweißten Käses aus dem Kühlregal, holen Sie sich lieber frischen Käse am Stück an der Frischetheke oder im Käseladen. Diese Käse dürfen atmen und schmecken entsprechend besser. Sie werden in Käsepapier eingewickelt und sparen so schon eine ganze Menge Plastikmüll.

Für Puristen: *Unverpackt*
Käse lässt sich gut in einer eigenen Box nach Hause transportieren. Man muss nur nachfragen. Bitte denken Sie daran, dass die unterschiedlichen Käsearten verschieden behandelt und gelagert werden müssen. Wer seinen Schimmelkäse mit Schnittkäse mischt, kann sich nach wenigen Tagen über die Schimmelkulturen vom Camembert auf seinem Emmentaler freuen. Also bitte mehrere Dosen mitnehmen. Um unterschiedliche Schnittkäse-Sorten zu trennen, lege ich Butterbrotpapier dazwischen, das ich immer wieder verwende. Alternativ kann man seinen Käse auch in einem Wachstuch aufbewahren. Siehe S. 92.

Für Selbermacher: *Käse machen*
Auch Käse kann man selbst herstellen. Das ist gar nicht so schwer, da es entsprechende Kulturen und Lab zu kaufen gibt. Startermaterial können Sie bei spezialisierten Läden im Internet bestellen. Käse-Selbermachen.de bietet zum Beispiel auch Kurse an.

Fleisch und Wurstwaren

Obwohl wir nur sehr wenig Fleisch und Wurst essen, kommen Salami, Schinken und manchmal Hackfleisch bei uns auf den Tisch. In Discountern sind diese Sachen naturgemäß mit viel Plastik eingepackt. Das Bundesamt für Risikobewertung (BfR)[19] hat festgestellt, dass sich – ähnlich wie beim Käse – durch die Fette in Wurst und

Fleisch Inhaltsstoffe wie Weichmacher aus der Kunststoffverpackung lösen. Diese essen wir mit. Keine schöne Vorstellung!

Wenn wir Fleisch kaufen, dann meist beim Hofladen um die Ecke, der seine eigenen Tiere hält, oder bei einem Metzger, der sein Fleisch von kleinen Höfen aus der Region bezieht, die ihre Tiere artgerecht aufziehen. Wir beziehen Fleisch auch gelegentlich aus dem Bioladen. Dort bekommen wir unseren Einkauf anstandslos in unsere mitgebrachten Behälter gefüllt.

Wer wissen möchte, wo sein Fleisch herkommt, fragt am besten beim Metzger seines Vertrauens nach. Es gibt auch kleine Landwirte, bei denen die Tiere es gut haben und die keine Biozertifizierung haben. Das kostet zwar mehr, schmeckt aber gleich ganz anders und belastet weder die Umwelt noch das Gewissen.

An einer Frischetheke waren die Rouladenscheiben sogar einzeln in Plastikfolien eingepackt. Das sollte das Fleisch davor schützen, braune Flecken zu bekommen. So wollte ich es auf keinen Fall kaufen und fragte nach, ob ich das Fleisch nicht auch frisch geschnitten ohne Plastikfolie bekommen könnte. Ich konnte, aber offensichtlich hatte ich nicht ausreichend erklärt, dass ich keine Plastikfolie möchte. Denn bevor die Verkäuferin nach hinten ging, um mir das Fleisch zu schneiden, drehte sie sich noch einmal um und fragte: »Soll ich Ihnen die Rouladen auch in eine Plastikfolie einpacken?« Solche Beispiele zeigen, dass noch viel Aufklärungsarbeit ansteht.

Natürlich müssen die Händler darauf achten, dass die Lebensmittel frisch bleiben und ansehnlich aussehen, gerade bei Fleisch eine heikle Aufgabe. Für den Schritt, Fleisch unverpackt zu kaufen, habe ich selbst relativ lange gebraucht. Erst hatte ich Hemmungen danach zu fragen, oder ich hatte schlichtweg meine Dose vergessen. Doch sobald ich anfing, mit der eigenen Dose zum Metzger zu gehen, war es kein Problem: Die gewünschte Ware wurde einfach in meine Dose gelegt.

Und wie funktioniert das nun? Da die Geschäfte sicherstellen müssen, dass es hinter der Theke keine Verunreinigungen gibt, nehmen sie keine fremden Gegenstände über die Theke. Deshalb stelle ich meine Dose auf den Tresen, und das Verkaufspersonal legt die abgewogene Ware hinein. Leider lässt sich das Papier bei dieser Methode nicht ganz vermeiden, da das Fleisch darauf abgewogen wird.

Alternativ gibt es Fleischtheken, die spezielle Tabletts bereithalten. Darauf stelle ich meine Dose, die dann mit dem Tablett auf die Waage gestellt wird. Somit kommt meine Dose mit keinem Gegenstand in Berührung, und ich spare komplett den Müll.

Andere Händler haben sich ein Mehrwegsystem einfallen lassen. So testen einige Edeka-Supermärkte bereits eine Dose, die man einfach beim nächsten Einkauf gegen eine neue austauschen kann. Diese Dose wird dann wieder gereinigt in den Kreislauf gegeben.

Für Eilige: *Weniger Verpackung*

Um den Verpackungswahn zu umgehen, habe ich im ersten Schritt meiner Umstellung zum plastikfreien Leben, meinen Einkauf von Fleisch und Wurst auf die Frischetheke im Supermarkt oder den Metzger meines Vertrauens umgestellt. Dort bekommt man die Ware meist in Papier. Das ist zwar auch mit einer dünnen Plastikschicht bezogen, die lässt sich aber leicht vom Papier ziehen und somit getrennt entsorgen. Die dünne Folie ist im Normalfall aus PE und damit gut über den gelben Sack recycelbar.

Für Puristen: *Unverpackt*

Bringen Sie Ihre eigenen Gefäße mit zum Metzger und lassen Sie sich Wurst und Fleisch dort hineingeben. Damit haben Sie schon den Status Zero Waste erreicht, und die Ware kommt gar nicht mehr mit dem Plastik in Berührung – zumindest nicht auf dem Heimweg. Vieles kommt im Handel leider in Plastik verpackt an. Zum Teil werden Wurst oder Fleisch auch von Verkaufspersonal vorgeschnitten und zur besseren Trennung mit Plastikunterlagen versehen.

Komplett auf Wurst und Fleisch verzichten

Möchte man konsequent sein und den Auswirkungen unseres Fleischkonsums Rechnung tragen, sollte sehr wenig oder am besten gar kein Fleisch mehr auf den Tisch kommen. Die Weltgesundheitsorganisation (WHO) stuft rotes verarbeitetes Fleisch sogar als krebserregend ein. Das liegt vor allem daran, dass bei der Verarbeitung sowie beim Grillen oder Braten Nitrosamine entstehen können. Daher rät die WHO, nur ein- bis zweimal pro Woche Fleisch oder Wurst zu verzehren. Andere mögliche Risiken durch Fleischverzehr, wie Übergewicht und Herz-Kreislauf-Erkrankungen, könnten so ebenfalls vermieden werden. Um gesund zu leben und genügend Eiweiß aufzunehmen, empfiehlt die Deutsche Gesellschaft für Ernährung (DGE) maximal 300 – 600 g Fleisch pro Woche[20]. Für deutsche Verhältnisse ist das relativ wenig, denn bei Männern liegt nach Angaben der DGE der Schnitt bei einem Kilogramm pro Woche, Frauen essen etwa die Hälfte davon. Wer auf Fleisch verzichtet, kann auf andere gute Eiweißquellen wie Hülsenfrüchte und Vollkornprodukte zurückgreifen.

Es ist also an der Zeit umzudenken. Zumal unser Fleischkonsum für mehr als die Hälfte der vom Menschen verursachten Treibhausgase verantwortlich gemacht wird. Die Produktion von einem Kilogramm Fleisch verursacht 36 Kilogramm Kohlendioxid. Das ist so viel, wie ein Auto für eine Fahrt von 250 Kilometern ausstößt[21]. Dazu kommt, dass Soja dem Kraftfutter für die Tiere zugesetzt wird. Für dessen Anbau wiederum werden Regenwälder gerodet. Wir opfern also Urwald für ein Nahrungsmittel, von dem wir sowieso schon viel zu viel essen. Würden wir komplett auf Fleisch verzichten und stattdessen auf pflanzliche Nahrung umstellen, könnten vier Milliarden Menschen mehr ernährt werden.

INFO

Hygiene

Bei aller Begeisterung für plastikfreies Einkaufen darf der Aspekt Hygiene nicht vernachlässigt werden. Gerade bei Wurst und Fleisch ist das Risiko groß, dass Keime die Ware verderben. Daher ist es sinnvoll, dass Händler und die für Hygiene zuständigen kommunalen Ämter streng darüber wachen. Grundsätzlich gibt es kein explizites amtliches Verbot, vom Kunden mitgebrachte Behälter hinter die Theke zu nehmen. Stattdessen gibt es Vorschriften, wie die Hygiene im Betrieb und bei den Produkten sichergestellt werden muss. Dazu gehört die räumliche Trennung von reinen und unreinen Bereichen. Daher gibt es beispielsweise einen Kassenbereich in Metzgereien. Ebenso gehört der Bereich dazu, in dem Geschirr zurückgeben werden kann, wenn man im Betrieb auch essen kann. Solche räumlichen Trennungen helfen, die Keimfreiheit im reinen Bereich aufrechtzuerhalten.

Obst und Gemüse

Die meisten Obst- und Gemüsesorten haben ihre eigene Schale und brauchen daher gar keine Verpackung. Ich habe schon immer Äpfel und Karotten einfach so aufs Band gelegt, wenn es nicht zu viele waren. Nie gab es deswegen Probleme.

Für Eilige: *Lose kaufen*

Im Supermarkt gibt es immer mehr Obst und Gemüse lose zu kaufen. Das hat den Vorteil, dass man nur die Menge kauft, die man auch wirklich verbraucht. Außerdem kann man so verfaulte, unreife und matschige Stücke erkennen. Am einfachsten trägt man die Vitamine nach Hause, indem man die kleinen Tüten aus dem Markt immer wieder verwendet oder kleine waschbare (Baumwoll-) Taschen nutzt. Mittlerweile gibt es sie vor allem in Bioläden zu kaufen. Zu Hause halten die Stoffbeutel, wenn man es leicht anfeuchtet, das Gemüse im Gemüsefach lange frisch und knackig.

TIPP Meinen Salat halte ich übrigens frisch, indem ich ihn nach dem Waschen in ein Küchentuch gebe und es anfeuchte. So muss ich nicht täglich neu Salat waschen und entnehme mir einfach die entsprechende Menge.

Für Puristen: *Bio-Supermarkt ansteuern*

Zur besseren Unterscheidung sind in den regulären Supermärkten Bio-Obst und -Gemüse häufig eingeschweißt. Da meist weniger Bio-Gemüse angeboten wird, kommt dies zur besseren Unterscheidung in die Folie. Das leuchtet ein und hilft insgesamt, Verpackungen zu sparen. Doch wer bio und ohne Plastik kaufen möchte, braucht einen Plan B: den Bio-Supermarkt. Dort sind nur wenige Sachen in der Obst- und Gemüseabteilung eingepackt. Alternativ können Sie auch auf Wochenmärkten einkaufen oder Bio-Gemüse von einem Lieferservice beziehen. Dort müssen Sie allerdings dazu-sagen, dass Sie die Ware unverpackt möchten.

Für Motivierte: *Hofläden, Solidarische Landwirtschaft*

Einen Schritt weiter können Sie gehen, wenn Sie Ihr Obst und Ge-müse direkt beim Erzeuger kaufen: In Hofläden und Gärtnereien kommt saisonales Obst und Gemüse direkt vom Feld auf die eigene Auslage. Dieser Weg ist kurz und braucht daher keine Verpackung. Manche Erzeuger liefern ihre Ware auch in einer Abokiste aus. Eben-so verpackungsfrei bleibt es bei dem Konzept der Solidarischen Landwirtschaft. Hier wird ein Vertrag zwischen den Landwirten und den Menschen in der Stadt gemacht. Das Gemüse wird direkt von den Landwirten aus der Region an Verteilerstellen im Stadtgebiet ge-liefert. Dort nimmt sich jeder seinen Anteil – ganz ohne Verpackung.

Solidarische Landwirtschaft

Hinter der Idee einer solidarischen Landwirtschaft steht ein großer ökologischer und sozialer Mehrwert. Landwirtschaft und Abnehmer wachsen bei diesem Projekt enger zusammen. Die Abnehmer verpflichten sich immer für ein Jahr, die Ernte des Landwirts abzunehmen. Das gibt dem Landwirt Planungssicherheit und ermöglicht es ihm, unabhängig von Marktzwängen, den Boden fruchtbar erhalten und bedürfnisorientiert wirtschaften zu können. Gemeinsame Ernteeinsätze erweitern den Horizont der Abnehmer und zeigen ihnen, wie Lebensmittel angebaut werden und wie man die Äcker pflegt. Zudem erhalten sie qualitativ hochwertige saisonale Lebensmittel aus der Region und fördern damit die lokale (Land-)Wirtschaft. Das trägt auch dazu bei, die regionale Unabhängigkeit vom globalen Weltgeschehen zu erhalten. Mehr zum Konzept der Solidarischen Landwirtschaft und Kooperativen in Deutschland, Österreich und der Schweiz finden Sie auf solidarische-landwirtschaft.org.

Für Hobbygärtner: *Selber anbauen*

Wer ganz sicher wissen möchte, was er auf den Tisch bringt, kann sein Gemüse auch selbst anbauen: Schrebergärten erfreuen sich großer Beliebtheit, doch auch Urban Gardening, gemietete Gemüseäcker oder der kleine Garten auf dem Balkon sind im Kommen. Schauen Sie doch einfach mal in Ihrer Gemeinde, ob Sie einen Gemüseacker mieten können.

Unter Urban Gardening versteht man Gemeinschaftsgärten, die meist auf brachliegenden Flächen innerhalb der Stadt auf kommunalem Grund entstehen. Solche Nachbarschaftsgärten[22] versorgen die Anwohner nicht nur mit eigenem Obst und Gemüse, sondern stärken auch die Gemeinschaft innerhalb des Viertels. Dabei kommen Hochbeete oder Pflanzsäcke zum Einsatz. Urbanes Gärtnern hat eine lange Tradition. Schon im 19. Jahrhundert baute man innerhalb der Stadtgrenzen leicht verderbliches Gemüse an. So sicherte man die Versorgung der Bevölkerung, falls eine Stadt mal von der Umgebung abgeschnitten war.

Getränke

Wir freuten uns sehr, dass wir Milchprodukte in Mehrwegflaschen bekommen konnten. Von dort aus war es nur noch ein kleiner Schritt, auch Säfte wieder in Pfandflaschen zu kaufen. Neben dem umweltfreundlichen Mehrwegsystem hat das Pfandsystem noch weitere Vorteile: Die Säfte kommen meist aus der Region und haben daher nur kurze Transportwege. Saft aus dem Getränkekarton oder aus der Plastikflasche wird dagegen meist aus Konzentrat gewonnen, das aus dem Ausland stammt und daher schon durch die halbe Welt transportiert wurde.

Als wir damit anfingen, Plastikverpackungen zu meiden, waren wir noch sehr große Safttrinker. Zum Essen gab es immer Saftschorlen. Der Saft kam vom Discounter, Wasser sprudelten wir meist selbst. Mittlerweile ist unser Verbrauch von Saft jedoch extrem zurückgegangen. Das tut auch der Gesundheit gut, denn Fruchtsäfte haben einen hohen Zuckeranteil. Jetzt gibt es Schorlen nur zu besonderen Anlässen oder mal am Wochenende. Je weniger Saft wir trinken, umso weniger fragen die Kinder danach. Stattdessen trinken wir viel Wasser. Das kann man super mit Zitrone, Erdbeeren, Himbeeren, Pfefferminze oder Zitronenmelisse aufpeppen. Oder haben Sie schon mal Gurke probiert?

Für Eilige: *Mehrwegflaschen kaufen*

Wer Plastik bei Getränken sparen möchte, steigt auf Mehrwegflaschen um. Grundsätzlich sind Mehrwegflaschen aus Glas sehr ökologisch. Während PET-Plastikmehrwegflaschen bis zu 20-mal wiedergefüllt werden, geht dies bei Glas-Mehrwegflaschen bis zu 50-mal. Das spart Rohstoffe, mindert Abfälle und erzeugt weniger Treibhausgase. Ein Transportweg von Glas-Mehrwegflaschen von bis zu 1.000 Kilometern ist noch ökologisch im Vergleich zur Verwendung von Einwegflaschen oder Getränkekartons. Gut sind vor allem universale Mehrwegflaschen, die aus einem Pool stammen und daher nicht an einen Hersteller gebunden sind. Der Rücktransport und die Reinigung verbrauchen weniger Energie und Rohstoffe als die Herstellung einer neuen Einwegflasche.

INFO

Recycling von Tetrapaks

Tetrapaks sind eine typische Multilayer-Verpackung. Sie besteht zu 75 Prozent aus Karton, der auch wieder recycelt wird. Dazu kommt eine dünne Schicht Aluminium und PE (Polyethylen). Dieses Gemisch kann derzeit noch nicht getrennt werden und wird zur Herstellung von Zement und Endprodukten wie Dachziegeln oder Plastikpaletten genutzt. Diese können dann nicht mehr recycelt werden. Wird ein Werkstoff zu etwas Minderwertigerem als der Ausgangsstoff, so spricht man übrigens von Downcycling. Neuerdings laufen Bemühungen, die Aluminium-PE-Fraktion zu trennen und sie dann getrennt in die Kreisläufe zu geben.

Wasser: Plastikflasche, Glasflasche oder einfach aus der Leitung?

Wenn ich meinen Wasserhahn aufdrehe, kommt frisches, gesundes und kostengünstiges Leitungswasser heraus. Doch viele Menschen vertrauen dieser einfachen Methode, ihren Flüssigkeitshaushalt aufrechtzuerhalten, nicht. Stattdessen kaufen sie jährlich 142 Liter Flaschenwasser pro Kopf. Eine Freundin von mir, die schon immer sehr viel getrunken hat, griff daher immer auf die großen Wasserflaschen aus Plastik zurück. Klar, da ist viel drin, und sie sind durch den Kunststoff nicht allzu schwer und bruchsicher. Eigentlich toll, oder? Nur bedingt: Gerade in Plastik eingefülltes Wasser kommt häufig von sehr weit her. Wasser in Glasflaschen stammt dagegen meist aus Quellen in der Region. Dies wiederum bedeutet kurze Transportwege und damit weniger CO_2-Ausstoß.

Zudem verbraucht die Produktion einer Wasserflasche nach Schätzungen des Pacific Institutes[23] dreimal so viel Wasser wie ihr Inhalt. Darüber hinaus wird ein Großteil aller Plastikflaschen aus Polyethylenterephthalat (PET) hergestellt, für das man Rohöl braucht. Zum anderen kann Wasser aus Plastikflaschen Rückstände der Chemikalien enthalten, die sich im Kunststoff befinden. Wenn die Flaschen warm werden oder länger stehen, schmeckt das Wasser irgendwie komisch. Daher habe ich schon in der Vergangenheit, bevor ich mich mit dem Thema Plastik genauer auseinandergesetzt habe, nicht gerne aus Plastikflaschen getrunken. Der seltsame, meist etwas süßliche Geschmack kommt von dem Acetaldehyd, das aus dem Plastik austritt. Die Menge soll zwar laut Bundesinstitut für Risikobewertung (BfR) in der Konzentration unbedenklich sein[24], ein chemischer Nachgeschmack beim Wassertrinken bleibt dennoch. Außerdem sind in den Plastikflaschen viele Stoffe enthalten, die noch gar nicht auf ihre Gesundheitsgefährdung untersucht wurden.

Für Puristen: *Wasser aus dem Hahn*

Am ökologischsten ist es noch immer, Wasser aus dem Hahn zu trinken. Leitungswasser wird strenger als Mineralwasser kontrolliert und nur in die Leitungen eingespeist, wenn die Grenzwerte für Nitrate oder andere Rückstände unter den Grenzwerten liegen. Zudem ist es unschlagbar günstig: Ein Liter Leitungswasser kostet nur etwa einen halben Cent. Eine Mineralwasserflasche, die im Supermarkt

50 Cent kostet, ist damit immer noch 300-mal teurer als das Wasser aus dem Hahn. Dazu kommt, dass der Mineralstoffgehalt der gekauften Wasser von der Stiftung Warentest[25] bemängelt wird. Vorsichtig sein sollte man bei Blei- oder Zinkrohren in Altbauten. Wer auf Nummer sicher gehen möchte, kann sein Wasser testen lassen. (z.B. bei inlabo.de oder wasserschnelltest.de).

Auf Sprudelwasser braucht durch den Einsatz eines Wassersprudlers niemand zu verzichten. Sie sind auch mit Glasflaschen erhältlich, die auf dem Tisch hübsch aussehen.

Noch etwas mehr aus seinem Wasser herausholen kann man, wenn man es vitalisiert. Das heißt, dass es wieder in seine ursprüngliche innere Ordnung gebracht wird. Dies wirkt sich positiv aufs Wasser aus und damit auf alles, was wir damit zubereiten. Tee oder Kaffee schmeckt besser, die Haut trocknet durchs Waschen weniger aus, das Haar lässt sich leichter kamen, und man benötigt weniger Waschmittel. Zwar wird der Kalk dabei nicht ausgefiltert, jedoch wird er so pulvrig, dass sich Rückstände leicht entfernen lassen. Wer sein Wasser also plastik- und müllfrei aufbereiten möchte, hat mit einem System zur Wasservitalisierung wie etwa Wasser 2000 von natursinn.de eine gute Möglichkeit.

INFO

Wie sicher ist unser Leitungswasser?

Unser Wasser stammt zu 64 Prozent aus natürlichen Quellen wie Grundwasser, zu 27 Prozent aus Oberflächenwasser wie Flüssen und Seen und zu neun Prozent aus Quellwasser. Durch die dicken Bodenschichten werden viele Partikel bereits aus dem Wasser gefiltert, die so klein wie Viren sind. Falls notwendig sorgen zusätzlich verschiedene Verfahren dafür, dass Partikel, organische Verschmutzungen, Schadstoffe, Pestizide und Chlorkohlenwasserstoffe entfernt werden. Nur in Notfällen wird das Wasser mit Hilfe von Chlor oder durch UV-Bestrahlung desinfiziert. Gerüchte, unser Wasser käme direkt aus einer Kläranlage, sind ein Mythos, der sich hartnäckig hält. Das gereinigte Abwasser fließt aus der Kläranlage zuerst wieder in die Gewässer und tritt damit in den Kreislauf der Natur ein.

Dennoch verunsichern Berichte über Medikamentenrückstände oder Mikroplastik die Menschen. Sicher hinterlässt der übermäßige Konsum an Pharmazeutika seine Spuren in unseren Gewässern, doch die bislang festgestellten Konzentrationen im Grund- bzw. Leitungswasser sind nach wie vor sehr gering. In der Regel liegen sie unter dem messtechnisch erfassbaren Grenzwert von wenigen Nanogramm pro Liter. Frank Servos, Geschäftsführer von NaturSinn, einem Unternehmen, das Wasser aufbereitet, verdeutlicht das folgendermaßen: »Bei einem angenommenen Rückstand von fünf Nanogramm pro Liter eines Medikamentenwirkstoffes müsste man fast 80.000 Jahre lang drei Liter Wasser am Tag trinken, um in Summe die 400 Milligramm, die in einer einzigen Tablette sind, aufzunehmen«.[26]

Ebenso verhält es sich mit dem Thema Mikroplastik. Eine Studie des Journalistenverbands »Orb Media« hatte im Herbst 2018 weltweit Mikroplastikpartikel im Trinkwasser nachgewiesen. Allerdings wird das von Experten wie dem Umweltbundesamt (UBA) kritisch gesehen, da beim Zählen unterm Mikroskop, die Gefahr sehr groß sei, dass man die Probe selbst verunreinigt.[27] Zudem waren viele der deutschen Proben ohne Mikroplastik. Wir nehmen wohl eher Mikroplastik über die Atmung, unsere Haut und über die Ernährung auf.

Es gibt also keinen Grund, skeptisch gegenüber Leitungswasser zu sein. Das Filtern von Trinkwasser ist in der Regel überflüssig, einige Systeme (z. B. die Umkehrosmose) holen zudem wertvolle Mineralstoffe aus dem Wasser. Mit Filtersystemen belasten wir die Umwelt regelmäßig mit zusätzlichem Müll.

Süßigkeiten

Süße Sachen sind etwas, mit dem man sich als Familie stets auseinandersetzen muss. Auch wenn man selbst seinen Kindern wenig Zuckerzeug gibt, kommen die süßen Verlockungen doch oft von außen. Da hilft es, wenn man gerüstet ist und weiß, welche plastikfreien Alternativen es gibt. Interessanterweise war der Verzicht auf Süßigkeiten bei unseren Kindern gar kein so großes Drama. Wir experimentierten viel mit selbstgebackenen Keksen und Müsliriegeln herum. Da dies auf Dauer doch sehr aufwändig ist, beschränkt sich die Bäckerei hauptsächlich auf die Weihnachtszeit. Für den schnellen Süßigkeitsbedarf gibt es ab und zu mal ein paar Stückchen Schokolade, oder wir gehen zum Bäcker oder im Sommer zur Eisdiele. Dort gibt es leckeres Eis in der Waffel und gar keinen Müll.

Für Eilige: *Verpackungen prüfen*

Häufig liegen in Kekspackungen die einzelnen Kekspäckchen in Plastiktrays. Zum Glück gibt es jetzt erste Hersteller, die sich umstellen und die Kekse wieder in Papier und in Pappeinsätze packen. Also einfach die Augen nach Pappkartons aufhalten.

Für Puristen: *Unverpackt einkaufen*

Leckere Süßigkeiten gibt es auch weitab vom Supermarkt: In den Unverpackt-Läden sowie in Bäckereien, Konditoreien, Schokoladen- und Süßigkeitenläden oder in den entsprechenden Abteilungen von Kaufhäusern finden sich offene Süßwaren. Sie sind dann vielleicht teurer als die Massenprodukte aus dem Supermarkt, dafür schmecken sie aber auch besser. Oder, um es mit den Worten einer sehr guten Freundin aus den USA zu sagen: »It's not worth the calories.« Nein, die Kalorien von billigem Süßzeug sollte man seinen Hüften wirklich nicht antun.

Für Selbermacher: *Kekse selbst backen*

Gänzlich ohne Plastikverpackung kommt derjenige aus, der die Süßigkeiten selbst macht. Einfache Kekse zu backen ist nicht sonderlich schwer und gemeinsam mit Kindern immer ein Riesenspaß. Auch Schokolade oder Pralinen kann man mit etwas Übung selber herstellen. Vor einigen Jahren, als es noch keine vegane Schokolade gab, habe ich es mal selbst ausprobiert. Damals haben wir uns das Buch »Vegan for Fit« gekauft und einfach mal ausprobiert, wie ein Leben ohne tierische Produkte so ist. Wir hatten keine größeren Umstellungsschwierigkeiten, wahrscheinlich weil wir sowieso schon viel mit Gemüse und Früchten zubereiteten.

Wenn man auf der Suche nach Alternativen ohne Plastik ist, wird man kreativ. Vieles, was wir selbstverständlich fertig gemacht kaufen, geht auch ganz einfach selbst zu machen.

Weitere Rezepte zum Selbermachen

Kakao selber mischen

Für einen leckeren Kakao muss man nur Kakaopulver mit Zucker mischen. In welchem Verhältnis, liegt daran, wie süß der Kakao sein soll. Für den Anfang empfehle ich ein Mischverhältnis von 3 Teilen Kakao und 2 Teilen Zucker. Für weitere Aromen sind der Fantasie keine Grenzen gesetzt: Vanille, Zimt, Orange, Ingwer. All diese Zutaten geben dem selbst gemachten Kakao eine eigene Note. Vielleicht ist das ja auch ein nettes plastikfreies Mitbringsel?

Kakao ist in der Regel in Papier verpackt. Allerdings muss man darauf achten, dass auch das innere Tütchen aus Papier ist. Dazu einfach auf die Packung drücken. Wenn es knistert, dann ist der Innenteil aus Plastik. Alternativ gibt es Kakao natürlich auch in Unverpackt-Läden.

Zutaten:

Kakao

- -

schwach entölt:
schmeckt schokoladiger, löst sich aber schwerer in Milch

- -

stark entölt:
enthält nur 10 Prozent Kakaobutter, löst sich dafür besser
in Milch

- -

Zucker, nach Belieben:
z.B. Puderzucker, Rohzucker, Kokosblütenzucker.

- -

Zubereitung:

Die Zutaten in ein Schraubglas geben und kräftig schütteln.

Veganer Kakao im Glas

Durch die Crowdfunding-Kampagne eines Unternehmens aus der Region bin ich auf eine leckere Kakaomischung ohne Weißzucker gestoßen: Nuraia. Die verschiedenen Geschmacksrichtungen Schokolade, Vanilla und Kurkuma sind nur mit Kokosblütenzucker gesüßt und kommen aus biologischem und fairem Anbau. (nuraia.de)

Vanillezucker

Hierfür eine aufgeschnittene und ausgeschabte Vanilleschote in ein Schraubglas mit Zucker geben, gut verschließen und dann schütteln. Nach etwa zwei Wochen hat der Zucker den Vanillegeschmack angenommen. Geht der Zucker zur Neige, einfach mit neuem Zucker nachfüllen. Die Vanilleschoten geben über mehrere Monate Aroma an den Zucker ab. Der Zucker ist super zum Verfeinern von Süßspeisen, Sahne oder zum Backen geeignet. Den selbstgemischten Vanillezucker nach Rezeptangaben verwenden. Zum Vergleich: Ein Päckchen gekaufter Vanillezucker hat etwa 8 Gramm.

Getreide- oder Nussmilch

Sojamilch, Hafermilch oder Mandelmilch, die Variationen an Pflanzendrinks sind in den vergangenen Jahren immens gestiegen. Leider kommen diese Drinks immer in Getränkekartons. Doch man kann diese Drinks aus Flocken (Hafer oder Dinkel) einfach selber machen. Andere Getreidesorten wie Reis, Quinoa oder Soja sowie Nüsse weicht man über Nacht ein. Soja muss man immer noch kochen, sonst ist es nicht genießbar.

Schnelle Variante aus Flocken:
Zutaten:

50 – 100g (oder mehr) feine oder grobe Hafer- oder Dinkelflocken (je mehr Haferflocken, desto sämiger wird die fertige Milch)

500 ml Wasser

1 Prise Salz

evtl. Süßungsmittel, wie eingeweichte Datteln, Xylith, Apfeldicksaft

evtl. Vanille oder Zimt, je nach Geschmack

Als Hilfsmittel benötigt man einen Mixer, Mixstab oder Ähnliches.

Passiertuch, Nussmilchbeutel, Stoffwindel

Flasche(n) zum Aufbewahren, zum Beispiel die Flaschen von passierten Tomaten, dort passt ein halber Liter hinein.

Zubereitung:

Alle Zutaten im Mixer oder mit dem Mixstab pürieren und durch ein Passiertuch geben. Bei einem Hochleistungsmixer wird das Getreide so gut vermahlen, dass das Sieben vermutlich nicht mehr nötig sein wird.

 **TIPP** Je mehr Leistung ein Mixer hat, desto feiner wird das Getreide zermahlen. Wer viel Getreidemilch selber macht, kann auch über die Anschaffung eines speziellen Gerätes nachdenken. Natürlich darauf achten, dass dieses innen ohne Plastik ist.

Variation mit Getreide und Nüssen
Zutaten für 1 Liter Milchalternative:

150 g (Pseudo-) Getreide (Hafer, Dinkel, Kamut, Buchweizen, Quinoa, Reis ...)

- -

1 Liter Wasser

- -

Zubereitung:

1 Das Getreide über Nacht in Wasser einweichen, das Einweichwasser abgießen und mit einem Liter frischem Wasser 1 – 2 Minuten mixen.

2 Die Mischung dann durch ein Passiertuch oder einen speziellen Nussmilchbeutel in einen Messbecher oder ein ähnliches Gefäß geben. Den Beutel vorsichtig herausnehmen und mit den Händen ein wenig auswringen.

3 Die Getreidemilch in eine Flasche füllen und luftdicht verschließen. Im Kühlschrank ist sie etwa 3 – 5 Tage haltbar.

 **TIPP** Übrig gebliebener Trester kann zum Frühstücksbrei gegeben oder in Keksen, Kuchen, Brot oder Bratlingen verwendet werden.

Sojamilch

Ähnlich wie die Getreidemilch wird Sojamilch zubereitet. Die getrockneten Sojabohnen über Nacht in Wasser einweichen. Das Wasser abgießen, neues hinzufügen und pürieren bis ein gleichmäßiger Brei entsteht. Danach in einem Passiertuch die festen Stücke herausfiltern. Der Trester, der in Asien Okara genannt wird, kann für Gerichte wie Bratlinge verwendet werden. Die zurückbleibende Milch sollte nun in einem großen Topf abgekocht werden. Für etwa 15 Minuten köcheln lassen und dabei umrühren, damit die Milch nicht anbrennt. Den entstehenden Schaum abschöpfen.

 **TIPP** Mit Agavendicksaft oder einer alternativen Süße abschmecken, nach Bedarf auch mit Vanille-Extrakt oder Ähnlichem.

Schnelle Nussmilch

Einfach Nuss- oder Mandelmus kaufen und mit Wasser strecken. Dafür z.B. 200 ml Wasser und 1 TL Mandelmus mixen.

Brotaufstriche, Dips

Es gibt viele fertig angemachte Brotaufstriche wie Kräuterfrischkäse, Schafskäsecremes oder vegane Aufstriche. Die können Sie einfach selbst machen und dabei eine Menge Geld sparen. Im Internet gibt es haufenweise leckere Rezepte dazu. Zum Beispiel unter veganblatt.com/t/aufstrichebrot

Hummus
Zutaten:

1 Glas Kichererbsen in Wasser

1 EL Tahini

1 TL gehäuft Kreuzkümmel

1 Zehe Knoblauch

1 EL Olivenöl

1 Zitrone (Saft davon)

1 TL gestrichen Salz

1 TL gestrichen Pfeffer

Zubereitung:
Alles zusammen nach Wunsch feiner oder gröber pürieren. In Gläser füllen und mit einer Schicht Olivenöl bleibt der Hummus lange haltbar.

 **TIPP** Am besten schmeckt Humus, wenn er mindestens einen Tag vorher zubereitet wurde. Es darf gerne etwas säuerlich zubereitet werden. Durch das Öl neutralisiert sich die Säure nach etwa einem Tag.

Was Sie sonst noch machen können
Dies waren nur ein paar Ideen, wie man Verpackungen spart, indem man Dinge selber macht. Wer (eigenes) Obst und Gemüse im Sommer und Herbst für den Winter haltbar macht, spart zusätzlich eine Menge Verpackung und Geld. Das gilt natürlich auch für gekauftes Obst und Gemüse, das in der Saison um einiges günstiger ist und, wenn es aus der Region kommt, kaum CO_2 verbraucht. Probieren Sie es ruhig mal aus: Kochen Sie Marmelade, legen Sie Gurken ein oder dörren Sie Apfelringe.

Kapitel 4

Kochen ohne Plastik

Plastikfallen in der Küche und beim Essen

Plastik entfaltet sein Gefahrenpotential vor allem dann, wenn es erhitzt wird, weil die enthaltenen gesundheitsschädlichen Weichmacher dadurch entweichen. Darum sollte man nichts in Kunststoffgefäßen erwärmen oder in der Spülmaschine heiß spülen. Folgende Dinge in der Küche sollten Sie daher vermeiden:

▶ Frischhaltefolie, Aluminiumfolie
▶ Beschichtetes Backpapier
▶ Mikrowellengeschirr aus Melamin
▶ Antihaftbeschichtung bei Kochgeschirr, Waffeleisen oder Grills
▶ Plastikschüsseln
▶ Elektrische Geräte aus Kunststoff für spezialisierte Vorgänge

Oft haben sich gerade in der Küche über die Jahre Helferchen aus Plastik eingeschlichen, die uns vermeintlich das Leben leichter machen sollen: Allen voran Vorratsgefäße, beschichtete Pfannen, Schneidebretter aus Kunststoff, Plastikgeschirr für Kinder, Alufolie und vieles mehr. Hier ist ein kritischer Blick angesagt. Zum einen, können sie unsere Gesundheit gefährden und zum anderen, verursachen Alu- oder Frischhaltefolie unnötigen Müll.

Frisch halten und verpacken

Frischhaltefolie und Alufolie sind praktische Küchenhelfer, doch zählen sie zu den Wegwerfartikeln, die meist nach einmaligem Gebrauch im Abfall landen. Frischhaltefolie besteht in der Regel aus Polyehtylen (PE) und kommt daher ohne Weichmacher aus. Sie kann recycelt werden. Unbedingt meiden sollte man Frischhaltefolien oder Verpackungen aus PVC, die Sie am Recyclingcode 3 erkennen. Denn darin werden Weichmacher eingesetzt, die fettlöslich sind.

Auch Alufolie ist ein beliebter Küchenhelfer. Allerdings sollte Aluminium aus gesundheitlichen und ökologischen Gründen gemieden werden. Wer schon einmal Bilder vom Bauxit-Abbau gesehen hat, dem Rohstoff für das Aluminium, ist froh, wenn er sich von dieser Umweltzerstörung abwenden kann. In unberührten Landstrichen des Regenwaldes werden Bäume gefällt, Ureinwohner vertrieben und die Umwelt durch Chemie verseucht. Rotgefärbte mondähnliche Landschaften bleiben da zurück.

 Wer unbedingt Alufolie benutzen möchte, sollte auf Recycling-Folie zurückgreifen. Aluminium kann zu 100 Prozent recycelt werden und braucht dafür nur fünf Prozent der Energie einer Neuproduktion.

> ### Aluminium
> Saures, fettiges, basisches oder salziges Essen greift Aluminium an. Dabei können sich Aluminiumionen lösen und in das Essen übergehen. Aluminium kann sich im Körper anreichern. Krebs und Alzheimer werden mit Aluminium in Verbindung gebracht, auch wenn abschließende Forschungen noch fehlen.

Für Puristen: *Aufbewahrung in Dosen und Schüsseln*

Es ist wirklich sehr leicht auf Folien zu verzichten. Ich habe noch nie viel davon gebraucht, und seit wir ohne Plastik leben, habe ich sie gar nicht vermisst. Die Brotzeit der Kinder kommt in Brotzeitdosen. Anfangs haben wir farbenfrohe Plastikdosen genommen, diese allerdings nun aus Edelstahl ersetzt. Das belegte Brot ist drin gut aufgehoben und muss nicht extra umwickelt werden. Um sicherzugehen, dass nichts verrutscht, kann man sich mit Butterbrotpapier helfen, das es auch als Tüten gibt.

Essensreste bewahre ich in Glasschüsseln mit Deckel auf. Für kleinere Portionen nehme ich gerne auch Schraubgläser und bewahre sie im Kühlschrank auf. Die sind übrigens auch super zum Einfrieren geeignet. Mehr dazu auf S. 95. Bleibt Essen in einer Schüssel übrig, die keinen Deckel hat, lege ich einfach einen passenden Teller drauf. Im Winter kann man Essen auch direkt im Topf auf dem Balkon oder der Terrasse stehen lassen.

Für Selbermacher: *Bienenwachstuch zum Einwickeln*

Für angeschnittenes Obst und Gemüse oder den übrig gebliebenen Kuchen gibt es eine clevere Alternative: das Bienenwachstuch. Es gibt sie in vielen Unverpackt- oder Bioläden bzw. Online-Shops bereits fertig zu kaufen. Regional bieten Imker manchmal solche Tücher an. Doch man kann sie auch relativ einfach selbst machen.

Wachstücher selber machen

Das braucht man:

1 Stück Baumwollstoff (100 Prozent Baumwolle)
20 x 20 oder 30 x 30 cm

12 – 15 gr. Bienenwachs pro Tuch (in Pellets oder geraspelt).

eventuell Zick-Zack-Schere

2 Bögen Backpapier

1 Pinsel

eventuell Öl (Jojoba, Kokosöl oder anderes Pflanzenöl, das nicht ranzig wird – daher kommen kaltgepresste Öle wie Oliven- oder Leinöl nicht in Frage)

TIPP

Vegane Alternative
Statt des Bienenwachses kann man auch Pflanzenwachs wie Carnuba-, Raps-, Sonnenblumen- oder Sojawachs nehmen. Das hat eine höhere Schmelztemperatur. Daher sollten Sie den Ofen 20 Grad höher einstellen.

So wird's gemacht:

1 Den Stoff auf die gewünschte Größe zuschneiden. Wenn möglich mit einer Zackenschere, damit der Stoff nicht ausfranst

2 Backofen auf 80 Grad vorheizen, das Baumwollstück auf ein mit Backpapier ausgelegtes Backblech legen und möglichst gleichmäßig mit Bienenwachsdrops bestreuen oder Bienenwachs mit einer Reibe über den Stoff raspeln. Nicht zu viel, sonst wird die Schicht zu dick und das Tuch später schneller brüchig. Wenn es zu viel Wachs ist, einfach auf ein weiteres Tuch verteilen. Optional kann man 1 – 2 Esslöffel Jojobaöl über das Tuch träufeln, um es geschmeidiger zu halten.

3 Das Backblech mit dem Tuch in das Backrohr geben und das Wachs langsam schmelzen. Das dauert weniger als 5 Minuten.

4 Das Wachs mit einem Pinsel gleichmäßig auf dem Stoff verteilen, sodass auch Ränder und Ecken damit getränkt sind. Eventuell das Tuch einmal durchkneten, damit sich das Wachs besser verteilt. Dann das Bienenwachstuch abkühlen lassen. Pinsel und Backpapier können immer wieder verwendet werden.

Sollte das Wachs trotzdem ungleichmäßig verteilt sein, kann man solche Stellen mit dem Bügeleisen ausgleichen oder mit einem Fön vorsichtig erwärmen.

Alternativ kann man die Tücher auch gleich zwischen zwei Lagen Backpapier mit dem Bügeleisen bearbeiten. Oder man schmilzt das Bienenwachs, gibt Öl hinzu und verteilt es dann auf dem Stück Stoff. Gerade wenn Sie mehrere Tücher machen wollen, kann man diese dann auch einfach in das geschmolzene Bienenwachs tauchen.

Sandwich-Wrap

Wer seine Sandwiches in das Bienenwachstuch packen möchte, kann einen Knopf mit einer Schnur an eine Ecke des Tuches annähen. Das Brot wird dann im fertigen Wrap eingeschlagen: Dazu das Tuch diagonal vor sich ablegen mit der Knopfseite nach oben und hinten. Dann die seitlichen Ecken über das Brot legen, erst den unteren Teil nach oben klappen und danach die Ecke mit dem Knopf nach unten. Die Schnur mehrmals umwickeln und zum Festmachen ein paar Mal um den Knopf wickeln.

Backen und Grillen ohne Folie

Gerne kommt Aluminium beim Grillen oder beim Backen zum Einsatz. Statt Aluminium-Grillschalen kann man auch wiederverwendbare Schalen aus Edelstahl nutzen. Wer Kartoffeln oder anderes einpacken möchte, kann sich mit natürlichen Blättern von Mais, Kohl, Mangold, Rhabarber oder Bananen behelfen. Getrocknete Mais- oder Bananenblätter gibt es auch zu kaufen. Recycelbare Materialien wie Pergament- und Backpapier eignen sich zum Einwickeln von Kartoffeln und Fisch ebenfalls sehr gut. Man muss das Papier nur etwas mit Speiseöl einstreichen und darf die Zutaten nicht zu heiß grillen.

Statt Fisch oder anderes Gemüse im Ofen in Alufolie zu packen, kann man einfach einen guten, alten Römertopf nehmen. Dieser ist auch für den Bratenschlauch aus Kunststoff eine tolle Alternative.

Backpapier

Viele Backpapiere sind beschichtet, zum Beispiel mit Silikon. Es ist immer bedenklich, wenn Kunststoffe warm werden, daher würde ich auch eine Silikonbeschichtung oder Silikonmatten im Ofen lieber nicht verwenden.

Für Eilige: *Unbeschichtetes Backpapier kaufen*

Backpapier, das ungebleicht, kompostierbar und FSC-zertifiziert ist, können Sie in Bioläden kaufen. Das funktioniert genauso gut, Butterbrotpapier geht ebenso. Allerdings entsteht bei diesen beiden Varianten immer noch Müll.

Für Motivierte: *Fett statt Backpapier*

Sie können auch gut ohne Backpapier backen. Einfach das Blech mit ausreichend Butter oder pflanzlichem Öl einfetten. Zur Sicherheit können Sie noch Semmelbrösel oder Mehl darüber streuen. So klebt nichts an.

Einfrieren ohne Plastik

Ein weit verbreiteter Haushaltsgegenstand aus Plastik sind die Gefriertüten, auf die man verzichten kann. Eine gute Alternative sind Schraubgläser, am besten mit einer geraden, weiten Öffnung. So kann das gefrorene Gut leicht angetaut in einen Topf zum Auftauen rutschen. Diese Gläser können Sie sammeln oder einfach neu kaufen.

Größere Mengen eines Gerichts lassen sich gut in stapelbaren Auflaufformen aus Borosilikatglas einfrieren, wie zum Beispiel von Jenaer Glas oder Pyrex.

Auf diese Weise lässt sich alles einfrieren – egal ob fest oder flüssig. Haben Sie keine Angst davor, dass das Glas zerspringt. Füllen Sie die Gläser zu etwa drei viertel, schrauben den Deckel drauf und stellen Sie sie ins Tiefkühlfach. So lassen sich kleine Portionen Suppe, Tomatensauce, Früchte und vieles mehr einfach aufbewahren. Vergessen Sie nicht, das Einfrierdatum mit einem wasserlöslichen Stift aufs Glas zu schreiben. Bei -18 Grad hält sich jedes Lebensmittel mindestens drei Monate, Fleisch und Milchprodukte bis zu sechs, Obst und Gemüse sogar bis zu zwölf Monate.

Gefrierbrand vermeiden

Gefriertüten werben damit, sicher gegen Gefrierbrand zu sein. Doch Gefrierbrand entsteht vor allem dann, wenn die Kühlkette unterbrochen wird. Wenn zu viel Luft in die Verpackung gelangt, trocknet die Oberfläche des Gefrierguts aus. Wenn das Gefriergut dann antaut, entstehen weiße Flecken oder graubraune Stellen bei Fleisch und Fisch. Da diese Stellen beim Auftauen kein Wasser mehr ziehen können, werden sie geschmacklos. Vermeiden lässt sich Gefrierbrand, in dem man das Gefriergut vor dem Tiefkühlen glasiert. Dazu legt man es auf einen Teller und stellt es etwa zwei Stunden ins Tiefkühlfach. Herausnehmen und mit Wasser bestreichen und für kurze Zeit wieder ins Gefrierfach legen. Erst dann luftdicht einfrieren.

Eiswürfel ohne Plastik

Die Plastiktüten für Eiswürfel sind zwar praktisch, verursachen jedoch jede Menge Müll. Besser ist es, eine Edelstahlform zu benutzen, die es mittlerweile in vielen Läden und Plastikfrei-Online-Shops zu kaufen gibt.

Alternativ können Sie kleine Gläser ins Gefrierfach geben. Das Glas dann kurz mit der Hand anwärmen und schon hat man einen Eiswürfel. Zudem hat diese Methode den Vorteil, dass man das Glas gleich wieder zurück ins Gefrierfach legen kann. Meine Kinder haben das mal mit kleinen Schnappsgläschen ausprobiert und hatten einen Riesenspaß dabei, das gefrorene Eis zu lutschen. Größere Eiswürfel bekommt man, wenn man kleinere Weckgläser verwendet.

Für Crushed Ice Wasser in einem flachen Gefäß einfrieren, vorsichtig lösen und dann am besten in einem Küchentuch zertrümmern.

Kalte Getränke bekommt man auch mit Kühlsteinen aus Edelstahl oder Stein. Sie heißen Whisky-Steine und verwässern die Spirituosen nicht. Alternativ stellen Sie das Glas selbst einige Zeit ins Gefrierfach.

 **TIPP** Eine essbare Alternative sind gefrorene Früchte, die man in Sekt, Cocktails, Fruchtsäfte oder Fruchtschorlen gibt.

Küchen-Utensilien ohne Plastik

Ich war schon ein paar Monate auf dem Plastikfrei-Trip, als ich mir mit meiner Familie an einem Sonntagnachmittag den Film ansah, der die ganze Anti-Plastik-Welle ins Rollen brachte: »Plastic Planet«. Danach gingen wir im Haus auf die Suche nach allen Plastikgegenständen, die überflüssig waren. Darunter waren Teller und Becher, die wir vor Jahren für die Kinder gekauft hatten: schön bunt und ach so kindertauglich. Die Teller wiesen tiefe Kratzer auf und sahen einfach nicht mehr schön aus. Auch die Rührschüsseln und andere Gegenstände in der Küche wurden einer genaueren Untersuchung unterzogen. Die Aufbewahrungsdosen waren genauso wie die Rührschüsseln schon mit vielen Kratzern übersät. Doch was tun? Wegschmeißen? Solange sie nicht in direkten Kontakt mit dem Essen sind, wäre dies doch Ressourcenverschwendung, dachte ich. Also räumten wir sie auf den Dachboden. Dort haben sie längst neue Verwendungen gefunden: Knöpfe, Schrauben und andere kleine Dinge bewahren wir darin nun auf. In der großen Plastikrührschüssel mit Deckel sammeln wir nun unsere Bioabfälle, ich lege sie mit Zeitungspapier aus und leere sie täglich.

Pfannen und Pfannenwender kamen ebenfalls auf den Prüfstand. Werden sie älter oder zu heiß, lösen sich nämlich kleine Plastikteilchen, die man dann über das Essen zu sich nimmt. Zudem sind Dämpfe, die entstehen, wenn teflonbeschichtete Pfannen sehr heiß werden, giftig. Keramikbeschichtungen sind da die bessere Wahl oder einfach Kochgeschirr aus (Edel)stahl, Emaille oder Gusseisen.

Kochgeschirr

Pfannen, Töpfe, Grills und vieles mehr werden heute häufig mit Teflon beschichtet, damit nichts ankleben kann. Aber: Wird die Teflon-Beschichtung sehr heiß, entstehen giftige Dämpfe. Normalerweise sollte das beim Kochen nicht passieren, ganz ausschließen kann man aber nicht, dass die Pfannen stellenweise sehr heiß werden. Ist die Beschichtung zerkratzt, kann etwas von dem Material ins Essen übergehen.

Ich habe jedenfalls alle teflonbeschichteten Pfannen aussortiert. Sie sahen nicht mehr schön aus und hätten sowieso ausgetauscht werden müssen. Deshalb wollte ich die Pfannen auch nicht weitergeben, um damit nicht die Gesundheit anderer zu gefährden.

Umgang mit alten Teflon-Pfannen

Wer handwerklich geschickt ist, könnte die Teflon-Beschichtung aus Polytetrafluorethylen (PTFE) einfach abschmirgeln. Ansonsten sollten Sie alte Pfannen beim Wertstoffhof oder beim Schrotthändler abgeben, die das Metall wiederverwenden können.

Doch auch ohne Teflon-Pfanne kämpfe ich nicht täglich mit angebranntem Bratgut. Denn zum Glück gibt es einige Alternativen. Sie können sich zum Beispiel mit Pfannen behelfen, die eine Keramikbeschichtung haben. Eine solche Pfanne habe ich zu Weihnachten bekommen und koche recht erfolgreich damit. Sie eignen sich gut zum scharfen Anbraten bei großer Hitze. Dabei sollte man darauf achten, dass man Öl zum Braten verwendet, das hoch erhitzt werden kann, wie zum Beispiel Sonnenblumenöl, Erdnussöl oder Kokosfett, und die Pfanne langsam erhitzen. Mit kaltgepresstem Olivenöl kommen keramikbeschichtete Pfannen dagegen nicht gut zurecht.

Auch habe ich mir eine kleine Emaille-Pfanne gekauft. Das ist im Grunde genommen eine Aluminiumpfanne mit einer glasartigen Schutzschicht. Auch hier sollte man mit der Hitze vorsichtig umgehen. Lieber langsam erhitzen, damit nichts anklebt und viel Öl verwenden.

Ideal und langlebig ist eine Pfanne aus Eisen. Eisenpfannen werden schon seit Jahrhunderten genutzt, allerdings braucht so eine Pfanne auch viel Zuwendung und Pflege bzw. Patina. Denn je mehr Patina, umso weniger bleibt an der Pfanne kleben. Das heißt, man muss die Pfanne erst einmal richtig einbrennen. Dabei wird Leinöl bis zum Rauchpunkt erhitzt. Damit sie schön bleibt, am besten einfach mit Wasser reinigen und danach wieder einölen. Im Internet gibt es eine wahre Fangemeinde von Eisenpfannen, die verschiedene Varianten zum Einbrennen von Eisenpfannen vorschlagen.

Lucky Fish gegen Eisenmangel

Kochen mit Eisenpfannen soll die Eisenwerte im Blut steigern. Diesen Effekt macht sich auch ein kleiner Eisenfisch zunutze: der Lucky Iron Fish[28] (luckyironfish.com) soll beim Essen einfach mitgekocht werden und sorgt so für einen guten Eisenhaushalt. Das Projekt spendet pro verkauftem jeweils einen Fisch für Familien in Entwicklungsländern.

Mikrowellen-Geschirr

Bei Mikrowellen-Geschirr handelt es sich meist um Melamin, das aus Kunstharz und Formaldehyd gefertigt wird. Bei Temperaturen von mehr als 70 Grad setzt Geschirr aus Melamin die Bestandteile Formaldehyd und Melamin frei, vor allem, wenn saure Lebensmittel gekocht werden.

Benutzen Sie stattdessen einfach Porzellanteller oder Glas. Wir haben unsere Mikrowelle bereits vor Jahren abgeschafft und wärmen unser Essen nur noch auf dem Herd auf.

Gesundheitlich bedenklich

»Melamin steht in Verdacht, Erkrankungen im Blasen- und Nierensystem zu verursachen. Formaldehyd kann Allergien hervorrufen, Haut, Atemwege oder Augen reizen sowie beim Einatmen Krebs im Nase-Rachen-Raum verursachen«, schreibt die Stiftung Warentest[29]. Das Bundesinstitut für Risikobewertung[30] warnt vor einer Benutzung von Melamingeschirr in der Mikrowelle oder zum Kochen und Braten. Bei den dabei entstehenden Temperaturen können gesundheitlich bedenkliche Mengen an Melamin und Formaldehyd auf Lebensmittel übergehen. Auch die Bambusbecher für den Coffee to go enthalten Melamin und sollten daher lieber nicht für Heißgetränke verwendet werden.

Melamin erkennt man an der Kennzeichnung »MF« oder an den Recyclingcode »07«. Eine Kennzeichnungspflicht besteht jedoch nicht. Auch Plastikgeschirr aus PVC, Polystyrol und Polycarbonat sollte nicht erhitzt werden.

Plastikschüsseln und Plastikdosen

Solange Schüsseln und Dosen aus Plastik keine Kratzer haben, ist die Wahrscheinlichkeit, dass eventuell giftige Inhaltsstoffe ausgasen, gering. Doch mit der Zeit werden gerade durchsichtige Plastikteile durch Gebrauch mürbe und milchig. Plastikschüsseln geben Inhaltsstoffe in die Umgebung ab, wenn sie warm werden. Sie sollten also auch nicht in die Spülmaschine.

Auch hier gibt es guten Ersatz aus Edelstahl oder Glas. Ich habe mir ein mehrteiliges Mess- und Rührschüssel-Set aus Glas gekauft, das sowohl zum Abmessen von Zutaten als auch zum Rühren sehr gut funktioniert. Daneben habe ich noch eine kleinere Rührschüssel aus Edelstahl. Das Schöne: Sie müssen nie mehr ersetzt werden!

Küchenhelfer

Beim Hofflohmarkt meiner Nachbarn konnte ich einiges an plastikfreien Kochutensilien ergattern: Pfannenwender, Schöpflöffel und anderes aus Edelstahl mit Holzgriff. Doch schon lange verwende ich den guten alten Kochlöffel und einen Pfannenwender aus Holz, mit denen ich sehr glücklich bin.

Holz ist sehr dankbar, sollte allerdings nicht in der Spülmaschine gereinigt werden. Wenn die Holzwender mit der Zeit ein wenig stumpf werden, einfach mit ultrafeinem Schleifpapier ein wenig abschleifen, dann werden sie wieder wie neu.

Das Schneidebrett aus Plastik hat die erste Plastiksäuberungswelle nicht überlebt, und wenn ich an das zerkratzte Ding denke, bin ich sehr froh darüber. Nun schneiden wir nur noch auf Holzbrettern. Die sehen nicht nur schöner aus, sondern sind auch wegen ihrer Gerbsäuren antibakteriell. Während sich auf nassen Plastikbrettern Bakterien sehr wohl fühlen und vermehren, wird ihnen durch das trocknende Holz der Nährboden entzogen.

Schneidebretter ab und zu mit Essig abreiben. So werden Keime abgetötet. Schön bleiben Holzbretter und Löffel, wenn man sie von Zeit zu Zeit mit Leinöl einreibt.

Messer

Die meisten Messer haben heute Kunststoffgriffe. Wer bereits gute Messer zu Hause hat, sollte diese auch weiter benutzen. Wer sich neue anschafft, sollte dabei drauf achten, dass sie komplett aus Metall sind oder einen Holzgriff haben. Kaufen Sie lieber weniger Messer und dafür wirklich gute.

Qualität kaufen – Ressourcen schonen

Grundsätzlich gilt auch für die Küchenausstattung: Ressourcen zu schonen ist wichtig. Gegenstände, die Sie schon lange in Benutzung haben und die ohne bedenkliche Inhaltsstoffe sind, dürfen gerne bleiben. Muss etwas ersetzt werden, dann sollten Sie sich gut erkundigen und auf langlebige Produkte setzen. Meist lohnt es sich, dafür mehr Geld in die Hand zu nehmen. Wer eine gusseiserne Pfanne kauft, kann sie noch an seine Enkel vererben. Statt zehn verschiedene Pfannen in unterschiedlichen Größen zu besitzen, genügen eine oder zwei gute, die dann für alle Anwendungen taugen.

Elektrische Geräte

Elektrische Geräte kommen leider nie ganz ohne Plastik aus. Daher ist es wichtig, dass zumindest der Teil, der mit den Lebensmitteln in Berührung kommt, plastikfrei ist. Besonders gilt dies für Geräte, die für das Erhitzen von Speisen genutzt werden, wie Wasserkocher oder Geräte zum Herstellen von Getreidemilch. Rührschüsseln und Rührer sollten aus Edelstahl sein, Gefäße zum Mixen idealerweise aus Glas.

Wasserkocher

Der Behälter eines Wasserkochers sollte aus Edelstahl oder Glas bestehen. Am besten achten Sie auch darauf, dass der Deckel und der Ausgießer plastikfrei sind. Es gibt einen Wasserkocher von Ottoni, der komplett aus Edelstahl besteht. Falls Sie dieses Gerät kaufen oder bestellen möchten, sollten Sie dabei angeben, dass Sie das Kalksieb aus Edelstahl haben möchten. Ebenso gibt es einen Wasserkocher von KitchenAid, bei dem sogar der Griff aus Metall ist. Alternativ tut es auch der gute alte Flötenkessel. Den gibt es komplett aus Edelstahl oder Emaille. Allerdings ist es nach Angaben des Bundes der Energieverbraucher um etwa ein Drittel günstiger, einen elektrischen Wasserkocher zu benutzen, als Wasser auf dem Herd zu kochen.[31]

Getreidemilchbereiter

Wer gerne und viel Getreidemilch zubereitet, kann über die Anschaffung eines elektrischen Getreidemilchbereiters nachdenken. Die australische Firma Vitality4Life bietet ein relativ plastikfreies Exemplar an, mit dem Sie sogar Tofu herstellen können.[32]

Milchaufschäumer

Ob Sie einen elektrischen Milchaufschäumer benötigen, sollten Sie gut abwägen. Ich selbst war lange Zeit dagegen. Für mich war es nur ein weiteres Gerät, das unnötig Strom verbraucht und Platz in der Küche blockiert.

Allerdings kochen wir täglich Cappuccino und schäumen daher ständig Milch auf. Also probierte ich über einen längeren Zeitraum verschiedene Möglichkeiten aus, wurde aber mit keiner Lösung richtig glücklich. Der Edelstahl-Quirl, dessen Kopf durch Runterdrücken zum Rotieren gebracht wird, war mir auf Dauer zu aufwendig. Auch wurde der Schaum nicht so cremig, wie ich ihn haben wollte. Ein Edelstahlgefäß zum Aufschäumen fand ich erst nach längerem Suchen, musste dann aber feststellen, dass es zu klein war. Am Ende benutzte ich lange unseren alten beschichteten Topf weiter, obwohl ich mich damit alles andere als wohl fühlte, zumal die Beschichtung sich durch die häufige Benutzung langsam auflöste.

So kaufte ich schließlich doch ein elektrisches Gerät. Auch hier ist die Auswahl an plastikfreien, unbeschichteten Geräten beschränkt. Ich fand nur Geräte von WMF sowie von Gastroback und entschied mich schließlich für WMF. Topf und Rührer sind hier aus Edelstahl, nur im Rührer ist ein kleines Teil aus Kunststoff: Mit diesem Kompromiss konnte ich leben. Nach anfänglicher Skepsis war meine Familie schnell begeistert: Nun wird bei uns täglich Milch aufgeschäumt und jede Menge Cappuccino und herrlich schaumiger Kakao zubereitet.

Kapitel 5

Unterwegs essen und trinken ohne Plastik

Plastikfallen unterwegs

▶ Weichmacher in Trinkflaschen
▶ manche Bambus-Becher enthalten Melamin

Unterwegs, in der Schule oder am Arbeitsplatz etwas zu essen und zu trinken, ohne Kunststoff zu nutzen, ist eine ziemlich große Herausforderung: Brotzeitdosen und Trinkflaschen sind in der Regel alle aus Plastik. Auch unser Regal war voll mit solchen Utensilien. Es ist ja auch wahnsinnig praktisch: Kunststoff-Flaschen und Dosen sind bruchsicher und leicht. Und dazu in der Regel noch relativ günstig.

Plastikfreie Behälter für unterwegs

Brotzeit- und Lunchbox

Günstige und bunte Brotzeitboxen aus Plastik hatten wir in großen Mengen. Sie stellen ein willkommenes kleines Geschenk zur Einschulung da, und es gibt sie in so vielen Motiven, dass man leicht verführt wird, immer mal wieder eine neue zu kaufen. Die Brotboxen sind meist aus Polypropylen gefertigt und damit ohne schädliche Weichmacher.

Langlebiger und schöner, aber leider auch teurer sind Boxen aus Edelstahl. Übrigens eignen sich die Brotzeitdosen auch sehr gut für den Einkauf: Wurst und Käse passen gut in solche Boxen hinein.

Sollen die Brotboxen von Kindern genutzt werden, sollten Sie beim Kauf darauf achten, dass sie sie auch selbstständig öffnen können. Es gibt Brotzeitdosen, die mit einer Klammer an der Seite geöffnet werden. Das ist gerade für kleine Kinder nicht immer einfach. Dieser Verschluss sorgt dafür, dass nichts herausfallen kann. Allerdings halten auch die Dosen ohne extra Verschluss sehr gut, solange die Brote nicht zu dick sind und der Deckel richtig schließen kann.

Brot- und Lunchboxen gibt es in allen Größen und Ausführungen. Es gibt kleinere Dosen für Obst und Gemüse, doppelwandige Gefäße für Suppen und runde mit Bügelverschluss, in die auch ein Salat passt. Sollen mehrere verschiedene Sachen hinein, dann gibt es Boxen mit getrennten Fächern. Da fliegt nichts durcheinander, die Brote müssen daher nicht extra eingepackt werden. Falls es doch mal nötig ist, verwenden Sie bitte Butterbrotpapier. Doch das ist nicht unbedingt nötig, denn die Boxen sind so konzipiert, dass der Inhalt frisch bleibt. Mehrstöckige, sogenannte Tiffinboxen, sind das, was früher der Henkelmann war. Sie eignen sich gut als sogenanntes »Doggybag« im Restaurant – also für die Reste der nicht vollständig verzehrten Mahlzeit. So spart man eine Menge (Plastik-)Müll. Viele Essensverpackungen sind ja aus Styropor und damit vor allem auch bei der Entsorgung giftig. Auf das Problem hat übrigens New York Anfang 2019 als erste Stadt mit einem Verbot von Einwegverpackungen für Essen reagiert.

Mehrweg-to-go oder eigenes Gefäß

Mittlerweile haben sich einige Initiativen und Start-ups dem Müll durch Coffee-to-go- und Essen-to-go-Verpackungen angenommen. So hat die Münchnerin Julia Post die Aktion »Coffee to go again« (coffee-to-go-again.de) ins Leben gerufen, die sich inzwischen deutschlandweit durchgesetzt hat. Dabei signalisiert ein Café oder eine Bäckerei mit einem Aufkleber, dass sie mitgebrachte Becher der Kunden auffüllen. Auf ähnliche Weise funktionieren zahlreiche lokale Initiativen wie »Bring your own Cup« aus Augsburg oder »Besser Bechern« aus Tübingen. Die Initiativen unterstützen auch Pfandsysteme wie Recup oder CupForCup. Gegen einen Euro Pfand bekommt man dabei einen wiederverwendbaren Becher für den Kaffee unterwegs. Und weil Essen-to-go ebenfalls viel Müll hinterlässt, gibt es bereits erste Pfandsysteme für Essens-Verpackungen, zum Beispiel reCircle (recircle-stuttgart.de). Dazu starteten Aktionen wie »Einmal ohne, bitte« aus München oder »Bring's mit« aus Augsburg, die Lokale ausweisen, bei denen Gäste sich ihr Essen zum Mitnehmen in eigene Gefäße füllen lassen können. Das spart nicht nur eine Menge Müll, sondern auch viel Geld für den Verkäufer, der keine extra Verpackungen mehr verwenden muss.

Trinkflaschen

Eine gute Trinkflasche ohne Plastik ist ein wichtiges Utensil für ein Leben ohne Plastik. Denn damit sparen Sie sich den Kauf von Plastikwasserflaschen unterwegs und damit nicht nur eine Menge Müll, sondern auch eine Menge Geld. Die Flaschen können Sie überall kostenfrei auffüllen.

Für Puristen: *Trinkflasche aus Glas oder Edelstahl*

Als ich erfuhr, dass meine Aluminium-Trinkflasche auch beschichtet ist, bin ich umgestiegen. Auf einer Messe habe ich eine schöne Glasflasche von Nature-Design bekommen, deren Deckel sogar aus Holz ist. Sie fasst einen halben Liter und ist daher weder zu schwer noch zu groß und passt gut in meine Handtasche. Besonders gefällt mir, dass sie genauso wie eine Pfandflasche einen relativ dünnen Hals hat, aus dem man sehr gut trinken kann. Für Glasflaschen gibt es auch viele Schutzbezüge aus Filz oder Kork. So ist die Flasche unterwegs optimal geschützt.

Für Wanderungen und Ausflüge ist eine größere Edelstahlflasche ideal. Davon gibt es mittlerweile eine große Auswahl, auch mit Edelstahldeckel. Für unterwegs und im Auto ist ein Sportverschluss super, weil man ihn einfach einhändig öffnen kann. Meine Kinder trinken alle aus Edelstahlflaschen und sind auch nach Jahren noch glücklich damit. Natürlich sieht man den Flaschen die lange Nutzung an: Die Flasche meines großen Sohns Julian hat schon ein paar Dellen, und der Lack hat ein wenig gelitten. In der Schule gibt es einen Wasserspender, bei dem er die Flasche auffüllen kann.

Falls Sie doch eine Trinkflasche aus Kunststoff kaufen wollen oder eine Aluminium-Trinkflasche, achten Sie darauf, dass »ohne Weichmacher« draufsteht.

Refill: Kostenlos Wasser nachfüllen

Wer unterwegs seine Wasserflasche auffüllen möchte, kann das kostenlos und unkompliziert überall dort tun, wo der blaue Aufkleber mit dem Refill-Logo an der Tür klebt. Deutschlandweit machen mittlerweile mehr als 60 Städte mit. Die Idee stammt ursprünglich aus England und wurde 2017 von der Hamburgerin Stephanie Wiermann aufgegriffen. Einen Überblick über die Stationen gibt eine Karte unter refill-deutschland.de.

INFO

Plastikflaschen – Hauptsache BPA-frei?

Seit dem BPA-Verbot für Babyflaschen 2011 finden sich in den Läden viele andere Trinkflaschen, die angeblich BPA-frei sind. Sie bestehen aus vielen neuen Materialien, von denen man nicht weiß, ob sie schädlich sind oder nicht. Dazu zählen die BPA-ähnlichen Substanzen Bisphenol S (BPS) und Bisphenol F (BPF). Sie unterscheiden sich sowohl bezüglich ihrer chemischen Zusammensetzung als auch der Bedenken wenig von BPA. »Man verwendet diese Chemikalien an Stelle von BPA – und das ohne ausreichende toxikologische Daten. Das ist ein Problem«, sagt der Umwelttoxikologe Kyungho Choi von der Seoul National University gegenüber der Zeitschrift *Spektrum der Wissenschaft*[33]. Daher sollte man beim Flaschenkauf genau darauf achten, dass draufsteht »Ohne Weichmacher«, nur ein »BPA-frei-Schild« kann zu wenig sein.

Ein weiteres Material, das als gute Alternative angepriesen wird ist Tritan. Es wird von Eastmann, einem großen amerikanischen Chemie-Konzern, hergestellt und ist umstritten. Der Konzern selbst hat keine Studien zu Toxität von Tritan veröffentlicht. Jedoch haben Forscher in Tests eine nachweisbare östrogenähnliche Wirkung aufgedeckt. Nutzer von Tritan-Flaschen berichten davon, dass das Wasser nach Plastik schmecken würde und es unschöne Ablagerungen in der Flasche gibt. Das klingt daher auch nicht nach einer guten Lösung.

Als einzige Kunststoff-Alternative gelten bisher Trinkflaschen aus Polypropylen. Bei dem Material konnten keine Schadstoffe nachgewiesen werden. Die Flaschen sind bis 100 Grad lebensmittelecht und halten Kohlensäure stand. Tatsächlich habe ich eine Trinkflasche von Isybe ausprobiert und konnte keinen komischen Plastikgeschmack feststellen. Allerdings trinke ich nach wie vor nicht gern aus Plastikflaschen.

Für Selbermacher: *Smoothie-Flasche für unterwegs*

Natürlich kann man einfach eine Pfandflasche aus Glas zu einer Trinkflasche umfunktionieren. Schön sind zum Beispiel Bügelflaschen aus Glas. Wer es etwas kleiner möchte, nimmt eine abgelegte Smoothie-Flasche als Trinkflasche für unterwegs. Es gibt sogar extra Aufsätze für diese Flaschen. Solche Flaschen kann man nach Belieben und je nach handwerklichem Geschick aufpeppen: Einfach Hülle nähen, häkeln oder das Glas bemalen oder bekleben.

Thermobecher für den Coffee-to-go

Kaufen Sie Thermobecher am besten aus Edelstahl, Glas oder Keramik. Becher aus Bambus eignen sich dagegen nicht so gut. Sie enthalten Melamin, das bei mehr als 80 Grad Formaldehyd abgeben kann.

TIPP Viele Coffee-to-go-Anbieter geben Rabatt, wenn Sie Ihren eigenne Becher zum Auffüllen mitbringen. Einfach nachfragen!

Bestecketui

Nehmen Sie Ihr eigenes Besteck mit, falls Sie unterwegs am Imbiss essen. Damit sparen Sie Einwegbesteck aus Plastik. Zum Transport können Sie einfach einen Waschlappen nehmen. Oder Sie häkeln oder nähen sich ein Etui. Im Internet finden Sie dazu viele kreative Anleitungen.

Kapitel 6

Sauber machen ohne Plastik

Plastikfallen beim Saubermachen:

▸ überflüssige Putzmittel in Plastikflaschen
▸ Spülschwämme und Tücher sind oft aus Kunststoff oder Mikrofaser
▸ kurzlebige Reinigungsutensilien aus Kunststoff

Reinigungsmittel, so weit das Auge reicht: so sieht das entsprechende Regal in einem normalen Drogeriemarkt aus. Es reihen sich Plastikflasche an Plastikflasche: Ceranfeldreiniger neben Putzmitteln für Edelstahl, Kunststoffreiniger neben Holzmitteln und zig verschiedene Arten von Spülmitteln. Vieles davon ist in Plastik verpackt, teilweise ökologisch fragwürdig und häufig total überflüssig. Auch in meinem Putzschrank fanden sich viele dieser Mittel. Was man im Grunde damit kauft, ist das Versprechen, dass die zu reinigenden Gegenstände strahlend sauber werden. Begeistert fängt man also an, die Gartenmöbel aus Kunststoff zu putzen, nur um festzustellen, dass die Arbeit trotz des vielversprechenden Mittels nicht von alleine geht – und sauberer wird es auch nicht. Also landet das Mittel im Regal mit all den anderen leeren Versprechungen in Plastikflaschen. Dabei geht Putzen doch so viel einfacher. Mit wenigen Mitteln, die unsere Großmütter schon verwendet haben und die glücklicherweise hauptsächlich in Papiertüten oder Glasflaschen zu haben sind, wird das Zuhause ganz ohne giftige Stoffe sauber. Günstiger ist es außerdem. Mit einem einfachen Baumwoll-Lappen sowie einem Geschirrtuch zum Nachtrocknen wird alles streifenfrei sauber.

Bei uns zu Hause hat es jedoch etwas gedauert, bis ich mich tatsächlich an die Reinigungsmittel wie zu Großmutters Zeiten gewagt habe. Fertige Produkte sind ja auch sehr praktisch! Wie das Saubermachen mit den Hausmittelchen geht, müsste ich mir erst mühsam anlesen, dachte ich anfangs und ging daher zunächst auf die Suche nach auffüllbaren Varianten. Da es bei uns damals noch keinen Unverpackt-Laden gab, wurde ich leider nicht fündig. Erste Versuche, Wasch- und Reinigungsmittel nachzufüllen, gab es nur in Drogeriemärkten in Norddeutschland. Also setzte ich mich dann doch sehr schnell mit der Variante des Selbermachens auseinander. Zum Glück hatte ich ja meine Expert*innen vom plastikfreien Stammtisch, die mir Starthilfe gaben. Zudem gibt es einige Internetforen und -seiten, bei denen ich mir Anregungen einholen konnte. Eine gute Adresse ist zum Beispiel smarticular.de

Für Eilige: *Auffüllen oder Konzentrat kaufen*

Reinigungsmittel nachfüllen können Sie ganz einfach in Unverpackt-Läden. Doch auch immer mehr Drogeriemärkte testen Abfüllstationen für Wasch- und Putzmittel. Halten Sie am besten die Augen offen oder fragen Sie gezielt bei Ihren Drogerien vor Ort nach dieser Möglichkeit.

Verpackung und vermutlich auch bares Geld sparen Sie, wenn Sie auf Konzentrate umsteigen. Ein großer Anteil der Putz- und Reinigungsmittel bestehen aus Wasser. Daher haben nun einige ökologisch orientierte Unternehmen Konzentrate auf den Markt gebracht, die man einfach mit Wasser auffüllt. Damit spart man eine Menge Müll. Ein Vorreiter auf diesem Gebiet ist Uni Sapon aus Österreich.[34]

Für Selbermacher: *altbewährte Reinigungsmittel*

Wer noch mehr Müll und Geld sparen möchte, macht sich seine Putzmittel einfach selbst. Das geht ganz einfach mit Rezepten, die unsere Großmütter schon kannten. Dazu brauchen Sie nur ein paar Grundzutaten wie Natron, Waschsoda und Zitronensäure, die es günstig in größeren Mengen gibt.

Für den Anfang kann man sich mit den kleinen Tütchen Kaiser Natron helfen, die es überall zu kaufen gibt. Zitronensäure und Waschsoda gibt es in 500-Gramm-Packungen, allerdings meist aus Plastik. Fürs Ausprobieren ist das ein guter Anfang. Wenn Sie Gefallen am Selbermachen gefunden haben, sollten Sie größere Mengen in Papier auf Vorrat bestellen – vielleicht zusammen mit Nachbarn und Freunden. So machen wir das im Rahmen unseres plastikfreien Stammtisches: Die Grundzutaten für Reinigungsmittel werden in Säcken gekauft, und es entstand ein fröhlicher Tauschkreis von Reinigungsmitteln und Rezepten.

INFO

Mit diesen Hausmitteln glänzt das Haus, und die Umwelt freut sich

Natron und Soda sind sich recht ähnlich in der Anwendung. Bei Natron handelt es sich um Natriumhydrogencarbonat, bei Waschsoda um Natriumcarbonat. Der chemische Unterschied ist der Wasserstoff. Natron ist universell einsetzbar: zum Putzen, zum Backen, für Kosmetik und medizinisch gegen Sodbrennen. Waschsoda eignet sich hauptsächlich zum Putzen und wirkt gerade bei starker Verschmutzung besser. Da Soda die Haut entfettet, sollten Sie es mit Handschuhen benutzen.

Natron und Soda wirken sehr gut bei grobem Schmutz. Wenn es um Kalk geht, kommen Essig und Zitronensäure zum Einsatz. In Kombination sind sie auch wirksame Mittel für die Spülmaschine.

So wirken die natürlichen Putzmittel

Natron

Chemisch gesehen ist Natron ein Natriumsalz mit der Bezeichnung Natriumhydrogencarbonat. In Wasser gelöst besitzt es einen niedrigen ph-Wert und ist damit basisch. Das erklärt, warum Natron so gut Säuren neutralisiert und Fette lösen kann. Gewonnen wird es aus natürlichem Kochsalz. Natron reagiert bei Hitze, Feuchtigkeit oder in Kontakt mit Säuren und setzt dabei Kohlensäure frei. Das sorgt beispielsweise beim Backen für einen lockeren Teig.

In der Natur kommt Natron in Afrika und Nordamerika vor. Heute wird es hauptsächlich chemisch hergestellt. Natron ist vielseitig einsetzbar und wirkt sanft, aber effektiv. Dabei schont es die Umwelt und ist völlig ungiftig.

Natron beseitigt Gerüche und hilft, groben Schmutz zu entfernen. So lassen sich unangenehme Gerüche aus dem Kühlschrank vertreiben, wenn man etwas Pulver in einer Schüssel in den Kühlschrank stellt. Es hilft auch gegen Gerüche in Teppichen, der Spülmaschine oder auch Schuhen. Dazu Natron in die Schuhe schütten, über Nacht einwirken lassen und am Morgen einfach aus den Schuhen schütteln.

Eingebrannte Töpfe werden mit einem Esslöffel Natron oder Soda wieder sauber. Dazu den Topfboden mit Natron oder Soda überpudern, stehen lassen und mit Wasser aufkochen. Geeignet für Edelstahl- und Emailletöpfe.

Auch beim Reinigen von Fugen hilft Natron: Etwas Natron auf eine feuchte (Zahn)bürste geben und damit Ablagerungen, Kalk oder Schimmel in Fugen wegrubbeln. Mehr zu Natron gibt es unter: wundermittel-natron.info

TIPP Natron ist ein wahres Wundermittel. Was man alles damit machen kann, lesen Sie unter wundermittelnatron.de.

Soda

Soda ist dem Natron sehr ähnlich, allerdings ist es nicht innerlich anwendbar und reizt die Schleimhäute. Daher sollte es auch nur mit Handschuhen verwendet werden. Es liegt als Waschsoda oder als Kristallsoda vor. Waschsoda nimmt Wassermoleküle aus der Luft auf und sollte daher immer luftdicht verschlossen werden, sonst wird es zu Kristallsoda, das weniger wirksam ist. Für Putzmittel braucht man vor allem Waschsoda, nimmt man Kristallsoda so erhöht sich die Menge um den Faktor 2,6.

Waschsoda entfernt Fett, Schmutz, Flecken und verbessert die Hygiene. Wie Natron bindet es Gerüche. Gegen den fettigen Film auf Dunstabzugshauben hilft ein feuchter Schwamm mit Waschsoda. Holz- und Steinplatten sowie Mauern von Terrassen lassen sich ebenfalls gut mit Soda abwaschen.

Vorsicht bei Aluminium:

Gegenstände aus Aluminium und andere empfindliche Dinge sollten nicht mit Waschsoda behandelt werden.

Essig(essenz)

Essig entsteht, wenn alkoholhaltige Flüssigkeiten durch Essigsäurebakterien fermentieren. Für Haushaltreiniger eignet sich der weiße Haushaltsessig, auch Tafelessig genannt. Essigessenz sollte für die meisten Anwendungen als Haushaltsmittel mit vier Teilen Wasser verdünnt werden.

Essig hilft vor allem gegen Kalk und entfernt entsprechende Flecken in Küche und Bad. Für einen Allzweckreiniger einen Esslöffel Essigessenz mit 300 Milliliter Wasser verdünnen und in eine Sprühflasche füllen. Wer es duftend mag, kann optional 3 – 5 Tropfen ätherisches Öl zugeben.

> ### Essig vorsichtig verwenden
> Diese Mischung nicht auf Dichtungen, Gummi, Aluminium-
> oberflächen und auf Natursteinböden anwenden, da diese an-
> gegriffen werden.

Ebenso dient Essig als Weichspüler. Er kann wegen seiner leicht an-
tibakteriellen Wirkung in der Hautpflege eingesetzt werden, aber
auch, um Bakterien in der Küche oder auf Schneidebrettern zu beseitigen.

Gemeinsam bilden Natron, Soda und Essig einen guten Schutz
gegen Rohrverstopfung. Soda und Natron reagieren zusammen mit
Essig recht heftig und setzen dabei Kohlensäure und Wärme frei.
Diese Reaktion sowie die entstehende alkalische Lösung führen zu
einer intensiven Reinigung des Abflusses. (Rezept S. 127)

Wegen der heftigen Reaktion sollten die Zutaten immer erst kurz
vor der beabsichtigten Anwendung zusammengegeben werden.

Zitronensäure

In Küche und Haushalt ist Zitronensäure sehr vielseitig einsetzbar.
Es handelt sich dabei um eine natürlich auftretende Carbonsäure.
So können Sie mit den Schalen von Zitrusfrüchten Armaturen reini-
gen und entkalken.

Für den Einsatz im Haushalt wird Zitronensäure hauptsächlich
synthetisch hergestellt. Sie ist kalklösend und wasserenthärtend
und eignet sich damit für alles im Haushalt, das mit Kalk in Berührung kommt: Wasserkocher, Duschkopf, Waschmaschine oder Spülmaschine, als Urinsteinlöser fürs WC (einen Esslöffel in die Toilette
geben, mindestens eine Stunde einwirken lassen, den Urinstein mit
der Bürste lösen) und vieles mehr.

Wegen der kalklösenden Wirkung kommt Zitronensäure auch als Zutat in Geschirrspülmittel und in Klarspüler vor. Für einen Allzweckreiniger werden ein Esslöffel Zitronensäure in 500 Milliliter Wasser aufgelöst. Nach Belieben drei bis fünf Tropfen ätherisches Öl dazu geben und in eine Sprühfasche füllen.

Vorsicht Säure!

Da es sich um eine Säure handelt, sollte man vorsichtig im Umgang damit sein und insbesondere den Kontakt mit den Augen vermeiden. Auch Aluminiumgegenstände sollten nicht mit Zitronensäure gereinigt werden.

Kernseife

Kernseife ist reine Seife. Sie ist frei von überschüssigem Fett, Glycerin und Zusatzstoffen und enthält keine Duft- oder Farbstoffe. Sie hat einen ph-Wert von etwa 8 oder 10, ist damit leicht basisch und löst daher Fette ziemlich gut. In kalkhaltigem Wasser bildet Kernseife an der Wasseroberfläche einen weißen Belag: Diese Kalkseife entsteht durch die Wasserenthärtung, ist jedoch unwirksam und wird einfach mit der Waschlauge weggespült. Als natürliches Tensid ergänzt die Kernseife die anderen Mittel in ihrer Waschkraft und erzeugt so natürliche Wasch- und Putzmittel.

Organgenschale

Orangenschale macht sich gut als Intensivreiniger. Sie löst Kalk und Flecken und hat gleichzeitig einen angenehmen Duft. Für einen Reiniger nimmt man die Schale einer Orange, füllt sie in ein Schraubglas und übergießt sie dann mit Essig (entweder Weißweinessig oder verdünnte Essigessenz). Das Ganze darf zwei Wochen (in der Sonne) stehen, dann den Sud abseihen und in eine Sprühflasche umfüllen. Damit lassen sich Fett- und Kalkflecken sowie Etiketten lösen.

Mit Flüssigseife (s. S. 146) wird der Orangenreiniger zu einem Universalreiniger. Einfach 2 Eßlöffel Flüssigseife in 500 Milliliter lauwarmen Wasser auflösen und mit 250 Milliliter Orangenreiniger in eine Sprühflasche geben. Mit diesem Reiniger werden Glasabtrennungen in der Dusche wieder gut sauber. Bei glänzenden Oberflächen sollte man jedoch vorsichtig sein.

Selbst gemachte Wasch- und Reinigungsmittel stets detailliert beschriften

Wenn Sie Wasch- und Reinigungsmittel selbst herstellen, sollten Sie immer draufschreiben, welche Zutaten darin enthalten sind. Damit gehen Sie auf Nummer sicher, wenn Kinder oder Tiere das entsprechende Reinigungsmittel zu sich nehmen. Es versteht sich von selbst, dass Sie Reinigungsmittel grundsätzlich für Kinder unerreichbar aufbewahren. Auch wenn es sich um natürliche Substanzen handelt, sind sie nicht für den menschlichen Organismus geeignet.

Putzutensilien

Früher waren meine Putzutensilien meist aus Kunststoff: Angefangen beim Mikrofaser-Putzlappen über den Plastik-Wischmob und -Putzeimer bis hin zu Schaufel und Besen – natürlich aus Plastik. Dabei gibt es wirklich schöne Alternativen, die in der Regel lange halten. So habe ich mich sehr über einen nostalgischen Blecheimer mit Holzgriff gefreut, der einfach angenehmer zu benutzen ist und viel mehr hermacht als sein schnöder Plastikvorgänger.

Zum Kehren von Hof und Gehsteig hatte ich beim Einzug in unser Haus ein echtes Kehrblech gekauft mit einem passenden Handfeger aus Holz mit Naturborsten. Ebenso habe ich einen Reisigbesen angeschafft, der auch kleine Steine wegkehren kann. Für die Innenräume entschied ich mich für einen langlebigen Besen aus Rosshaar. Da wir hauptsächlich Parkettboden und Fließen haben, benötigen wir damit nicht immer den Staubsauger für Krümel und Flusen. Solche und zahlreiche andere nostalgisch anmutenden Naturprodukte made in Germany gibt es auf Jahrmärkten und anderen Freiluftmärkten ganz ohne Verpackung zu kaufen. Daneben bekommt man dort meist noch andere handgemachte Naturprodukte aus der Region: Holzbesteck, Bürsten und allerhand praktisch Küchen- und Putzhelfer.

Abspülen ohne Plastik: Spülschwamm ade!

Spülschwämme und Kunststoff-Putztücher – all das können Sie getrost ersetzen. Der grüne oder gelbe Spülschwamm, der jahrelang das Abspülen beherrschte, erscheint mir mittlerweile wie ein Relikt aus längst vergessener Zeit. Denn nicht einen einzigen Tag habe ich dieses seltsame Plastikding vermisst. Geschirr wird sauber durch Wasser, eventuell etwas zum Fett lösen und manuelle Reinigungskraft.

Für Eilige: *Baumwoll-Lappen und Spülbürste benutzen*

Nutzen Sie eine Spülbürste aus Holz statt aus Plastik und Lappen aus Baumwolle, Bambus, Leinen oder Hanf. Es gibt auch den natürlichen Luffaschwamm, der zum Spülen verwendet werden kann. Der Vorteil: Holz und die natürlichen Materialien wie Luffa oder Bambus dürfen auch in der Biotonne entsorgt werden. Eine Holzspülbürste ist besonders ökologisch, weil der Kopf austauschbar ist. Neulich habe ich sogar einen Stil aus Edelstahl gefunden. Das finde ich besonders praktisch, weil der Holzgriff mit der Zeit durch das Wasser doch ziemlich mitgenommen ist.

Für gröberen Schmutz eignet sich ein Kupferlappen. Pfannen werden problemlos sauber, wenn man sie gleich einweicht. Alle Putzutensilien bekommen Sie bequem in Haushaltswarenläden, in Drogerien oder Unverpackt-Läden.

Für Selbermacher und Upcycler: *Lappen nähen oder häkeln*

Putzlappen kann man auch sehr leicht selbst herstellen. Einfach alte T-Shirts oder Handtücher zerschneiden und Lappen draus nähen. Den Stoff in die gewünschte Größe schneiden (zum Beispiel 20 x 12 cm), aufeinanderlegen und am Rand mit einem Zickzackstich vernähen.

Gerade Zuschnitte aus alten T-Shirts eignen sich gut dazu, gröberen Dreck zu beseitigen oder fettige Pfannen auszuwischen. Dann hatten sie noch eine sinnvolle Aufgabe, bevor sie im Müll landen.

 **TIPP** Legen Sie sich einen Stapel zugeschnittene alte T-Shirts in die Küche und verwenden sie diese als Ersatz für Küchentücher.

Wer möchte, kann auch selbst häkeln oder stricken: aus einem saugfähigen Baumwollgarn entstehen wunderschöne Lappen.[35] Mit bunter Wolle wird es dann richtig farbenfroh im Haushalt. Auch Topfkratzer kann man selbst aus festem Garn oder beispielsweise aus Paketschnur häkeln oder stricken. Ein solcher Topfkratzer wird in der Waschmaschine bei 60 Grad wieder sauber. Aus Frotteestoff, entweder aus alten Handtüchern oder einem neuen Bio-Frotteestoff können Sie Spüllappen nähen.

Putzmittel in der Küche

Spülmittel
Muss es eigentlich schäumen, wenn wir abspülen? Es werden sogar
extra Schaummacher in Reinigungsmittel gegeben. Das ist aber gar
nicht nötig. Viele natürliche Stoffe enthalten schäumende Saponine,
und wir können sie einfach vor unserer Haustür finden. Saponine
sind oberflächenaktive Stoffe meist pflanzlichen Ursprungs. Ihre
Wirkung tritt an der Oberfläche eines Stoffs auf. Im Fall der Saponine ist das der Schaum, der an der Wasseroberfläche entsteht. Pflanzen wie Efeu oder Kartoffeln bilden Saponine zur Abwehr. Sie schützen sich damit gegen Pilze. Für Fische sind Saponine giftig, daher ist
es gut, wenn nicht allzu viele Saponine in unser Wasser geraten. Solange nur wenige Leute mit Efeu und Co. waschen, sollte das für die
Umwelt kein Problem darstellen [36]

Für Eilige: *Nachfüllen*
Spülmittel zum Nachfüllen gib es im Unverpackt-Laden oder in aus-
gewählten Drogeriemärkten.

Für Selbermacher: *Spülmittel herstellen*
Es gibt verschiedene Möglichkeiten, aus den Haushaltsmitteln Ge-
schirrspülmittel zu machen. Wichtig ist dabei in erster Linie die
Fettlösekraft, die vor allem Natron hat.

Zutaten einfaches Spülmittel:

2 TL Soda

1 TL Natron

½ TL Zitronensäure

500 ml Wasser

Soda, Natron, Zitronensäure mischen. Vorsichtig Wasser hinzugeben, da es schäumen wird. In einen Spülmittelbehälter füllen. Am
Anfang ist es ungewöhnlich, damit das Geschirr zu reinigen, da es
im Wasser nicht schäumt. Funktioniert dennoch sehr gut.

Für Experimentierfreudige: *mit Kartoffelschalen spülen*

Es gibt einige alternative Varianten, mit denen man abwaschen
kann und die biologisch abbaubar sind. Dazu zählen Kartoffelschalen, Nudelwasser, Efeu und Kastanien – um nur einige zu nennen.

Kartoffelschalen: enthalten Solanin, das wie Saponine schäumt. Man
kann also das Kochwasser von Kartoffeln einfach zum Abspülen
nehmen oder aber die gesäuberten Kartoffelschalen in einem
Schraubglas mit heißem Wasser übergießen und abkühlen lassen.
Dabei immer wieder schütteln. Das abgekühlte Gefäß im Kühlschrank weitere 12 Stunden ziehen lassen und durch ein Sieb abgießen und in eine Flasche füllen.

Je nach Verschmutzungsgrad etwa eine Tasse der Flüssigkeit ins
Spülwasser geben. Um die Reinigungskraft zu unterstützen, können
Sie noch etwas Soda dazugeben. Dann aber bitte mit Gummihand-
schuhen abwaschen, denn Soda kann die Haut reizen. Das Geschirr
nach dem Abwaschen mit Wasser abspülen.

 Das Spülmittel im Kühlschrank aufbewahren und
schnell verbrauchen. Nach etwa einer Woche fängt es
an zu müffeln.

Nudelwasser: Die, in Nudelwasser enthaltene Stärke löst Fette und
Seifenreste oder andere oberflächliche Verschmutzungen. Für den
Reiniger das Nudelwasser auffangen und abkühlen lassen. Je mehr
Salz verwendet wurde und je weniger Wasser im Verhältnis zur
Nudelmenge enthalten ist, desto dicker ist die geleeartige Masse.

Diese Masse kann man unverdünnt als Spülmittel oder zum Reinigen verwenden. Mit diesem Spülmittel können Seifenreste gut von Waschbecken und Badewanne entfernt werden. Auch hier ist die Haltbarkeit auf etwa acht Tage beschränkt.

Efeu und Kastanien: Jeder hat sie vor der Haustür und kann mithilfe der enthaltenen Saponine ein kostenloses Reinigungsmittel herstellen. Das Rezept finden Sie beim Waschmittel. Dabei ungefähr zwei Tassen für einen Spülgang benutzen und vor allem beim Efeu hinterher mit reinem Wasser abspülen.

Spülmaschinenpulver

Reinigungsmittel für den Geschirrspüler gibt es häufig im Karton, doch dann sind die einzelnen Spültabs in Plastikfolie verpackt. Allerdings gibt es einen neuen Trend zu löslicher Folie. Unverpacktes Spülmaschinenpulver gibt es in verpackungsfreien Läden. Das Pulver kann man selbst herstellen.

Geschirrspülpulver muss vor allem drei Dinge können: Kalk im Wasser entfernen, Wasser enthärten, den Ionenaustauscher der Spülmaschine unterstützen sowie Fett und Speisereste lösen.

Zutaten:

3 Teile Zitronensäure

3 Teile Waschsoda

1 Teil Natron

1 Teil Spülmaschinensalz

Zutaten in ein Schraub- oder Bügelglas geben und durch Schütteln vermischen. Luftdicht aufbewahren!

Anwendung: Pro Spülgang 1 – 2 EL Pulver je nach Verschmutzungsgrad des Geschirrs und Wasserhärte.

 **TIPP**

Blitzblanke Tee- und Kaffeetassen
Gegen unschöne Ränder von Kaffee oder Tee an Tassen hilft, wenn Sie etwas Sauerstoffbleiche in das Pulver geben.

Klarspüler

Klarspüler für die Spülmaschine ist immer in einer Plastikflasche verpackt. Daher gilt auch hier: im Unverpackt-Laden kaufen oder selber machen.

Zutaten:

1 Teil Zitronensäure (50 g)

5 Teile heißes Wasser (200 ml)

5 Teile hochprozentiger klarer Alkohol (Weingeist, Korn oder Ähnliches) (300 ml)

auf Wunsch 30 Tropfen ätherisches Öl

Die Zitronensäure im heißen Wasser auflösen, abkühlen lassen, den Alkohol dazugeben und in eine Flasche abfüllen. Wie gewohnt ins Klarspülerfach geben.

Küchentücher

Küchentücher sind zwar nicht aus Plastik, jedoch in Plastik verpackt und eigentlich überflüssig. Zwar ist es praktisch, wenn man einfach zur Küchenrolle greifen kann, wenn mal etwas danebengegangen ist, jedoch tut es ein Lappen genauso gut. Gerade Bambus-Lappen sind besonders saugfähig und gut waschbar. Das dachte sich wohl auch der Hersteller von Bambus-Produkten pandoo, der eine Küchenrolle aus Bambus-Lappen anbietet. Das sind jedoch nicht, wie erst vermutet, Papierrollen für den Einmalgebrauch, sondern tatsächlich waschbare Küchentücher.

Wer doch mal groben Schmutz, wie Fett aus einer Pfanne oder extremen Schmutz entfernen möchte, kann einfach aus ausrangierten kaputten Baumwoll-Shirts oder Socken Einmal-Lappen machen und sie dann entsorgen. Wer dennoch nicht auf Einweg-Papiertücher verzichten möchte, sollte zumindest welche aus recyceltem Papier nehmen.

Sauberkeit im Bad

Auch im Bad sind Putzlappen aus Baumwolle, Bambus und Co. eine gute Alternative zu Mikrofasertüchern. Zum Nachpolieren eignet sich ein trockenes Geschirrtuch aus Baumwolle. Feste Bürsten gibt es aus den unterschiedlichsten Materialen, wie zum Beispiel Sisal oder Kokos, auch Toilettenbürsten findet man mit Holzstiel.

Putzmittel

Mir war der Geruch von herkömmlichen Badreinigern stets unangenehm, und für meine Nase war er unerträglich. Ähnlich ergeht es mir auch bei Weichspüler, dessen Geruch mir sofort auffällt und der noch lange in der Luft hängt.

Für Eilige: *Nachfüllen*

Putzmittel zum Nachfüllen oder Konzentrate im Unverpackt-Laden kaufen. Mittlerweile experimentieren auch Drogerien mit einem Nachfüllkonzept. Eine müllsparende Variante ist es, größere Packungen zu kaufen.

Für Selbermacher: *Reinigungsmittel selber herstellen*

Beim Badputzen dürfen Sie Ihrer Experimentierfreude freien Lauf lassen. Ich selbst habe schon alle möglichen Mischungen ausprobiert und auch einfach mal nur Soda, Natron oder Zitronensäure in die Becken gestreut. Dabei einfach den Deckel eines Schraubglasses mit Löchern versehen und schon kann man das Pulver gleichmäßig im Waschbecken oder der Wanne verteilen. Es entfernt auch hartnäckige Seifenreste vom Waschbecken. Für Duschwände aus Glas oder Kunststoff ist diese Methode weniger gut geeignet, das es Schlieren hinterlässt. Besser geht es, wenn man die Zutaten in Wasser auflöst und in einer Sprühflasche verwendet. Mit etwas Spülmittel in der Flasche lassen sich auch die Reste von Seife sehr gut entfernen.

Badreiniger mit Spülmittel

1 Teil Spülmittel (50 ml)

3 Teile Essig (150 ml)

2 EL Zitronensäure (20 g)

8 Teile Wasser (400 ml)

Zutaten nacheinander in ein passendes Gefäß (Flasche oder Sprühflasche) füllen, vorsichtig schütteln oder rühren. Fertig.

Kalkflecken rücken Sie mit Haushaltsessig zu Leibe: Das entfernt nicht nur die Kalkflecken sondern desinfiziert gleichzeitig. Alternativ können Sie auch einen Reiniger aus 3 Esslöffeln Zitronensäure auf 1 Liter Wasser herstellen. Damit lassen sich Duschköpfe oder Siebe vom Wasserhahn von Kalkablagerungen befreien. Einfach in die Lösung legen und dort längere Zeit einweichen lassen, abspülen fertig. Bitte beachten Sie, dass diese sauren Reiniger nicht auf Naturmaterialien wie Marmor, Kork und anderen säureempfindliche Oberflächen treffen sollten. Hartnäckige Verschmutzungen – auch in der Toilette – lassen sich gut mit Waschsoda entfernen.

WC-Reiniger-Pulver

3 Teile Natron (160 g)

- -

1 Teil Zitronensäure (60 g)

- -

60 Tropfen ätherisches Öl (optional)

- -

Alle Zutaten in ein Glas füllen und gründlich mischen.

Anwendung: Etwa 1 – 2 EL in die Kloschüssel streuen, kurz einwirken lassen und mit der Klobürste reinigen. Kommen Natron und Zitronensäure mit Wasser in Berührung entsteht Kohlensäure, die hartnäckigen Schmutz entfernt. Bei starker Verschmutzung lassen Sie die Mischung ein paar Stunden einwirken.

 **TIPP** Regelmäßig etwas Zitronensäure in die Toilette streuen hilft gegen Urinstein.

Abflussreiniger

4 EL Soda und/oder 4 EL Natron

- -

½ Tasse Essig oder 20 ml Essigessenz mit 100 ml Wasser verdünnt

- -

1 – 2 Liter heißes Wasser

- -

Anwendung: Soda und/oder Natron direkt in den Ausguss geben, den Essig hinterherkippen. Sofort entsteht unter heftigem Blubbern weißer Schaum. Den Abfluss mit dem Stöpsel oder einem feuchten Tuch verschließen und 5 – 10 Minuten im Abflussrohr stehen lassen, damit der Reiniger gut wirken kann. Dann mit dem heißen Wasser nachspülen – fertig.

Waschen

Als ich anfing, ohne Plastik zu leben, standen auf unserer Waschmaschine auch einige Plastikbehälter. Ich hatte schon einiges ausprobiert und war zuletzt bei einem ökologischen Waschsystem gelandet (Alvito), das auf konzentrierter Flüssigkeit basierte. Ab und
zu verwendete ich auf Anraten meines Waschmaschinenverkäufers
auch Waschpulver, da er meinte, dadurch würden Gerüche entfernt.
Natürlich kam dann Weichspüler dazu, schließlich sollte ja alles ku-
schelig weich sein. Und ja, ich hatte auch extra Waschmittel für
schwarze und weiße Wäsche – natürlich in der Plastikflasche. Also
allerhand Potential, um Plastik zu sparen.

INFO

Multiple Chemical Sensitivity – wenn Gerüche krank machen

Es gibt immer mehr Menschen, die an vielfacher Chemikalien-
unverträglichkeit (Multiple Chemical Sensitivity, kurz MCS) leiden. Sie reagieren mit Übelkeit, Schwindel, Müdigkeit, Sehstö-
rungen, Hautproblemen und vielen anderen Symptomen auf die
synthetischen Duftstoffe in Waschmittel, Parfum, Zigaretten
und vielem mehr. Da diese synthetischen Duftstoffe allgegenwärtig sind, können Menschen, die an MCS leiden, kaum am
normalen Leben teilnehmen. Mehr Infos dazu zum Beispiel auf
der Seite der Multiple Chemical Sensitivity (MCS) Selbsthilfe-
gruppe Allgäu: www.mcskempten.de

Für Eilige: *im Karton kaufen*
Kaufen Sie ökologisches Waschpulver im Karton und lassen Sie den
Weichspüler weg. Gerade in Waschmittel und Weichspüler sind viele Zusatzstoffe, die sich negativ auf die Umwelt und den Menschen
auswirken. Synthetische Duftstoffe können Allergien auslösen, und

vor allem bei Kleinkindern sollten Sie darauf verzichten. Falls Sie auf Duft nicht verzichten möchten, verwenden Sie stattdessen natürliche Duftstoffe.

Für Puristen: *Baukastensysteme*

Schon Jean Pütz hat in den 1980er Jahren in der »Hobbythek« ein Baukastensystem entworfen, um ökologisch Wäsche zu waschen. Meine Schwiegermutter erzählte mir davon, als wir anfingen, ohne Plastik zu leben. Dank des Internets finden Sie auch heute genügend Informationsquellen mit allerhand Tipps zum Selbermachen. Und sogar einen »Hobbythek-Laden« habe ich in unserer Innenstadt zufällig entdeckt. Hier bekomme ich alle Zutaten, die es zum Selbermachen braucht: kosmetische Wirkstoffe, Pflanzenöle, ätherische Öle und natürlich Reinigungsbasics.

Viele ökologische Waschmittelhersteller setzen heute auf ein Baukastenprinzip. Bei so einem System setzt man nur die Substanzen ein, die man braucht: also kalkbindende Substanzen bei hartem Wasser oder viele waschaktive Substanzen bei stark verschmutzter Wäsche. Zudem sind die Zutaten im Abwasser harmlos und biologisch abbaubar. Selbst das Umweltbundesamt empfiehlt das Waschen im Baukastensystem.[37] Einziges Problem bei solchen Systemen: Vieles wird in Plastik verpackt.

Für Selbermacher: *Waschmittel mixen*

Das Selbermachen von Waschmitteln ist wahrscheinlich die günstigste und ökologischste Methode. Denn die Grundzutaten zum Waschen sind sehr günstig. Kauft man sich die Zutaten auf Vorrat, hat man für Monate Ruhe: Keine Schlepperei, kein Stress an der Kasse und keine Entscheidungsfragen, welches Mittel denn das Beste ist. Geht das Waschmittel zu Ende, macht man sich einfach ein neues.

Waschpulver

2 Teile Seife, gerieben (Kernseife oder nach Belieben mit gutem Duft) (100 g)

3 Teile Soda (150 g)

1 Teil Natron (50 g)

1 Teil Zitronensäure (50 g)

Optional ätherisches Öl (z.B. Zitrone oder Lavendel) vor dem Waschen ins Waschmittelfach geben

Feste Zutaten in Schraub- oder Bügelglas geben und durch Schütteln vermischen. Luftdicht aufbewahren.

Anwendung: Dosierung pro Waschgang 1 – 2 Esslöffel, je nach Verschmutzung

Flüssiges Waschmittel

1 Teil Seife, gerieben (Kernseife oder Seife mit gutem Duft) (3 EL/10 g)

1 Teil Soda (3 EL/25 g)

1 Liter kochendes Wasser

Optional ätherisches Öl (z.B. Zitrone oder Lavendel) vor dem Waschen ins Waschmittelfach geben

Seife mit 500 ml kochendem Wasser übergießen, Soda dazugeben und gut verrühren. Das restliche Wasser dazugeben und ggf. das Öl.

Anwendung: Dosierung pro Waschgang 3 EL, je nach Wasserhärte und Verschmutzung.

Umgang mit Flecken

Hartnäckige Flecken mit Gallseife, Panamarinde oder Sauerstoffbleiche vorbehandeln. Im Sommer einfach in die Sonne legen.

Sauerstoffbleiche zur Vorbehandlung von Wäsche:

- Ein bis zwei Esslöffel Sauerstoffbleiche in ca. 3,5 l Wasser lösen.
- Verschmutzte Wäschestücke eine Stunde einweichen.
- Hartnäckige oder alte Flecken über Nacht einweichen oder zwei weitere Esslöffel Sauerstoffbleiche in die Lösung geben.

Weichspüler & Entkalker in einem:

- 1 – 2 TL Zitronensäure pro Waschgang
- Zitronensäure wirkt leicht bleichend, daher nur bei weißer oder farbechter Wäsche verwenden. Zitronensäure macht die Fasern weich, verhindert Kalkablagerungen und entfernt etwaige Seifenrückstände aus den Fasern.

Für Experimentierfreudige: *Waschen mit Efeu oder Kastanien*

Waschen mit natürlichen Saponinen geht sogar komplett kostenfrei, und zwar mit Efeu oder Kastanien. Probieren Sie es aus!

TIPP Selbst gemachte Waschmittel aus Kastanien und Efeu zügig aufbrauchen, da sie nur kurz haltbar sind.

Kastanien-Waschmittel

4 – 6 zerkleinerte Kastanien (mit dem Hammer in einem Küchentuch oder in einer Küchenmaschine zerkleinern)

250 ml heißes Wasser

optional 2 EL Waschsoda

Kastanien mit heißem Wasser übergießen. Über Nacht ziehen lassen und am Morgen durch ein feines Sieb, Kaffeefilter oder Abseih-Tuch abgießen. Die Kastanien können 2 – 3 Mal wiederverwendet werden.

Anwendung: Pro Waschgang 250 ml, bei stark verschmutzter Wäsche zusätzlich 1 – 2 EL Soda ins Waschmittelfach geben.

Nicht nur im Herbst

Trocknen Sie die Kastanien an einem warmen Ort, dann halten sie auch bis zum nächsten Herbst. Für weiße Wäsche die Kastanien vor dem Zerkleinern schälen. Damit stellen Sie sicher, dass es keine hässlichen Flecken gibt.

Efeu-Waschmittel

1 Hand voll Efeu, klein schneiden

1,5 l Wasser

optional 2 EL Waschsoda

Efeu in kochendes Wasser geben und unter Rühren einige Minuten kochen. Über Nacht ziehen lassen, Blätter abschöpfen oder abseihen und die Flüssigkeit in Flaschen umfüllen.

Anwendung: Pro Waschgang kommen ca. 200 ml in die Waschmaschine. Bei stark verschmutzter Wäsche zusätzlich 1 – 2 EL Soda ins Waschmittelfach geben.

Alternativ kann man die Efeu-Blätter auch einfach in ein Waschbeutel oder eine alte Socke legen und direkt mit der Wäsche waschen.

Umweltbewusste Wäschepflege

Jeder Waschgang belastet die Umwelt. Durch eine überlegte Wäschepflege können Sie Wasser, Energie und Chemikalien einsparen. Der schonende Umgang mit der Wäsche verlängert zudem die Lebensdauer von Textilien. Bewusstes Waschen kommt somit Umwelt und Geldbeutel gleichermaßen zugute. Informationen zum Waschen bekommen Sie beispielsweise beim Verbraucherservice Bayern oder bei der Verbraucherzentrale.

TIPP Viele Tipps rund ums Saubermachen mit selbst gemachten Mitteln gibt es auf der Online-Plattforum smarticular.de.

Müll beseitigen ohne Plastik

Ich komme an der Supermarktkasse häufig mit Leuten über Themen wie Plastiktütchen oder Plastikbecher ins Gespräch. Bei einer dieser Gelegenheiten erzählte mir eine ältere Dame, dass sie die dünnen Obst- und Gemüse-Tüten immer für ihren Müll verwendet. Sehr praktisch eigentlich, oder? Nun, wie alles im Leben ist das relativ. Wenn wir unseren Restmüll in eine Tüte verpacken, dann wird diese verbrannt. Und eigentlich wollen wir sie im Kreislauf führen, oder? Idealerweise sollte sie also wieder zur Tüte werden.

Wer plastik- und müllfreier lebt, hat nicht mehr so viel Müll zu entsorgen, und das meiste landet im Biomüll, in der Papiertonne oder im Glascontainer. Und der Rest? Braucht der tatsächlich eine eigene (Plastik)-Tüte? Wir verzichten jedenfalls komplett auf Mülltüten. Das, was an Verpackungs- und Restmüll übrig bleibt, ist trocken und lässt sich einfach in die Tonne leeren. Alternativ kann man einfach ein bisschen Zeitungspapier auf den Boden der Restmülltonne legen. Dies sorgt dafür, dass der Boden nicht zu dreckig wird.

Mülltüte selber basteln

Wer dennoch gerne eine Art Tüte für seinen Müll hätte, kann sich aus altem Zeitungspapier eine basteln. Eine Anleitung gibt es unter smarticular.net/ muelltueten-und-einkaufstueten-ohne-kleben-aus-zeitungspapier-falten.

So eine Tüte kann man auch für seinen Biomüll verwenden. Wichtig ist es, Zeitungspapier dafür zu verwenden. Die Druckerschwärze ist ungiftig und kann in den Biomüll gegeben werden. Seiten aus Hochglanzmagazinen bitte meiden, da sie beschichtet sind. Leider benutzen viele Menschen Plastiktüten, die ja bekanntlich nicht verrotten, für ihren Biomüll. Die haben im Biomüll überhaupt nichts verloren. Sie müssen manuell aussortiert werden, damit sie nicht nach der industriellen Kompostierung der Abfallverwertungsgesellschaften als Dünger auf unseren Felder landen. Das Gleiche gilt für die Biomülltüten aus Biokunststoff. Leider reicht die Zeit der industriellen Kompostierung in den meisten Anlagen nicht, um sie vollständig zu zersetzen. Daher sortieren viele lokale Müllentsorger sie wieder aus. Mehr zu Bioplastik auf S. 35.

Kapitel 7

Bad ohne Plastik

Plastikfallen im Bad

▶ Mikroplastik in Kosmetik, Duschgel etc.
▶ Flüssigseife, Shampoo und Haarspülung in Plastikflaschen
▶ Dekorative Kosmetik in Plastik
▶ Deo mit Aluminium
▶ Hygienepapier
▶ Monatshygiene
▶ Rasieren

Nach den Themen Essen und Aufbewahrung widmen wir uns einem Bereich, in dem ebenfalls sehr viel Plastik zu finden ist: dem Badezimmer und der täglichen Hygiene. Hier dient Plastik nicht nur der Verpackung und Aufbewahrung, sondern es befindet sich auch in den Produkten, die direkt mit unserer Haut in Berührung kommen. Der Inhalt vieler Kosmetikprodukte: Mikroplastik, sowohl fest als auch flüssig. Für Kosmetika und Reinigungsmittel wird Mikroplastik gezielt hergestellt. Als flüssiger Kunststoff oder in Form kleiner Schleifpartikel, die unsere Haut glatter machen sollen, wird es in unsere Cremes und Peelings gemischt. Erkennbar sind sie an der Bezeichnung »Poly« in den Inhaltsstoffen. Da hilft nur, konsequent auf Naturkosmetik umzusteigen, die gut zur Haut und zur Natur ist.

 **Inhaltsstoffe in Kosmetik**
Wer wissen möchte, welche Inhaltsstoffe sich in seinen Pflegeprodukten befinden, kann sich die App »Codecheck« (codecheck.info) besorgen. Darin werden alle Zusatzstoffe aufgeführt und ihre Auswirkungen bewertet.

Die Diskussion über Mikroplastik in Kosmetik ist hochaktuell, dennoch ist ein Verbot nicht in Sicht. Als ich anfing, auf Plastik zu verzichten, war von der Plastikgefahr aus der Tube noch keine Rede, und so hatte ich davon keine Ahnung! Und das, obwohl ich bereits sensibilisiert war, was den Inhalt von Kosmetika betraf, da ich in stressigen Zeiten auf Propylene Glycol allergisch reagierte. Damals machte ich mir noch keine Gedanken darüber, was das war. Ich achtete einfach darauf, dass sich dieser Stoff nicht in den Kosmetika befand, die ich kaufte. Zum Glück, wie ich heute weiß. Denn bei Propylene Glycol handelt es sich um einen Kunststoff, der aus Mineralöl gewonnen wird. In Kosmetika wird der Stoff als Feuchthaltemittel und Weichmacher eingesetzt, wirkt aber auch wie ein Konservierungsmittel. Eine Creme mit Propylene Glycol macht die Haut schön weich und zieht dazu noch schnell ein. Leider hat das Ganze auch eine Kehrseite: Propylene Glycol kann auf der Haut allergische Reaktionen hervorrufen. Dringt der Kunststoff in den Körper ein, kann er in Nieren und Leber Schäden anrichten. Daher achte ich schon seit Jahren auf den Inhalt der Produkte und kaufe Naturprodukte.

Als wir anfingen, unser Leben zu entplastifzieren, kamen die Naturprodukte ebenfalls auf den Prüfstand. Denn auch die alternative Naturkosmetik steckt häufig in einer Plastikverpackung. Zum Glück muss man sich im Bad nur stückchenweise an die Umstellung wagen. Denn erst mal heißt es: aufbrauchen, was schon da ist, um Ressourcen zu schonen.

Zähne putzen ohne Plastik

Wie ist das bei Ihnen zu Hause? Lagert dort auch eine Unmenge an unterschiedlichen Zahnbürsten? Harte oder weiche? Elektrisch oder manuell? Für kleine Kinder, für große Kinder oder für Erwachsene? Vor allem für Kinder gibt es viele bunte Motive, die Kinder immer wieder anlocken. Die Reinheit unserer Zähne ist ein wichtiges Thema, schließlich wollen wir sie lange erhalten. Daher ist ein Umstieg auf andere Methoden und neue Gewohnheiten ein heikles Unterfangen. Unsere neuen Mittel zur Reinigung der Zähne sollten also unbedingt gesund sein. Daher setzte ich mich intensiv mit den unterschiedlichen Methoden auseinander und fand dabei einiges über die Zahngesundheit heraus.

Abschied von der Plastikzahnbürste

Es ist tatsächlich spannend, welche Alternativen es beim Zähneputzen gibt. Sie reichen von Zahnbürsten aus Holz oder Bambus bis hin zu Miswak-Hölzchen und einer Einbüschelzahnbürste. Bei meiner Recherche stieß ich zunächst auf die SWAK. Das ist eine Mischung aus der typisch westlichen und der traditionell arabischen Zahnbürste: dem Miswak-Zweig, einem Zweig des Zahnbürstenbaumes. Das ist nicht so ungewöhnlich, denn auch in Europa wurden vor der Einführung der Zahnbürste Weiden- oder Eichholzäste zur Zahnpflege verwendet. Das Miswak-Holz enthält von Natur aus alles, was es zur gesunden Zahnpflege braucht: zahnschmelzhärtendes Fluorid, Silikat, Vitamin C, adstringierende Tannine, schmutzlösende Saponine, Flavonoide, Kalium und Calcium.

Putzen mit der Einbüschelzahnbürste

Bei der SWAK-Zahnbürste besteht der Borstenkopf (»Köpfchen«) aus dem weichfaserigen Wurzelholz des Miswak-Baumes, der in den Buschsteppen Afrikas, im Orient und in Ostindien weit verbreitet ist. Der Griff ist aus zuckerbasiertem Biokunststoff gefertigt oder in der edleren Variante aus Eichenholz. Der austauschbare Borstenkopf besteht aus dem bereits ausgefransten Miswak Zweig. Zum Zähneputzen brauchen Sie bei dieser Bürste weder Wasser noch Zahnpasta. Ideal also auch für unterwegs.

Ich bestellte mir also direkt beim Hersteller so eine Bürste. Und weil ich neugierig war, gleich ein Miswak Hölzchen sowie ein Pfefferminzöl dazu. Das Öl dient lediglich dazu, um ein bisschen Frische in den Putzvorgang zu bekommen. Putzen mit der SWAK ist zunächst gewöhnungsbedürftig. Ich fand es jedoch überzeugend. Man muss auch nur so lange putzen, bis sich der Zahn glatt anfühlt. Dies ist ein Gefühl, dass ich bis dato nur nach einer professionellen Zahnreinigung kannte.

Neue Putztechnik erlernen

Beim Putzen mit der sogenannten Einbüschelzahnbürste braucht man eine andere Technik. Der einzelne Zahn wird dabei rundherum von Belägen befreit. Mit dem Hölzchenkopf kann man zudem sanft das Zahnfleisch massieren sowie die Zunge reinigen. Mit einem passenden Zungenreiniger aus Edelstahl werden Bakterien auch gut von der Zunge entfernt. Dank der vielen Bestandteile im Miswak-Hölzchen mache ich mir auch keine Gedanken mehr über fehlende Pflege für die Zähne. Außerdem reicht es, wenn man sich einmal am Tag – am besten abends – die Zähne mit der Einbüschelzahnbürste reinigt, denn die Beläge fangen erst nach etwa 24 Stunden an auszuhärten. Praktisch finde ich auch das Miswak-Hölzchen selbst, das genauso gut funktioniert, nur leider nicht gut die Hinterseiten der Zähne erreicht. Da es recht klein ist, passt es in jede Handtasche, und ich habe es stets dabei. Sobald ich einen unangenehmen Belag auf den Zähnen habe, kommt mein Hölzchen zum Einsatz. Ganz Hartgesottene brauchen noch nicht einmal so ein arabisches Hölzchen. Man kann sogar die Stengel von Birnen oder Äpfel zur Zahnpflege nutzen. Auch diese kleinen Hölzchen fasern schön aus und sorgen für saubere Zähne.

Ölziehen für eine gesunde Mundflora

Morgens vor dem Essen und Trinken als Erstes mit einem Zungenschaber aus Edelstahl die Zunge reinigen. Zum Ölziehen verwendet man ein natives Öl in Bioqualität, zum Beispiel Sesam-, Kokos- oder auch Sonnenblumenöl. Diese drei bis fünf Minuten (ideal sind 15 – 20 Minuten) langsam im Mund hin und her bewegen, dabei immer wieder durch die Zwischenräume pressen. Da sich in dem Öl nun Bakterien und Viren befinden, keinesfalls runterschlucken oder ins Waschbecken spucken, sondern im Restmüll entsorgen. Regelmäßiges Ölziehen wirkt sich positiv auf Zähne und Zahnfleisch aus. Zudem bekämpft es Infekte, da Bakterien aus Mund und Rachen entfernt und dort angesiedelte Keime reduziert werden. Ich hatte einige Probleme mit dem Zahnfleisch, die durch das Ölziehen wieder verschwanden. Zudem habe ich kaum Erkältungen und führe das auf mein morgendliches Ritual zurück.

Für Ressourcenschoner: *Austauschbarer Bürstenkopf*

Nutzen Sie eine Zahnbürste mit austauschbarem Bürstenkopf. Bei dieser Variante muss man alle paar Wochen nur den Kopf austauschen. Solche Bürsten gibt es als normale Zahnbürste oder als oben beschriebene Einbüschelzahnbürste von SWAK.

Für Plastikvermeider: *Zahnbürste aus Holz oder Bambus*
Beides sind nachwachsende Materialien, die problemlos in den
Kompost können. Sie haben unterschiedliche Borsten: Schweine-
borsten, Bambus oder Nylon. Je nach Material muss der Bürstenkopf
abgebrochen werden, bevor er in den Kompost kommt.

Der Hamburger Hersteller Hydrophil zum Beispiel ist besonders
darum bemüht, nachhaltige und kompostierbare Zahnbürsten herzustellen, etwa Borsten aus einem Nylon aus Rizinusöl. Inzwischen
gibt es eine Menge unterschiedlicher Zahnbürsten mit verschiedenen Borsten und Härtegraden, für die kleineren Kinder gibt es
Kinderzahnbürsten. Viele davon sind in Drogerien und Supermärkten erhältlich. Probieren Sie aus, welche Ihnen am besten gefallen.

Meine Familie ist mittlerweile ein großer Fan dieser Bürsten, die
es auch mit weichen Borsten gibt. Auch ich benutze sie morgens, um
mit etwas Pfefferminzpulver einen frischen Geschmack hervorzu-
rufen. Wie bei herkömmlichen Zahnbürsten sollten auch die Holz-
zahnbürsten etwa alle drei Monate ausgetauscht werden. Einfach
den Bürstenkopf abbrechen und den Holzgriff ab in den Biomüll
oder auf den Kompost.

Zahnpasta

Nahezu alle Hersteller verkaufen mittlerweile mikroplastikfreie Zahnpasta. Da ich mit der Nutzung einer Einbüschelzahnbürste begann,
war das Thema Zahnpasta bei mir erst einmal vom Tisch. Sinn des
Zähneputzens ist es, den Zahnbelag wegzubekommen. Das geht am
besten mechanisch, also mit der Zahnbürste. Um Bakterien fernzu-
halten und eine gute Mundflora zu erhalten, sind aber weitere Stoffe
hilfreich. So wirkt Kokosöl antibakteriell und entzündungshemmend.
Ich verwende es zum Ölziehen. Um Partikel wegzuschleifen, kann
man Natron verwenden. Das natürliche Pulver löst Verfärbungen an
den Zähnen und neutralisiert Säuren, die den Zahnschmelz angreifen.

Für Eilige: *ohne Plastikverpackung*
Es gibt einige Marken, die ihre Zahnpasta in Aluminiumtuben ein-füllen. Aluminium wird relativ gut recycelt.

Für Experimentierfreudige: *Zahnputztabletten oder Zahnpulver*
Alternativ gibt es auch Zahnputztabletten von Dentatabs, die zerkaut werden. Sie sind quasi Zahnpasta in Tablettenform, also auch mit Tensiden, die das bekannte Schäumen beim Zähneputzen hervorrufen. Falls Sie auf Tenside verzichten möchten, können Sie auf Zahnpulver zurückgreifen. Das gibt es zum Beispiel vom Xylit-Hersteller Birkengold. Das Pulver habe ich beim Einkaufen im Biomarkt zufällig entdeckt und zum Ausprobieren mitgenommen. Es überzeugt sogar meinen Mann Niklas, der die Aufgabe übernommen hatte, all unsere Zahnpasta-Vorräte aufzubrauchen. Für die Frische sorgt ein bisschen Minze.

Für Selbermacher: *Paste oder Pulver*
Es braucht wirklich nicht viele Zutaten, um die Zähne sauber zu halten und für ein gutes Milieu im Mundraum zu sorgen. Zahnpasta kann man daher relativ einfach selbst machen: entweder als Zahnpulver oder als Paste auf Kokosöl-Basis.

Basis beim Selbermachen sind folgende Inhaltsstoffe:
- Natron, löst Verfärbungen an den Zähnen und neutralisiert Säuren, die den Zahnschmelz angreifen. Es reinigt die Zähne und bindet Schadstoffe im Mund.
- Xylit verleiht der Zahnpasta einen süßen Geschmack und ist karieshemmend.
- Kokosöl wirkt antibakteriell und hat eine reinigende Wirkung. Caprylsäure und Laurinsäure im Kokosöl senken das Risiko für Karies.

▶ Ton-/Heilerde wirkt antiseptisch, sie ist in der Lage, Krankheitserreger abzutöten und schädliche Bakterien oder Pilze sowie Ablagerungen schonend zu entfernen. Sie unterstützt die Mundflora, indem der Schleimhaut, den Zähnen und dem Zahnfleisch viele wichtige Mineralien und Nährstoffe zugeführt werden.

▶ (Minz-)Öl sorgt für den guten Geschmack.

Aus den genannten Zutaten kann man nun entweder eine Zahnpasta oder ein Zahnpulver mischen.

Nicht schlucken!
Selbst gemachte Zahnpasta mit Öl sollte man nicht hinunterschlucken, denn sonst gelangen die gebundenen Bakterien in den Körper.

Einfache Zahnpasta
Ich selbst rühre mir eine recht einfache Zahnpasta aus 3 EL natives Kokosöl mit einer Prise Xylit und ein paar Tropfen Minzöl.

Varianten mit mehr Inhaltsstoffen

4 Teile natives Kokosöl

2 Teile Natron

3 Teile weiße Tonerde

20 Tropfen Minzöl

Kokosöl in einen kleinen Topf erwärmen und die übrigen Zutaten dazugeben. In einen Glasbehälter geben und abkühlen lassen. Alternativ kann man auch aus der Tonerde mit Wasser eine Paste anrühren und sie mit ein paar Tropfen ätherisches Öl wie Salbei oder Minze versehen.

Zahnpulver

1 Teil Natron

1 Teil Xylit

optional: Aktivkohle

Zahnseide

Ökologische Zahnseide im Glasflakon gibt es zum Beispiel von der Firma Völmel. Sie ist ohne Fluorid, dafür mit natürlichem Bienenwachs gewachst. Der Glasflakon ist nachfüllbar. So spart man eine Menge Plastikmüll.

INFO

Kokosöl ökologisch gesehen

In vielen Kosmetik-Rezepten ist Kokosöl enthalten. Das kommt von weit her und sein Ruf leidet aufgrund der negativen Auswirkungen des Palmöl-Anbaus. Daher fragen sich viele Menschen: Sollte man Kokosöl überhaupt verwenden? Ja, aber nur, wenn es biologisch angebaut wird. Dann wachsen die Kokospalmen gemeinsam in Mischkulturen mit Ananas, Bananen oder Kakao. Pflanzenschutzmittel oder mineralische Düngemittel kommen nicht zum Einsatz. Geerntet werden die reifen Früchte rund ums Jahr von Bauern mit langen Stöcken. Kaufen Sie das Öl so naturbelassen wie möglich, also nativ und kaltgepresst. Und natürlich sollten Sie Fairtrade-Produkte vorziehen.[38]

Hände und Körper waschen ohne Plastik

Wahrscheinlich steht auch bei Ihnen im Bad ein Behälter mit Flüssigseife. Irgendwann kam es in Mode, dass man sich die Hände mit einer Flüssigseife wäscht. Warum eigentlich? Denn Flüssigseife ist doch nichts anderes als mit Wasser aufgefüllte Seife. Ein Stück Seife tut es genauso. Da Seife alkalisch ist, können sich auf ihr keine Keime breit machen, anders als bei Behältern mit Flüssigseife. Wer dort mit dreckigen Händen hinlangt, hinterlässt gleich eine Schmutz- und Keimspur.

In unserer alten Wohnung war im Bad so ein Flüssigseifenbehälter direkt an der Wand angebracht. Also ging ich regelmäßig in den Drogeriemarkt und kaufte Flüssigseife im Nachfüllpack. Es geht aber auch ohne Plastik. Wer bei Flüssigseife bleiben möchte, kann sie relativ einfach selber herstellen. Ein Stück Seife sorgt übrigens für immense Ordnung in der Dusche: statt drei verschiedene Duschgelflaschen liegt nun eine Seife für die ganze Familie bereit.

Für Eilige: *Seife verwenden*
Völlig plastikfrei und häufig verpackungsfrei sind dagegen Seifen – am besten Naturseifen. Topfavorit dabei ist die Olivenölseife, die für alle möglichen Einsätze geeignet ist. Zum Waschen von Haut und Haar, zum Rasieren, als Handwaschmittel für Feinwäsche oder als Handspülmittel für fettiges Geschirr. Die bekannteste Olivenölseife ist die Aleppo-Seife, die nach traditionellem, jahrhundertealtem Verfahren in Handarbeit hergestellt wird. Das Olivenöl ist reich an Vitaminen, Proteinen und Mineralstoffen und hilft der Haut, ihre natürliche Feuchtigkeit zu bewahren. Das darin enthaltende Lorbeeröl wirkt reinigend, antibiotisch und fördert die Hautdurchblutung.

Doch es gibt noch andere, herrlich duftende Seifen, die im Bad den Platz von Seifenspender und Duschgel einnehmen können. Mittlerweile bieten zahlreiche Manufakturen im Internet tolle Seifen mit unterschiedlichen Ölen und Düften an. Fündig werden Sie ebenfalls in gut sortierten Drogeriemärkten, meist in der Ecke mit der Naturkosmetik.

Seife als plastikfreies Geschenk

Bisher kam ich kaum in die Verlegenheit selbst Seife zu kaufen, da ich regelmäßig welche geschenkt bekomme. Und auch ich selbst verschenke sehr gerne Seife – vor allem seit wir uns regelmäßig zum Seifensieden treffen. In unserer plastikfreien Gruppe haben wir eine passionierte Seifensiederin, mit der wir die wunderbarsten Seifen mit duftigen Ölen in lustigen Formen und abgedrehten Farben sieden. Das macht immer sehr viel Spaß. Zu Hause freuen sich die Kinder, wenn alle paar Wochen eine neue Seife am Waschbecken liegt.

EDTA (Ethylendiamintetraacetat)

EDTA ist eine spezielle Essigsäure, die als Hilfsstoff in Seifen oder Duschgelen unter dem Namen Tetrasodium EDTA oder Disodium EDTA unter den Inhaltsstoffen angegeben ist. Es wird als Wasserenthärter, Schaumbildner oder als Stabilisator von Emulsionen eingesetzt und hat zudem eine konservierende Funktion. EDTA gilt als äußerst gewässerbelastend, da sich dieser Stoff gern mit Schwermetallen verbindet und schlecht biologisch abgebaut werden kann. Noch weiß man nicht, welche Folgen dies zukünftig für unser Trinkwasser haben wird. Das Umweltbundesamt empfiehlt schon seit den 90er Jahren, den Stoff zu ersetzen, trotzdem wird EDTA noch immer häufig in Kosmetikprodukten verwendet.

Für Selbermacher: *(Flüssig-)Seife*

Seifensieden ist ein willkommenes Do-it-yourself-Event. Wer einmal damit begonnen hat, wird es sicher mögen, mit unterschiedlichen Ölen, Düften oder Farben zu experimentieren. Da viel mit Lauge hantiert wird, sollte man jedoch vorsichtig vorgehen. Am besten fängt man mit einem einfachen Rezept an oder schließt sich zunächst jemandem an, der bereits Erfahrung hat.

Wer doch lieber Flüssigseife mag, kann diese aus festen Seifen einfach selber machen.

Zutaten Flüssigseife:

Etwa 100 g Naturseife oder 50 g Kernseife

1 Liter Wasser

5 g Glycerin (aus der Apotheke)

Evtl. Honig

Zubereitung:

Mit einer Küchenreibe die Seife fein reiben. Seifenflocken mit dem Wasser und dem Glycerin in einen Topf geben, mit einem Schneebesen unter Rühren erwärmen. Nun das Seifengemisch abkühlen lassen und dabei mehrmals umrühren. Für etwa 12 – 24 Stunden ruhen lassen. In dieser Zeit sollte die Seife dickflüssig werden. Optional können Sie Pflegezutaten wie einen Teelöffel Honig oder einen Esslöffel Olivenöl dazugeben. Wer es bunt mag, fügt Lebensmittelfarbe hinzu. Dann mit einem Mixer mit Rührbesen auf höchster Stufe gründlich verrühren. Sollte die Seife zu dickflüssig sein, einfach etwas mehr Wasser hinzugeben. Fertige Flüssigseife in den Seifenspender füllen.

Mit Seifenunterlagen bleibt die Seife trocken

Da es leider bei den modernen Waschbecken und Sanitätsmöbeln keine Seifenmulden mehr gibt, brauchen Sie vermutlich eine Seifenunterlage. Sie können zum Beispiel auf Glas, Keramik, Edelstahl oder Borsten wie Sisal oder Kokosfasern zurückgreifen. Bei den Unterlagen sollten Sie darauf achten, dass sich genügend Löcher darin befinden, damit die Seife gut trocknen kann.

Allroundtalent Kokosbürste

Die Unterlage aus Kokos hat sich besonders bewährt und ist bei uns als Seifenigel in den Haushalt eingezogen. Der Vorteil: Durch die festen Fasern kann die Seife optimal trocknen und verflüssigt sich nicht. Dadurch hält sie länger. Doch damit nicht genug. Denn der Seifenigel ist ein wahres Allround-Talent, da er eigentlich als Bürste konzipiert wurde und in dieser Eigenschaft überall eine gute Figur macht: In der Küche wäscht sie jedes Gemüse problemlos sauber. Daneben hält die Bürste aus Kokosfasern in Küche und Bad Waschbecken, Badewanne und Dusche sauber. Etwas Waschsoda und/oder Zitronensäure verteilen und ordentlich schrubben, fertig. Sogar Töpfe werden damit wieder sauber.

Seifensäckchen

Für die Dusche ist das Seifensäckchen eine schöne Lösung zur bequemen Seifenablage. Das gibt es aus verschiedenen Materialien wie Baumwolle, Leinen oder Sisal. Durch die raue Oberfläche gibt es auch gleich einen Peeling-Effekt. Damit ist die Seife in der Dusche gut aufgehoben und kleine Reststücke können damit leicht verbraucht werden. Natürlich kann man so ein Seifensäckchen auch selbst machen. Entweder nehmen Sie einfach einen Waschlappen, häkeln selbst eines mit viel Löchern, damit die Seife trocknen kann, oder nähen eines aus einem Netzstoff. Beim Nähen verfahren Sie genauso wie beim Obstsäckchen auf S. 61.

Plastikfrei Haare waschen

Shampoo steckt nicht nur in einer Plastikflasche, sondern enthält auch allerhand Kunststoffe und synthetische Inhaltsstoffe, die weniger gut für Mensch und Umwelt sind. Flüssiges und festes Mikroplastik, Parabene oder Silikone sorgen für glatte Spitzen und fülliges Haar. Diese Inhaltsstoffe können sich negativ auf den Hormonhaushalt auswirken und sind in der Natur schlecht oder gar nicht abbaubar. Der Umstieg auf Naturkosmetik wäre da der erste Schritt, doch Sie können auch leicht komplett auf Shampoo-Flaschen aus Plastik verzichten.

INFO

Silikone

Silikone lassen das Haar weich, seidig und glänzend aussehen, indem sie sich um das Haar legen und es optisch glätten. Sie bilden dabei einen Film und versiegeln so das Haar, das darunter austrocknet und keine pflegenden Stoffe mehr aufnehmen kann. Die Silikone legen sich mit der Zeit in Schichten um die Haare und machen sie schwer. Darunter wird das Haar jedoch nicht mehr gepflegt. Silikone erkennt man beim Blick auf die Inhaltsstoffe. Die meist verwendeten Silikone in Shampoos sind: Dimethicon, Amodimethicon, Dimethiconol. Weitere Silikone haben folgende Endungen: -cone, -conol, -oxane, -glycol.

Am besten auf silikonfreie Produkte umsteigen. Das Haar braucht zwar eine Weile, um sich umzustellen, wird es Ihnen aber langfristig danken.

Für Eilige: *Shampoo zum Nachfüllen*

Wer auf flüssiges Shampoo nicht verzichten möchte, kann beim Friseur seines Vertrauens nachfragen, ob dort Shampoo zum Nachfüllen erhältlich ist. Natürlich sollten Sie auch hier darauf achten, dass keine synthetischen Inhaltsstoffe enthalten sind.

Für Puristen: *Umsteigen auf festes Shampoo oder Haarseife*

Mit festem Shampoo oder Haarseife funktioniert Haarwäsche ohne Plastik und ist zudem ergiebiger. 100 Gramm Haarseife soll etwa so lange halten wie 500 ml Shampoo. Festes Shampoo hat die gleichen Eigenschaften wie flüssiges Shampoo. Nur, dass es ohne die Plastikflasche und fragwürdige synthetische Inhaltsstoffe wie Konservierungsstoffe, Silikone, Parabene und andere flüssige oder feste Kunststoffe auskommt. Es ist quasi ein Shampoo, dem das Wasser entzogen wurde – nur besser zu Haut und Haar.

Während bei der Seife Natronlauge verwendet wird, enthält ein festes Shampoo ein natürliches Tensid. Natürliche Tenside auf Zucker- oder Kokosbasis sind für die Schaumbildung verantwortlich und reinigen das Haar. Allerdings können diese Tenside Haar und Kopfhaut austrocknen. Daher ist es wichtig, dass sich darin zusätzlich viele pflegende Öle befinden. Anders als beim flüssigen Shampoo kommen die Tenside des festen Shampoos jedoch nicht so nah an die Kopfhaut.

Haarseife ist im Gegensatz zu festem Shampoo eine gesiedete Seife aus Fett und Lauge. Da Haarseife weniger schäumt als Shampoo, sollte man sich die Zeit nehmen auch wirklich alle Stellen auf dem Kopf einzuseifen, damit die Haare richtig sauber werden. Wie stark die Seife rückfettend ist, hängt von den darin verwendeten Ölen ab. Meist sind ätherische Öle, Parfümöle, getrocknete Pflanzenauszüge, Farben oder andere pflegende Inhaltsstoffe wie zum Beispiel Bier für mehr Glanz und Kraft, Aloe vera, Mandelöl, Hanföl oder feste Bestandteile wie Sheabutter oder Kakaobutter enthalten. Diese Öle wirken sich gut auf Haar und Kopfhaut aus.

Herkömmliche Industrieseifen sollten Sie nicht für die Haarwäsche nehmen, denn sie enthalten nur wenig feuchtigkeitsspendende Inhaltsstoffe. Das Ergebnis wäre sehr trockenes, sprödes Haar. Vorsicht ist bei sehr kalkhaltigem Wasser geboten. Denn da kann sich sogenannte Kalkseife bilden, die die Waschleistung der Seife mindert. Das äußert sich dann in strähnigem Haar und dem Gefühl, die Haare nicht ganz sauber bekommen zu haben.

»Saure Rinse« gegen sprödes Haar

Um spröden Haaren entgegenzuwirken, sollten Sie eine »saure Rinse« verwenden. Dafür wird Essig oder Zitronensäure mit Wasser vermischt und nach dem Waschen im Haar verteilt. Für den guten Geruch können Sie noch ein paar Tropfen ätherische Öle hinzufügen. Die saure Riese wirkt adstringierend, das heißt zusammenziehend, und schließt die Schuppenschicht des Haares, die durch den basischen ph-Wert der Seife stärker aufquillt als durch herkömmliches Shampoo, und wirkt wie eine Haarspülung. Die Haare werden glatter und kämmbarer. Keine Angst: Das Haar riecht danach nicht nach Essig. Sobald die Haare trocken sind, ist auch der Geruch wieder weg. Ich habe die »saure Rinse« in ein kleines Sprühfläschchen gegeben und sprühe es nach dem Waschen auf die Haare. Milder Apfelessig ist dafür recht gut geeignet.

Für Selbermacher: *Festes Shampoo*

Ein festes Shampoo ist relativ leicht selbst herzustellen, da die Zutaten einfach zusammengerührt und in Form gepresst werden. Danach muss es nur ein paar Tage trocknen und ist dann einsatzbereit.

Zutaten:

90 g Sheabutter

*200 g SCS (Sodium Coco Sulfate) ist ein anionisches Tensid,
das aus dem Kokosfett gewonnen und in der Naturkosmetik
eingesetzt wird.*

200 g Maisstärke

*10 – 20 Tropfen ätherisches Öl (zum Beispiel Lavendelöl, Mandelöl
oder Nachtkerzenöl, gerne auch mehrere)*

Zubereitung:
Sheabutter im Wasserbad schmelzen. Die anderen Zutaten mit der
Sheabutter vorsichtig verkneten, da das Pulver sehr stauben kann,
und in eine Form drücken. 7 Tage bei Raumtemperatur trocknen
lassen. Auf der Heizung dauert es 2 Tage und im Ofen bei maximal
50 Grad 2 Stunden und dann noch einen Tag ohne Form.

Für Experimentierfreudige: *Roggenmehl oder gar kein Shampoo mehr (No-Poo)*

An diesen Methoden scheiden sich die Geister. Ich habe so viele unterschiedliche Aussagen dazu gehört, von supertoll bis geht gar nicht.
Es ist sicher etwas gewöhnungsbedürftig, doch es funktioniert gut!

Wie funktioniert's?

2 – 4 EL (gesiebtes) Roggenmehl (je nach Haarlänge) mit etwa der
doppelten Menge lauwarmem Wasser und einem Schneebesen verrühren bis sich eine homogene Konsistenz entsteht. Alternativ kann
man das Shampoo auch in einem Shaker oder einen Schraubglas
verschütteln. Zum Waschen wird die Masse gleichmäßig im nassen
Haar verteilt, dabei die Strähnen nicht zu sehr durcheinanderbrin-
gen. So lange einmassieren bis sich ein quetschendes Geräusch er-
gibt, dann ausspülen.

Der Vorteil von Roggenmehl ist, dass es keine Tenside enthält, die das Haar austrocknen können. Das Haar wird dadurch gereinigt und nicht entfettet. Dies führt dazu, dass das Haar mit der Zeit immer langsamer nachfettet. Zudem enthält Roggenmehl viele Mineralstoffe, Aminosäuren und Vitamine, die das Haar pflegen. Begeisterte Roggenmehl-Anwender berichten, dass ihre Haare deutlich mehr Volumen haben und sich viel griffiger anfühlen. Andere Mehlarten enthalten übrigens sehr viel Gluten. Würden Sie zum Beispiel Weizenmehl verwenden, hätten Sie eine teigartige Substanz auf dem Kopf, die sich nicht mehr entfernen ließe.

Trockenshampoo

Mit Heilerde und Maisstärke kann man überschüssigem Fett zwischen den Haarwäschen zu Leibe rücken. Für dieses sogenannte Trockenshampoo benötigt man eine talgabsorbierende Zutat wie Stärke, gerne Maisstärke, oder ein Silikat wie Heilerde. Maisstärke allein ist eher etwas für helle Haare, wogegen Heilerde dunkler ist. Es gibt auch Tipps, bei dunklem Haar der Maisstärke Kakaopulver zuzufügen. Am besten einfach ausprobieren. Sie können außerdem Natron zufügen, das absorbiert zusätzlich Gerüche.

Zutaten:

3 EL Kartoffel- oder Maisstärke

1–2 TL Kakaopulver

1–2 TL Natron

Zubereitung:

Die Zutaten sieben und in einem Schraubglas verschütteln. Das Pulver können Sie leicht auf die Haare streuen, indem Sie einen Deckel mit Löchern versehen. Alternativ geht auch ein Pinsel, mit dem die

Mischung auf die Haare aufgetragen wird. Oder Sie massieren das Pulver über der Badewanne in den Haaransatz ein. Dabei dunkle Kleidung mit einem Handtuch schützen.

Die No-Poo-Methode

Bei meinen Recherchen über das Haarewaschen ohne Plastik bin ich irgendwann auf die No-Poo-Methode gestoßen und habe fasziniert in einem Blog gelesen, wie sich Menschen nur noch mit Wasser die Haare waschen. Wenn man sein ganzes Leben lang gewohnt ist, dass die Haare nur mit Schaum schön werden, dann erscheint dieser Schritt doch ganz schön extrem. Aber: Es geht ja vor allem darum Schmutz, Gerüche und Fett aus dem Haar zu bekommen. Den Fettgehalt der Haare hat man durch die viele Haarwäschen mit Tensiden zum Großteil selbst verursacht. Wer also keine Tenside benutzt, hat dementsprechend auch weniger Probleme mit fettigen Haaren.

Bei der No-Poo-Methode werden die Haare nur mit Wasser nass gemacht, um groben Schmutz zu entfernen. Sicherlich ist es gerade anfangs hilfreich, Trockenshampoo zu benutzen, um überschüssiges Fett zu eliminieren. Grundsätzlich ist es gut, die Haare regelmäßig zu kämmen. Auf diese Weise wird bei trockenen Haaren, der Talg aus der Kopfhaut gleichmäßig im Haar verteilt, sodass es weniger brüchig wird. Am besten nehmen Sie dazu Bürsten aus Naturmaterialien. Hersteller wie Kostkamm bieten Bürsten für unterschiedliche Zwecke aus Birnenholz, Buche oder Olivenholz an. Die Borsten sind aus Wildschwein, Hausschwein oder vegan aus Sisal.

Kamm und Bürste

Auch beim Bürsten und Kämmen sind Produkte aus Plastik vorherrschend. Ich selbst benutze wegen meiner Locken schon lange einen grobzahnigen Kamm. Die Jungs kämmen sich eigentlich gar nicht, und auch mein Mann braucht für sein Haar nur die Finger. Aus den Babyzeiten hatten wir noch eine Holzbürste mit Naturborsten, aber das war's auch schon.

Doch als ich mich mit plastikfreier Haarpflege beschäftigt habe, fand ich einige regionale Hersteller, die tolle Bürsten und Kämme anbieten, und das sogar vegan, also mit Sisal-, Holz- oder Bambusborsten. Ansonsten gibt es weiche Ziegenhaar-Borsten für Babys, Rosshaar-Borsten für Kleinkinder oder Wildschwein-Borsten für die Großen.

Warum ist das Bürsten wichtig? Unsere Kopfhaut ist es durch das häufige Waschen gewöhnt, Talg zu produzieren. Wenn wir diesen Talg durch das Bürsten bis in die Spitzen verteilen, dann freuen sich die Haare. Gerade wer die No-Poo-Methode verwendet, schafft es so, die Haare optimal zu pflegen.

Accessoires fürs Haar

Über Haargummi und Haarspangen habe ich mir früher wenig Gedanken gemacht. Waren mal wieder alle verschwunden oder kaputt, ging ich in den nächsten Supermarkt und holte mir neue. Mit dem plastikfreien Blick sehe ich das heute allerdings anders. Nun weiß ich, dass Haargummis und Spangen grundsätzlich aus Kunststoff sind. Doch auch hierzu gibt es mittlerweile gute Alternativen.

Für Eilige: *Haargummi aus Baumwolle*

Eine fast plastikfreie Alternative ist beispielsweise der Fair-Haargummi von Degree Clothing. Er besteht aus 90 Prozent Bio-Baumwolle und zehn Prozent Elasthan und wird in Augsburg gefertigt. Aus den USA kommt der Kooshoo-Haargummi, der aus 75 Prozent Bio-Baumwolle und 25 Prozent Naturkautschuk gefertigt ist.

Auch Haarklammern sind meist aus Kunststoff. Alternativ gibt es Haarspangen aus dem biobasierten Kunststoff Zelluloseacetat, die allerdings auch ihren Preis haben. Alternativ kann man auf Haarspangen oder Haarkämme zurückgreifen, die aus Holz, Metall oder Horn zu bekommen sind.

Für Upcycler: *Alte Socken*
Wohin mit löchrigen Socken? Eine gute Idee ist es, die Socke in Ringe zu schneiden und sie dann als Haargummi zu verwenden.

Hautpflege ohne Plastik

Die meisten Frauen haben unzählige Flaschen und Tiegelchen voller Wundercremes in ihrem Bad stehen. Auch Männer sorgen sich zunehmend um ihre Haut und pflegen sie mit Cremes und Lotion.

Über die Jahre habe ich unterschiedliche Sachen ausprobiert, war aber wegen meiner empfindlichen Haut schon seit langem eher sparsam beim Cremen. Denn je mehr man cremt, umso mehr verlangt die Haut danach. Die Haut ist es gewohnt, sich selbst zu regulieren, und solange man sie nicht über Gebühr strapaziert, kommt sie ganz gut alleine klar. Also gab es bei mir keine großen Vorräte an Cremes, die es aufzubrauchen galt. Schwierig war es nur, keine neuen zu bekommen. Denn Schönheitsprodukte sind ein willkommenes und gut gemeintes Geschenk, wenn man zum Geburtstag einlädt.

Naturkosmetik statt Mikroplastik

Allergieauslösende Zusatzstoffe in Kosmetik sind schon lange ein Thema, Mikroplastik wird derzeit heiß diskutiert: Winzig kleine Partikel, die Haaren Volumen geben, Falten glätten oder Hautschüppchen abreiben sollen, sind in vielen Kosmetikprodukten enthalten. Diese preisgünstigen Füllstoffe haben ungeklärte Auswirkungen auf Mensch und Natur. Klar ist: Sie sind so klein, dass sie nicht aus dem Abwasser gefiltert werden können. Solange noch kein Verbot besteht, entkommt man dieser Teilchen am besten, indem man Naturkosmetik verwendet.

Für Eilige: *Cremes im Glas oder feste Cremes*

Der erste Schritt, um Plastik aus dem Badezimmer zu verbannen, ist der Umstieg auf Produkte im Glas. Vor allem Naturkosmetik ist häufig im Glas verpackt. So können auch keine Stoffe vom Plastik auf das Produkt übergehen. Zudem kann man sich sicher sein, dass keine ominösen Inhaltsstoffe – allen voran Mikroplastik – im Produkt enthalten sind. Wer keine Cremes in Glastiegeln bekommt, kann einfach auf Öl umsteigen. Das ist immer in Flaschen verpackt. Alternativ gibt es feste Pflegeprodukte, bei denen Bienenwachs für Konsistenz sorgt, beispielsweise von Stapeler Kräuterfeld (stapeler-kraeuterfeld.de)

Für Selbermacher: *Einfache Grundzutaten*

Selbermachen von Kosmetikprodukten? Das hört sich aufwändiger an, als es ist. Mit ein paar einfachen Zutaten kann man schöne Pflegecremes selbst herstellen. Als Grundzutaten dienen zum Beispiel Kokos- oder Olivenöl, Sheabutter und ätherische Öle. Ich habe ganz gute Erfahrung mit einer Bodylotion gemacht, die ich auftrage, wenn es mal wieder trockene Stellen am Körper gibt. Sie besteht nur aus zwei Zutaten: Pflanzenöl (Kokos- oder Olivenöl) und Aloe-vera-Gel (möglichst ohne Zusatzstoffe). Beides zu gleichen Teilen in einen

Mixbecher geben und auf höchster Stufe so lange fein schlagen, bis sich eine gleichmäßige Creme gebildet hat. Mit Kokosöl wird die Lotion besonders cremig und bleibt so, wenn sie bei einer Temperatur von unter 20 Grad gelagert wird. Das Aloe-vera-Gel ist kühlend und macht die Haut elastisch. Es wirkt entzündungshemmend und antibakteriell und hilft daher auch bei Hautkrankheiten wie Schuppenflechte.

Feste Körperbutter

Zutaten:

50 g Sheabutter

40 g Kokos- oder Olivenöl

40 g Bienenwachs

Optional:

1 TL Vitamin E

10 Tropfen ätherisches Öl

Zubereitung:
Kokos- oder Olivenöl, Sheabutter und Bienenwachs im Wasserbad unter Rühren schmelzen. Etwas abkühlen lassen und dann nach Wunsch Vitamin E und das ätherische Öl zugeben. Die Masse in kleine Förmchen geben. Dazu eignen sich Seifenförmchen, Eiswürfelbereiter oder Muffinformen. Wenn die Lotion fest geworden ist, herausnehmen und am besten in einem Glas aufbewahren.

Wer auf dem Geschmack gekommen ist, findet im Netz viele Anleitungen, um Kosmetik selbst zu machen. In Läden wie Spinnrad oder der Hobbythek finden Sie die Grundzutaten, um in dieses Hobby einzusteigen.

Deo

Die meisten Deos befinden sich in Plastikbehältern, und viele Mittel sind durch ihren Gehalt an Aluminiumsalzen mittlerweile verpönt. Doch auch hier gibt es zahlreiche Alternativen, die ohne Plastik und ohne Aluminium auskommen.

INFO

Aluminiumsalze im Deo – Was steckt dahinter?

Deos mit dem Zusatz »48-Stunden-Schutz« oder ähnlichen Attributen heißen Antitranspirantien. Die enthaltenen Aluminiumsalze hemmen den Schweiß, indem sie die Poren zusammenziehen. Aluminium verstopft also unsere Schweißporen. Der Schweiß wird gestaut, wodurch Hautreizungen oder Juckreiz entstehen können. Über verletzte Stellen, beispielsweise nach dem Rasieren, kann Aluminium in den Körper gelangen. Da Aluminium als nervenschädigend gilt und im Verdacht steht, sich negativ auf die Fruchtbarkeit sowie Kinder im Mutterleib auszuwirken, wird immer wieder davor gewarnt. Auch Brustkrebs oder Alzheimer wird mit dem Stoff in Verbindung gebracht, allerdings gibt es dazu keine relevanten Studienergebnisse. Dennoch hält das eher konservative Bundesamt für Risikobewertung (BfR) in einer Stellungnahme von Februar 2014 eine »gesundheitliche Beeinträchtigung bei der Verwendung von einem aluminiumhaltigen Antitranspirant« zumindest für »möglich«.

Für Eilige: *Plastikfrei kaufen*

Wer also Plastik und Aluminium vermeiden möchte, steht vor großen Herausforderungen. Grundsätzlich ist auch hier ein Blick in die Naturkosmetikabteilung angebracht. Dies war auch mein erster Weg. Und tatsächlich wurde ich schnell fündig. Es gibt einige Deoroller oder Sprühflaschen, die in Glas verpackt sind. Ich habe mit einem Zitrusspray von Weleda angefangen, das wunderbar frisch riecht.

Deocremes

In Blogs und bei Diskussionen über Deo-Alternativen bin ich auf Deocremes gestoßen. Diese kann man in vielen Online-Shops von Manufakturen erwerben, die häufig auch Seifen oder andere Kosmetik herstellen. Das Deo mit dem Finger aufzutragen ist zunächst etwas gewöhnungsbedürftig, doch nicht anders, als sich einzucremen. Das Cremedeo wird auf Basis von Kokosöl, Sheabutter und anderen hochwertigen Ölen hergestellt, für die Geruchsbindung ist Natron verantwortlich.

Für Selbermacher: *Eigenes Deo kreieren*

Die Basis für ein Deo ist Natron, das die Gerüche bindet. Dazu benötigt man noch eine Trägersubstanz, also ein Öl. Dafür eignet sich Kokosöl, Sheabutter oder Kakaobutter. Wer Duft möchte, kann ein ätherisches Öl möglichst in Bioqualität verwenden. So kann man sicher sein, dass keine bedenklichen Stoffe an die Haut kommen. Allerdings wird durch das Deo die Schweißproduktion allenfalls leicht gehemmt. Durch die normale Temperaturregulierung unseres Körpers schwitzen wir dennoch, es entsteht aber kein Geruch, da Kokosöl und Natron die Bakterien, die für den Schweißgeruch verantwortlich sind, regulieren.

Einfache Deocreme:

Zutaten:

5 TL Kokosöl

3 TL Natron

3 TL Speisestärke

Optional:

5 Tropfen ätherisches Öl

Zubereitung:

Das Kokosöl zum Schmelzen bringen, Natron und Speisestärke hineingeben und so lange rühren, bis sich alles aufgelöst hat. Wer gerne ein bisschen Duft hat, gibt einfach ein paar Tropfen ätherischen Öls dazu. Alles in ein Schraubglas füllen und abkühlen lassen.

Anwendung: Einfach mit dem Finger in den Achselhöhlen verteilen. Durch das Kokosöl ist es besonders pflegend und kann auch nach einer Rasur verwendet werden. Bei empfindlicher Haut kann das Natron etwas brennen.

 Fester wird es, wenn man 1 – 2 TL Shea- oder Kakaobutter hineinrührt oder die Menge an Natron oder Speisestärke etwas erhöht.

Dekorative Kosmetik / Abschminken

Ganz ohne Plastik geht es dabei sicherlich nicht. Da ich selbst nur wenig und auch nicht immer geschminkt bin, ist das Plastikaufkommen bei mir selbst nicht besonders hoch. Seit Jahren schlummern in meinem Schrank ein Puder, ein Rouge und ein paar Lidschatten. Einzig ein paar Kajalstifte werden regelmäßig benutzt, und die sind ja glücklicherweise aus Holz. Mascara habe ich gänzlich aufgegeben, weil es mich nervte, dass ich immer aufpassen musste, nicht an den Augen zu reiben. Da ich eine tolle ganzheitliche Kosmetikerin habe, lasse ich nun regelmäßig die Wimpern mit Naturfarbe färben. Das erspart mir einen Schminkschritt.

Für Eilige: *Aus Holz oder unverpackt kaufen*
Kajalstift aus Holz kaufen. Es gibt auch Stifte, die flächendeckend als Lidschatten verwendet werden können. Komplett verpackungsfrei und mit natürlichen Inhaltsstoffen bietet die CremeKampagne aus Berlin Lippenstifte und Lippenbalsam an (zu beziehen über Monomeer). Der Kosmetikhersteller Lush hat Highlight, Concealer und Foundation in fester Form im Angebot. Sie sind zwar ohne Tierversuche entwickelt, doch leider handelt es sich nicht um Naturkosmetik, sodass auch dort Zusatzstoffe aus Kunststoff verborgen sein könnten. Einige Naturkosmetikhersteller haben auch Puder und Rouge im Glas (zum Beispiel Lily Lolo).

Für Selbermacher: *Rouge und Puder mischen*
Natürlich kann man bei dekorativer Kosmetik einiges selbst machen. Zum Beispiel Mascara mit Aktivkohle, für Puder und Rouge braucht man Ton- und Heilerde oder Stärke. Für die Farbe nimmt man etwas Rote-Bete-Pulver oder andere Gemüsepulver.

Für Puder:

1 EL Heilerde mit 1 TL gemahlener weißer Tonerde in einem Glas mischen.

- -

Für Rouge:

1 EL Heilerde mit 1 TL gemahlener Tonerde und 1 TL Rote-Bete-Pulver in einem Glas mischen. Je nach Farbton etwas Kakaopulver hinzufügen.

- -

Pinsel zum Auftragen gibt es plastikfrei mit Naturborsten von Bürstenherstellern wie zum Beispiel Kostkamm.

Make-up-Entferner

Beim Abschminken gibt es allerhand plastikfreie Tricks. Lidschatten, Rouge und Make-up lassen sich ganz einfach mit Öl entfernen. Das ist außerdem chemiefrei und nicht allergen. Herkömmliche Gesichtsreinigungsprodukte ziehen den nützlichen Talg aus den Poren, der als natürliches antibakterielles Mittel unerwünschte Erreger abhält. Hier hilft das Allzwecköl Kokos bei der Reinigung, doch auch die heimischen Öle wie Raps oder Sonnenblume entfernen Schminkreste und haben ökologisch gesehen einen Heimvorteil.

Wattepads

Zum Abschminken oder zum Reinigen der Haut sind Wattepads eine praktische Sache. Doch sie sind in Plastik verpackt und produzieren eine Menge Müll.

Für Eilige: *Wiederverwendbare Baumwollpads*

Mittlerweile gibt es viele Anbieter, die runde Pads aus Baumwolle oder Bambus anbieten. Sie sind waschbar und halten ewig. Alternativ tut es auch ein ganz normaler Waschlappen oder ein anderes waschbares Baumwoll-Reinigungstuch.

Für Selbermacher: *Abschminkpads nähen oder häckeln*

Wer möchte, kann sich praktische Abschminkpads selber nähen oder häkeln. Aus alten Frotteehandtüchern oder einem saugfähigen Baumwollstoff pro Pad zwei Kreise ausschneiden (ca. 10 cm Durchmesser), aufeinanderlegen und am Rand im Zickzackstich absteppen. Überschüssige Fäden abschneiden, und fertig ist ein Pad.

Anleitungen finden Sie im Netz, zum Beispiel unter: green-bird. at/2015/04/diy-abschminkpads-selber-nahen.html

Wer lieber häkelt, kann mit ein bisschen Baumwollfaden in vier Runden ein Pad selbst machen.

Benötigt werden:

Häkelnadel Nr. 4 oder 5

Nadel zum Vernähen

Baumwollgarn für Nadelstärke 4 oder 5

Umsetzung:
1. Runde: 4 Luftmaschen (LM) häkeln, mit einer Kettmasche (KM) zum Ring schließen
2. Runde: 10 feste Maschen (FM) in den Ring häkeln, dann 1 KM
3. Runde: 2 LM und 1 halbes Stäbchen (HbSt) häkeln, dann in jede Masche der Vorrunde 2 HbSt, dann 1 KM
4. Runde: 2 LM und 1 Stächen (Stb) häkeln, dann abwechselnd 1 Stb und 2 Stb in jede Masche der Vorrunde, dann 1KM.
Faden abschneiden und vernähen.

Auch hier finden sich zahlreiche Anleitungen im Netz: zum Beispiel unter smarticular.net/kosmetikpads-haekeln-wiederverwendbar-waschbar-selbermachen/

Hygieneprodukte

Wattestäbchen

Wattestäbchen mit Plastikanteil gehören nach der Entscheidung der EU nun bald der Vergangenheit an. Warum eigentlich ausgerechnet Wattestäbchen, habe ich mich gefragt? Sie sollten ja eigentlich gar nicht zum Ohrreinigen verwendet werden, da sie das Ohr eher verstopfen als sauber machen. Und wer sie doch verwendet, schmeißt sie danach in den Restmüll, oder? Offensichtlich nicht! Denn die EU bezieht sich beim Verbot von Einwegplastik auf den Müll, der an europäischen Stränden gefunden wurde, und da haben Wattestäbchen einen relevanten Anteil.

Für Eilige: *Wattestächen aus Baumwolle*

Es gibt mittlerweile Wattestäbchen, die komplett aus Baumwolle sind. Diese gibt es in Drogerien, Bioläden oder bei alternativen Produzenten von plastikfreien Produkten wie Hydrophil, die sogar welche aus Bambus anbieten. Diese Stäbchen können dann komplett im Biomüll entsorgt werden. Alternativ dazu gibt es professionelle Ohrenreiniger aus Edelstahl oder Holz.

Für Puristen: *Ohrenreiniger aus Metall*

Ohrenärzte raten sogar davon ab, das Ohrenschmalz zu entfernen. Stattdessen sollte man besser mit einem feuchten Tuch, Schmutz aus der Ohrmuschel wischen.

Toilettenpapier

Die Frage nach plastikfreien Toilettenpapier wird mir häufig gestellt. Eine Zeitlang gab es Recycling-Toilettenpapier in einer Papierverpackung. Der Hersteller verpackt es jedoch heute in Plastik. Begründung: So wird gewährleistet, dass das Papier trocken bleibt.

Für Eilige: *Einzelblätter oder Großpackung*

Einzelblatt-Toilettenpapier gibt es in Großpackungen, die jeweils in Papier eingeschlagen sind. Diese Blätter im Bad in ein Körbchen legen oder sich einen Einzelblatt-Spender aus Edelstahl besorgen.

Doch auch Klopapierrollen gibt es ohne Plastikverpackung. Bisher allerdings nur von der Marke Satino Black aus den Niederlanden. Die Rolle ist etwa dreimal so groß wie eine herkömmliche. Viele Unverpackt-Läden verkaufen sie einzeln. Wer sie bestellt, bekommt sie in einem Karton mit 24 Rollen und ist damit für lange Zeit gut ausgestattet. Allerdings funktionieren diese Rollen aufgrund ihrer Dicke nur bei Toilettenpapierhaltern ohne Deckel.

Eine weitere Alternative ist Toilettenpapier von Smooth Panda aus Bambus, das in einem Karton verpackt wird. Bambus hat den Vorteil, dass die Pflanze schnell wächst und anspruchslos ist. Doch das Toilettenpapier ist aus Frischfaser und wird aus den Anbaugebieten in China um die halbe Welt transportiert. Da muss man abwägen, ob die Plastikverpackung von Recycling-Toilettenpapier nicht unterm Strich ökologischer ist.

Hygienepapier aus Recyclingfasern kaufen

Die Deutschen verbrauchen im Jahr pro Kopf 18 Kilogramm Hygienepapier, das nach einmaligem Gebrauch in der Kanalisation oder im Abfall landet. Daher macht es Sinn, Recyclingpapier zu kaufen. Es wird aus Altpapier hergestellt, das nicht mehr für Druckerpapier geeignet erscheint. Achten Sie beim Kauf auf den Blauen Engel, so können Sie sicher sein, dass das Papier auch nach nachhaltigen Kriterien gefertigt wurde. Mittlerweile gibt es auch flauschig-weiches Toilettenpapier aus Recyclingfasern, das sich bestens für diesen Zweck eignet.

Für Experimentierfreudige: *Waschtücher nutzen*

Gar kein Papier braucht man, wenn man stattdessen waschbare Tücher benutzt. In vielen Ländern ist es ganz normal, sich zu waschen, statt Toilettenpapier zu verwenden. Die in Frankreich üblichen Bidets sind eine sinnvolle Alternative zu dem massenhaften Klopapierverbrauch. Ebenso hilfreich ist eine Popodusche, die es transportabel auch für unterwegs gibt oder neben oder in der Toilette fest installiert werden kann.

Taschentücher

Bekommen Sie auch immer ein Päckchen Taschentücher in der Apotheke geschenkt? Seit ich ohne Plastik lebe, lehne ich dieses – wie so viele andere – kategorisch ab. Es gibt genügend Alternativen.

Für Eilige: *Taschentücher aus der Pappbox*

Taschentücher gibt es einzeln zu entnehmen in der Pappbox – natürlich auch beides in Recyclingqualität. Für unterwegs eignet sich ein passendes Döschen oder Stofftäschchen, in dem die Tücher sicher untergebracht sind. Ich habe zufällig auf einem DIY-Markt eines bekommen, das ich seitdem benutze. Auch hier gibt es von Smooth Panda eine Alternative aus Bambus. Mit dazu gibt es ein passendes Döschen, in dem die Taschentücher unterwegs sauber bleiben.

Für Ressourcenschoner: *Stofftaschentücher*

Haben Sie auch noch eine Schublade voller schön bestickter Stofftaschentücher Ihrer Großeltern? Wenn ja, dann ist jetzt ein guter Zeitpunkt, diese wieder hervorzuholen. Wenn nein, dann auf in den nächsten Second-Hand-Laden und dort welche besorgen. Nicht hygienisch genug? Darüber kann man sicher diskutieren. Ihr Stofftaschentuch benutzen nur Sie, und daher sind auch nur Ihre Keime darin. Nach dem Nutzen werden Taschentücher bei 60 Grad wieder sauber. Zudem leiden Nasen und die Haut drum herum bei einem richtigen Schnupfen weniger und werden nicht so rot wie bei Papiertaschentüchern. Stofftaschentücher neu zu kaufen ist ebenfalls eine Option. Schließlich handelt es sich um eine Anschaffung fürs Leben. Schön weiche gibt es beispielsweise von Kulmine.

Monatshygiene

Im Intimbereich auf Plastik zu verzichten ist eine gute Sache. Leider sind künstliche Stoffe in herkömmlichen Tampons weit verbreitet. Neben Viskose (einer halbsynthetischen Chemiefaser) findet man teilweise unter anderem auch Klebstoffe, Tenside, Färbemittel oder Rückstände von Chlor darin. Herkömmliche Damenbinden aus dem Drogeriemarkt bestehen oftmals zu einem hohen Anteil aus Kunststoffen, die nicht selten bei sensibler Haut zu Hautreizungen führen können. Darüber hinaus verursachen diese Produkte viel Müll und kosten langfristig viel Geld.

Für Eilige: *Binden und Tampons ohne Plastik*

Monatshygiene ohne Plastik aus Bio-Baumwolle gibt es von der englischen Firma Natracare. Sowohl Binden als auch Tampons sind aus zertifizierter Bio-Baumwolle, ökologisch zertifiziertem Zellstoff, Pflanzenstärke sowie schadstofffreiem Klebstoff. Die Baumwolle ist chlorfrei gebleicht, unparfümiert und ungefärbt. Damit könnten die Binden sogar kompostiert werden. Die Binden haben einen absorptionsfähigen Zellulosekern, der Feuchtigkeit bindet.

Für Ressourcenschoner: *Waschbare Binden/Slipeinlagen*

Waschbare Stoffbinden oder Slipeinlagen bestehen aus naturbelassener Baumwolle (Flanell) und haben einen Kern aus saugfähigem Molton. Es gibt aber auch Binden mit einer Nässeschutzschicht im Inneren aus PUL (Polyurethan Laminated), also Kunststoff. Dies kann zu einem Nässestau und einem feuchten Milieu führen. Beim Kauf also unbedingt darauf achten, dass kein PUL enthalten ist. Auch hier gibt es gute Einlagen von Kulmine.

Für Motivierte: *Menstruationstasse*

Schon vor Jahren bin ich zufällig auf die Menstruationstasse gestoßen. Das ist ein Becher, der das Monatsblut gleich im Inneren auffängt. Als ich vor acht Jahren damit anfing, gab es nur im Internet oder in der Apotheke solche Tassen zu kaufen. Heute bieten die Drogeriemärkte sie ebenfalls an. Anfangs ist es gewöhnungsbedürftig, die Tasse richtig einzusetzen. Sie muss gefaltet werden und dann gut über den Muttermund angepasst sein. Das erfordert ein bisschen Übung, doch wenn man den Kniff einmal raushat, funktioniert es tadellos. Der Vorteil: nie mehr Tampons kaufen und nie mehr Panik, Tampons oder Binden zu vergessen. Einfach in der Toilette ausleeren, auswaschen und neu einsetzen. Je nach Volumen muss man sie nur alle zwölf Stunden entleeren.

Es gibt Menstruationstassen aus Latex, medizinischem Silikon oder dem Kunststoff TPE. Bis zu zehn Jahre kann man eine Tasse verwenden. Nach der Periode wird die Tasse in heißem Wasser ausgekocht und ist sofort wieder einsatzbereit. Eine Menge Geld spart man darüber hinaus, eine Tasse kostet ca. 25 Euro. Es gibt verschiedene Arten der Menstruationstassen, über die unterschiedliche Webseiten informieren (z.B. tassenfinder.de).

TIPP Etwas Gutes kann man tun, wenn man einen RubyCup erwirbt. Denn bei diesem Hersteller wird für jede verkaufte Tasse eine in ein Entwicklungsland gespendet. In Afrika müssen die Mädchen während ihrer Periode oft zu Hause bleiben, da sie keine Möglichkeiten haben, das Monatsblut aufzufangen. Mit einer Menstruationstasse gehört dieses Problem der Vergangenheit an.

Menstruationsschwämmchen / Levantiner Schwamm

Ähnlich wie ein Tampon, aber wiederverwendbar, funktioniert das Menstruationsschwämmchen. Es ist ein Naturprodukt, das im Meer vor der levantischen Küste ökologisch nachhaltig gepflückt wird. Schon seit Jahrhunderten verwenden Frauen dieses praktische Schwämmchen. Je nach Stärke der Blutung muss der Levantiner Schwamm alle paar Stunden ausgewaschen werden.

Für Experimentierfreudige: *Freie Menstruation*

Wie bei so vielem anderem, gibt es eine Rückbesinnung auf das Natürliche. Und das heißt in diesem Fall »freie Menstruation«. Dabei wird das Monatsblut kontrolliert auf der Toilette »abgelassen« in dem der Beckenboden entspannt wird. Dies erfordert sicherlich ein ziemlich aufwändiges Training, bis man so weit ist. Ich finde die Methode interessant, konnte mich bisher allerdings nicht dazu aufraffen, es auszuprobieren. Im Internet gibt es allerhand Anleitungen und Erfahrungsberichte.

Rasieren ohne Plastik

Die Haarentfernung ist meist eine plastikreiche Angelegenheit: Es gibt Einwegrasierer oder Rasierer mit einer austauschbaren Plastikklinge. In beiden Fällen fällt viel Plastikmüll an, ebenso beim Rasierschaum. Dabei gibt es relativ gute, müllfreie und auch unterm Strich günstigere Methoden.

Für Eilige: *Rassierhobel*

Eine stylische Methode ist der gute alte Rasierhobel zur Nassrasur. Der rückt Haaren an allen Stellen und in allen Längen zu Leibe und kommt quasi ohne Müll aus. Denn die Klinge wird in Papier eingeschlagen und kann als Weißblech entsorgt werden.

Für Mutige: *Rasiermesser*

Mit etwas Fingerspitzengefühl und Übung ist ein Rasiermesser eine absolut plastik- und müllfreie Variante fürs Rasieren. Die Klinge muss nie ausgewechselt, lediglich ab und zu geschärft werden. Wer sich so traditionell rasieren möchte, muss wohl etwas Zeit fürs Üben aufwenden.

Für Gründliche: *Heißwachs oder Zuckerpaste*

Mit Heißwachs oder einer Zuckerpaste können ungewünschte Haare über längere Zeit entfernt werden. Wer es selbst macht, muss ein bisschen üben. Doch man kann sich auch in die Hände einer Kosmetikerin begeben. Wer das Wachs häufiger einsetzt, wird feststellen, dass die Haare mit der Zeit weniger werden. Eine dauerhafte Haarentfernung ist mit Methoden wie der IPL (Intense Pulse Light) oder der Laserepilation möglich.

Rasierschaum

Für Eilige: *Rasierseife*

Verwenden Sie Olivenöl- oder Rasierseife. Einfach mit dem Pinsel aufschäumen und auftragen.

Für Selbermacher: *Rasiercreme anrühren*

Wer gerne eine Rasiercreme hätte, kann sie auch selbst herstellen.

2 EL Kokosöl, 1 TL Sheabutter und 1 TL Mandelöl im Wasserbad schmelzen und vermengen. Etwas schaumiger wird es, wenn man die Masse mit dem Handrührgerät locker aufschlägt. Die fertige Creme in einem Schraubglas aufbewahren.

Kapitel 8

Wohnen ohne Plastik

Plastikfallen zu Hause

- Zubehör aus Plastik (Besteckkästen, Wäschekörbe, Kleiderbügel, Ordnungssysteme)
- Bettdecken, Bettwäsche aus Mikrofaser
- Bodenbeläge aus PVC oder Kunststoffteppiche, die mit Kunststoffleim verklebt sind
- Möbel
- Heimtextilien
- Haushaltsgeräte
- Farben und Lacke

Kurz nachdem ich meinen Blog »Grüner wird's nimmer« gestartet habe, kam die Anfrage unserer Heimatzeitung nach einem Interview. Ich sollte erzählen, wie es so ist, ohne Plastik zu leben. Natürlich gehörte auch ein Foto zu dem Bericht, der sich über eine dreiviertel Seite ausdehnte. Auf diesem Bild war im Hintergrund eine Stehlampe mit Plastikschirm zu sehen. Als der Artikel in den sozialen Medien promotet wurde, dauerte es nicht lange, bis jemand diesen Schirm entdeckte und sich darüber aufregte. »Wie kann es sein, dass jemand ohne Plastik lebt und dann einen Plastikgegenstand im Haus hat?« Es gibt immer Leute, die das Haar in der Suppe finden.

Doch in diesem Fall fehlte diesem Menschen der Rundumblick. Unseren Haushalt führen wir schon seit Jahren, lange bevor wir uns mit dem Thema Plastik und seine Auswirkungen beschäftigten. Und natürlich haben wir aus dieser Zeit viele Gegenstände aus Kunststoff. Die Frage ist: Was tun damit? Wegschmeißen und ersetzen? Das kostet Geld und wirft weitere Fragen auf, was mit den Gegenständen, die ich schon besitze, passieren soll? Wenn wir sie einfach wegwerfen, missachten wir die Ressourcen, die diese Dinge bei der Herstellung verbraucht haben.

Auch in unserem Haushalt gibt es moderne elektronische Geräte: Telefon, Fernseher, Computer und vieles mehr. Alles langlebige Gegenstände, bei deren Anschaffung wir auf Schadstofffreiheit und Ökologie achten. Denn beim Leben ohne Plastik geht es vor allem darum, Müll zu vermeiden und Ressourcen zu schonen. Viel zu lange haben wir als Gesellschaft den Konsum in den Mittelpunkt unseres Lebens gestellt und Dinge gekauft, nur weil wir es uns leisten können. Dabei ist uns der Blick auf das große Ganze etwas entglitten. Nämlich der, dass diese Ressourcen anderswo fehlen. Wir sollten uns besser fragen, ob wir die vielen Dinge wirklich brauchen. Ist das Leben nicht viel leichter, wenn wir uns auf die wesentlichen Dinge konzentrieren? Je weniger Dinge wir besitzen, desto weniger müssen wir uns um ihre Instandhaltung kümmern. Wir haben wieder mehr Zeit für Freunde, Familie und einfach nur uns selbst. Die Menge der Kunststoffgegenstände in unserem Haushalt hält sich in Grenzen. Wir haben schon immer Naturmaterialien wie Holz, Metall und Steingut bevorzugt. Dazu kommt, dass wir Vintage-Sachen mögen und daher einige Möbelstücke aus zweiter Hand in unserem Haus stehen. Es ist schon sehr faszinierend, wie man früher Möbel baute. Riesige Schränke oder Kommoden, die mit einem einfachen Stecksystem montiert und demontiert werden konnten. Anders als die moderne Variante sind diese Möbel aus Vollholz und fallen nicht nach dem dritten Auf- und Abbau auseinander.

Die meisten Gegenstände, die bei uns auf den Prüfstand kamen, waren Dinge, die mit Lebensmitteln in Berührung kommen oder im Alltag ständig in Gebrauch sind. Wenn wir Sachen neu kaufen, achten wir auf Naturmaterialien oder kaufen Gebrauchtes.

Einrichtung

Möbel

Möbel können Sie aus unbehandeltem und unlackiertem Vollholz (z.B. Grüne Erde) kaufen oder aus Pappe, zum Beispiel bei kurtl.com. Achten Sie dabei auf das FSC-Siegel, das für Holz aus nachhaltiger Forstwirtschaft steht. Gebrauchte Möbel kaufen hilft gegen unerwünschte Ausdünstungen von Lacken und Klebern.

Fußböden

Fußbodenbeläge sind häufig aus Kunststoff: PVC-Böden, Teppiche aus Kunstfasern oder Laminatböden. Beim Verlegen werden Kleber auf Kunststoffbasis verwendet, die im ungünstigsten Fall auch noch Schadstoffe ausdünsten. Stattdessen lieber auf geprüfte Naturprodukte setzen und auf natürliche, lösungsmittelfreie Produkte achten, wie zum Beispiel Naturkautschuk-Kleber.

Bauen und Renovieren

Kunststoffe sind in allen Bereichen des Baus allgegenwärtig und werden von den meisten Gewerken selbstverständlich verwendet. Suchen Sie sich daher einen nachhaltigen Baubetrieb. So vermeiden Sie, dass Sie plötzlich Styropor oder andere Kunststoffe im Haus wiederfinden. Auch bei Lichtschaltern, Steckdosen und anderen elektrischen Geräten gibt es Alternativen aus Holz oder Porzellan.

Farben und Lacke

Farben und Lacke tragen gleich zweifach zur Mikroplastik-Verschmutzung bei: Vielen Produkten werden in der Herstellung Kunststoffpartikel beigemischt, beispielsweise als Bindemittel, Verdickungsmittel oder um die Widerstandsfähigkeit zu erhöhen. Diese können bei der Anwendung oder zum Beispiel beim Auswaschen der Pinsel und Rollen freigesetzt werden.

Winzige Kunststoffpartikel werden Farben beispielsweise in Form von Acrylpolymeren, Polyamid oder Polyacrylnitril hinzugefügt. Das betrifft wasserbasierte Gebäudefarben für Wände und Decken. Ohne Plastik sind Farben aus Lehm, Kalk, Kasein oder Silikat (Mineralfarbe wie zum Bespiel von KEIM). Sie sollten immer darauf achten, dass Lacke auf Wasserbasis und lösungsmittelfrei sind und den Blauen Umweltengel tragen.

Wohnaccessoires ohne Plastik

Heimtextilien

Von Gardinen bis zum Duschvorhang gibt es viele Produkte aus Kunstfasern. Gerade Duschvorhänge aus PVC dünsten Weichmacher aus und sollten daher vermieden werden. Suchen Sie lieber einen aus gewachster Baumwolle oder gewachstem Leinen. Auch Gardinen und Vorhänge gibt es aus Baumwolle und Leinen zu kaufen. Im Zweifel: selber nähen oder nähen lassen.

Kerzen

Kerzen bestehen häufig entweder aus Erdöl (Paraffin) oder aus Palmöl (Stearin). Das sind Stoffe, die Sie meiden sollten. Stearin besteht grundsätzlich aus nachwachsenden pflanzlichen Rohstoffen. Veganer sollten auf die Deklaration achten, denn manchmal sind auch tierische Fette enthalten. Zudem wird häufig Palmöl benutzt. Gerade wenn keine weitere Deklaration zu finden ist, sollte man sie lieber stehen lassen. Eine Ausnahme kann man machen, wenn es sich um nachhaltigen Ölpalmenanbau handelt.

Für Eilige: *Alternative Kerzen*

Es gibt zahlreichen Alternativen für Paraffin-Kerzen. Absolut ressourcensparend sind Kerzen aus Biomasse. Das ist organisches Material aus Holz, Haus- oder Gartenabfällen. Außerdem gibt es Bienenwachskerzen, ein tolles, duftendes Naturprodukt, das seinen Preis hat. Alternativ und vegan sind auch Kerzen aus Sojawachs, Raps- oder Sonnenblumenöl, die von gentechnikfreien Pflanzen stammen sollten.

Kaufen Sie möglichst auch Teelichter ohne Aluminium-Umhüllung. So vermeiden Sie eine Menge Abfall. Teelichter können einfach in einem Glas- oder Edelstahlschälchen abbrennen.

Für Selbermacher: *Kerzen aus Öl oder Bienenwachs*

Natürlich kann man auch aus alten Kerzenresten neue Kerzen ziehen. Es geht aber auch mit gehärtetem Pflanzenfett wie zum Beispiel Kokosfett.

Dazu braucht man:

Leere Schraubgläser, möglichst hoch und schmal

Baumwollgarn für den Docht, möglichst etwas fester

1,5 bis 2 mm dicke Nägel oder Muttern als Gewicht

*Ungehärtetes Pflanzenfett wie einfaches Kokosfett
(es sollte bei Zimmertemperatur fest sein)*

Bienenwachs (gibt es preiswert von einem Imker oder online)

Reste alter Kerzen

So wird's gemacht:

▶ Etwa 40 cm vom Docht abschneiden und einen Nagel, eine Mutter oder etwas anderes, das schwer ist, an einem Ende festknoten

▶ Je nach Glasvolumen benötigte Menge Pflanzenfett abschätzen

▶ Bienenwachs abwiegen pro 100 g Fett werden ca. 15 – 20 g benötigt, damit die Kerzen nicht zu weich werden

▶ Beides zusammen langsam im Glas schmelzen, das in ein Wasserbad gestellt wird.

▶ Wenn eine Temperatur von ca. 70 – 80°C erreicht ist, Wachs und Fett in das Glas gießen und gut umrühren, damit sie sich vermischen.

▶ Docht mit dem Gewicht daran mittig im Glas versenken und das lose Ende um ein quer über das Glas gelegtes Stäbchen wickeln, damit der Docht in Position bleibt.

▶ Vollständig auskühlen lassen und den Docht bis auf 1,5 cm abschneiden.

INFO

Palmöl

Der Rohstoff Palmöl und sein Anbau in riesigen konventionellen Palmölplantagen hat viele negative Folgen für die Umwelt: Tropischer Regenwald wird abgeholzt, durch Brand gerodet und zerstört, die dortigen Tierarten ausgerottet und Urwaldvölker vertrieben. Die riesigen Ölpalmen-Monokulturen, die anschließend auf den gerodeten Flächen wachsen, gefährden die Biodiversität und die Böden. Leider gibt es bisher kaum nachprüfbare Standards. Palmöl ist in viele Produkten enthalten und nicht immer ersichtlich: in Essen, Putzmittel, Kosmetik und im Autotank als Biodiesel. Daher ist es auch schwierig, es gänzlich zu meiden. Das geht vor allem, wenn wir viele Dinge, wieder selbst herstellen.

Kapitel 9

Gärtnern ohne Plastik

Plastikfallen beim Gärtnern

▶ Aufzuchttöpfe aus Kunststoff
▶ Gartenerde in Plastiktüten
▶ Gartenschlauch aus PVC

Wer schon Gartengerätschaften aus Kunststoff hat, sollte sie nicht wahllos austauschen. Achten Sie künftig beim Ersatz auf langlebige, plastikfreie Alternativen. Falls Sie einen Rasen haben, könnten Sie sich überlegen, ob er nicht auch zu einem Blütenparadies für Bienen und Insekten werden könnte, statt englisch kurz zu sein.

Gartengeräte

Viele Geräte gibt es komplett aus Metall: Rechen, Hacke, Spaten oder Gartenscheren. Selbst Gießkannen sind aus Metall erhältlich. Wer größere Geräte selten braucht, kann sie sich vielleicht auch bei Nachbarn leihen oder mit den Nachbarn gemeinsam anschaffen.

Gartenschläuche sind meist aus PVC. Alternativ gibt es Gartenschläuche aus Gummi und Naturkautschuk.

INFO

Bedrohte Insekten

Seit 1989 sind die Bienen- und Insektenpopulationen um bis zu 80 Prozent zurückgegangen. Grund dafür ist die Zerstörung von Lebensräumen und der Einsatz von immer wirksameren Pestiziden. Die Folgen: Wild- und Nutzpflanzen werden nicht mehr ausreichend bestäubt. Das wirkt sich auf die Nahrungsmittelproduktion aus. Zudem finden viele Vogelarten nicht mehr genügend Nahrung, um ihren Nachwuchs aufzuziehen. Durch mehr einheimische Insekten und bienenfreundliche Pflanzen im Garten oder auf dem Balkon und durch das Anbieten von Nisthilfen wie Totholz, leere Schneckenhäuser, Sandlinsen oder Magerflächen kann jeder etwas zum Erhalt und für den Lebensraum von Insekten beitragen.

Pflanzentöpfe

Am besten lassen Sie Pflanzentöpfe dort, wo Sie die Pflanzen kaufen oder bringen Sie diese nach dem Einpflanzen wieder zurück. Wenn Sie in kleinen Gärtnereien kaufen, können diese sicherlich gut wiederverwendet werden. Einfach die Pflanzen in Zeitungspapier einpacken und in Kisten, Säcken oder Ähnlichem nach Hause bringen. Zudem gibt es mittlerweile biologisch abbaubare oder kompostierbare Pflanzgefäße aus natürlichen Rohstoffen wie Kokosfasern, Holzabfällen oder nachwachsenden Pflanzenteilen wie Blättern. Sie können direkt mit den Pflanzen in die Erde gesetzt werden und verrotten über mehrere Wochen.

Aufzuchttöpfe kann man einsparen, indem man Eierkartons nimmt oder aus Zeitungspapier kleine Töpfe bastelt. Natürlich können Sie auch die herkömmlichen Plastikpflanztöpfe nehmen und immer wieder verwenden, auch das spart Ressourcen. Falls Sie kleine Tontöpfe haben, ist das natürlich ebenfalls eine hübsche Alternative.

Erde und Rindenmulch

Unverpackte Erde und Rindenmulch gibt es bei Gärtnereien, bei vielen Kompostieranlagen oder Baustoffhöfen. Erde aus Kompostieranlagen ist nicht nur plastikfrei und günstiger, sondern auch torffrei.

Torffreie Erde kaufen

Leider werden durch den Torfabbau wertvolle Moore zerstört. Torf ist so beliebt, weil er über längere Zeit Wasser speichern und wieder an die Pflanzen abgeben kann. Sobald Torf ausgetrocknet ist, kann er allerdings kein Wasser mehr speichern. Das tritt bei den Alternativen wie Kompost, Rindenhumus sowie Holz- und Kokosfasern nicht auf. Daher bitte beim Kauf von Erde immer darauf achten, dass kein Torf enthalten ist.

Dünger

Den Kauf von Dünger können Sie sich sparen, wenn Sie selbst einen Kompost anlegen. Gartenabfälle können so direkt entsorgt und sinnvoll wiederverwendet werden.

Dünger produzieren ohne Garten

Wer keinen eigenen Garten hat, kann auf dem Balkon oder sogar in der eigenen Küche seinen Biomüll in wertvollen Dünger verwandeln. In einer Wurmkiste verarbeiten besondere Regenwürmer die heimischen Essensreste geruchsarm in Kompost. Kiste und Würmer bekommt man in speziellen Läden oder über das Internet (wurmwelten.de). Natürlich kann man die Kisten auch selbst bauen.[39]

Anders als in der Wurmkiste sorgen im Bokashi-Eimer spezielle Mikroben fürs Fermentieren der organischen Abfälle. Dort können alle Speisereste einschließlich Fleisch und Fisch geruchsarm verarbeitet werden. In nur zwei bis drei Wochen entsteht dabei eine mineralstoffhaltige Flüssigkeit, die man mittels eines Zapfhahns ablassen kann. Damit können Sie beispielsweise Zimmerpflanzen düngen oder Abflüsse reinigen.

Grablichter

Grablichter befinden sich normalerweise in Plastiktöpfen. Solche Lichter kann man nachfüllen. Auf den Friedhöfen in Augsburg zum Beispiel steht dafür extra ein Automat. Dort werden die leeren Plastikhüllen gesammelt und wieder aufgefüllt. Vielleicht gibt es das auch in Ihrer Stadt? Ansonsten fragen Sie doch mal beim Gartenamt oder der Friedhofsverwaltung nach. Die Städte und Gemeinden sind mittlerweile sehr sensibel, was das Vermeiden von Plastik betrifft. Alternativ gibt es auch Hüllen aus Glas. Achten Sie dabei auf das Material der Kerze (kein Paraffin!).

Kapitel 10

Mobil ohne Plastik

Wer Auto, Flugzeug, der Bahn oder auf dem Fahrrad unterwegs ist, entkommt kaum dem Kunststoff. Viele Teile in den Fahrzeugen sind aus Plastik, weil es leicht ist und sich gut formen lässt. Das ist sicherlich zum größten Teil sinnvoll, weil leichtere Fahrzeuge weniger Treibstoff verbrauchen. Noch viel besser wäre es, wenn man die Fahrzeuge nach Cradle-to-Cradle-Prinzipien gestalten würde (vgl. S. 44). Nur ein kleiner Bruchteil des Kunststoffteils in Autos wird derzeit recycelt. Zudem strömen die Plastikteile in Neufahrzeugen starke Gerüche aus. Ich kann mir nicht vorstellen, dass das besonders gesund ist.

Doch wie können Sie etwas daran ändern, dass man sich beim Fahrzeugbau so wenig Gedanken über das Recycling macht? Fragen Sie gezielt nach, gerade wenn Sie teure Anschaffungen wie ein neues Auto machen, wie das mit den Schadstoffen im Kunststoff ist oder ob die einzelnen Teile wieder in einen Kreislauf nach Cradle-to-Cradle-Kriterien gehen können. Nur wenn die Nachfrage da ist, werden die Hersteller auch dementsprechend produzieren.

Fahrradkauf

Irgendwann wurde das Klackern an meinem Fahrrad unerträglich. Das Kopfsteinpflaster der Stadt hatte ihm arg zugesetzt. Da ich sehr viel mit dem Fahrrad unterwegs bin, musste ein neues her. Ich wollte eines, das wirklich gut ist und mich verlässlich von A nach B bringt. Auch über ein E-Bike hatte ich kurz nachgedacht, doch mich dagegen entschieden, weil die Entfernungen, die ich für gewöhnlich zurücklege, auch ohne unterstützenden Motor zu bewältigen sind.

Zum Glück haben wir einen talentierten Fahrradschrauber um die Ecke. Der ehemalige Radsportprofi Rudi baut Fahrräder nach Wunsch zusammen. Das war nach meinem Geschmack. Denn alle Fahrräder von der Stange, die ich so sah, waren nur wieder übersät mit Plastik. Da Rudi schon ein paar fertig zusammengebaute Räder hatte, war es einfach, mich für eine Grundausstattung zu entscheiden. Das Fahrrad hatte Ledergriffe, das war schon der erste Pluspunkt. Bei der Gangschaltung und beim Licht gab es leider keine plastikfreie Alternative. Allerdings wurde ich bei den Schutzblechen fündig. Beim Sattel war ich unschlüssig. Gerne hätte ich einen aus Leder genommen. Die Vorstellung, erst mal 1.000 Kilometer damit zu fahren, bis er eingesessen wäre, hielt mich dann doch davon ab. Außerdem muss man einen Ledersattel ziemlich gut pflegen, damit er lange schön bleibt. Also entschied ich mich erst einmal für einen aus Kunststoff und hoffe, dass er mich über viele Kilometer bequem trägt.

Es lohnt sich aufmerksam zu sein und auch beim Fahrradhändler nachzufragen, welche plastikfreien Alternativen es für die einzelnen Bestandteile gibt. Seien Sie auch beim Zubehör wählerisch.

Reisen ohne Plastik

Andere Länder, andere Sitten. Das gilt auch im Umgang mit Verpackungen. Nicht immer kann man sich zu diesem Thema in einem fremden Land verständlich machen, wenn man die Sprache nicht spricht. Da helfen dann Hände und Füße sowie wildes Gestikulieren weiter. Auf der Website plastikfreies-augsburg.de gibt es die wichtigsten Phrasen für den Urlaub in verschiedenen Sprachen zum Download.

Doch im Grunde genommen setzt man auf Reisen einfach das fort, was man zu Hause sowieso schon macht: Trinkflaschen, Brotzeitdosen, Brot- und Gemüsebeutel sowie Besteck immer dabeihaben. Auch im Ausland gibt es Märkte, Spezialitätenläden und teilweise Unverpackt-Läden, wo man mit seinen eigenen Gefäßen einkaufen kann.

So haben wir bei unserem letzten Italien-Urlaub das Experiment gewagt und sind ausgerüstet mit Edelstahldosen auf einen kleinen Markt gefahren. Ein Käsestand hatte es uns besonders angetan. Hier hielten wir der Verkäuferin einfach unsere Dosen hin. Gemeinsam mit dem Besitzer wurde wegen des Wiegens ein wenig diskutiert, aber schließlich bekamen wir unseren Käse. Die Besitzer fanden die Idee sehr interessant, und wir versuchten, uns nonverbal über die unterschiedlichen Einkaufsgewohnheiten auszutauschen.

Doch manchmal muss man auch Kompromisse eingehen. Beim Einkauf von Gemüse muss man in italienischen Supermärkten einen Plastikhandschuh anziehen. Dafür sind Obst und Gemüse dort meist unverpackt. Bisher ignorierte ich diesen Handschuh einfach. Alternativ kann man sich aber einen nehmen und ihn immer wieder verwenden.

Plastikfreies Reisegepäck ist kleiner

Für das Reisegepäck gilt: Einfach einpacken, was man zu Hause sowieso schon verwendet. Wer relativ minimalistisch lebt, nimmt auch wenig in den Urlaub mit. Zudem hat das plastikfreie Pflegeequipment viel weniger Umfang. Seife, festes Shampoo, Deo in kleinem Döschen und ein wenig Pflegecreme passen in ein kleines Waschtäschchen.

Reise-Equipment ohne Plastik

▶ Trinkflasche aus Edelstahl

▶ Iso-Trinkbecher für Warmgetränke

▶ Brotzeitboxen aus Edelstahl für das Essen unterwegs oder zum Einkaufen

▶ Edelstahlbecher (gibt es auch zusammenschiebbar)

▶ Essbesteck im Etui oder Göffel aus Edelstahl (Gabel und Löffel in einem)

▶ Edelstahlteller

▶ Stoffsäckchen für den Einkauf oder zum Aufbewahren

▶ Bienenwachstuch zum frisch halten

▶ Einbüschel-Zahnbürste oder Miswak-Hölzchen (spart auch die Zahnpasta)

▶ Kokosöl (eignet sich zum Ölziehen und hilft gegen Bakterien, zum Abschminken, zur Hautpflege und vieles mehr)

▶ Olivenölseife (als Allround-Waschmittel)

▶ Natron (bindet Gerüche, kann zusammen mit Kokosöl als Deo oder Zahnpasta benutzt werden)

▶ Stoffserviette, Stofftaschentuch, Waschlappen, saugfähiges Tuch

▶ Stoffbeutel für frische Wäsche, Schmutzwäsche, Schuhe etc.

▶ Kleidung aus Wolle oder Wolle-Seide-Gemisch ist schmutzabweisend und nach dem Lüften wieder frisch

Hotels, Kongresse, Konferenzen

In Hotels und bei Events herrschen Einwegprodukte vor: Marmelade oder Honig in Einzelportionen, Strohhalme aus Plastik, Teebeutel und vieles mehr. Hier findet allerdings langsam ein Umdenken statt und es wird auf Mehrweg gesetzt. Neulich war ich ganz angetan, als ich in einem Hotel offenen Tee fand. Für jede Tasse gab es ein waschbares Edelstahl-Teesieb und einen passenden Porzellan-Untersetzer zum Abstellen des Siebs. Das habe ich an der Rezeption auch gleich positiv angemerkt.

Indem Sie solche Initiativen persönlich oder auf einem Feedbackbogen loben, sorgen Sie dafür, dass die Hotelbetreiber sich unterstützt fühlen. Im gegenteiligen Fall können Sie anmerken, dass Sie sich mehr plastik- und müllfreiere Produkte wünschen: Gerade in Hotels wird die Zufriedenheit der Kunden sehr ernst genommen.

Plastikfrei fliegen?

Fliegen verursacht viel Müll durch Wegwerfprodukte. Wer dennoch fliegen muss, kann versuchen, auf so viele Einwegsachen wie möglich zu verzichten. Denken Sie an eigene Ohrhörer, eine durchsichtige Tasche für Körperpflegeprodukte, einen eigenen Becher und Besteck. Bei Flügen bis zu fünf Stunden können Sie problemlos eigenes Essen in Edelstahlboxen mitbringen. Natürlich wird Ihr Essen trotzdem geladen, aber wenn immer mehr Menschen das Flugzeug-Essen verweigern, findet vielleicht ein Umdenken statt. Außerdem können Sie sich so ein nahrhaftes Essen von zuhause mitbringen.

Seien Sie aufmerksam, wenn Sie öfter fliegen, was auf Ihrer Strecke an Plastik anfällt, und bringen Sie diese Sachen dann plastikfrei selbst mit. Oder Sie steigen auf die Fluggesellschaft Hi Fly um. Dort wurde 2018 erstmals ein »kunststofffreier« Kabinenservice getestet.

Die portugiesische Airline möchte die erste plastikfreie Fluggesellschaft werden.

Fliegen ist eigentlich durch den immensen CO_2-Ausstoß ein ökologisches No-Go. Stickoxide zerstören das Ozon, Kerosin erwärmt die Erde viermal so stark wie Autoabgase. Und trotzdem wird der Luftverkehr durch das steuerfreie Kerosin subventioniert. Ein zweiwöchiger Urlaub auf Mallorca verursacht nach Berechnungen des WWF eine Tonne CO_2.[40] Deshalb sollte man am besten gar nicht fliegen.

TIPP Wenn Sie Flüge aus geschäftlichen oder privaten Gründen nicht vermeiden können, sollten Sie das CO_2 kompensieren, also ausgleichen: Das geht zum Beispiel über folgende Webseiten: climatefair.de, atmosfair.de, klima-kollekte.de oder primaklima.org. Wer beruflich oder gewerblich fliegt, steuert diese Seiten an: arktik.de (auch für Autofahren) und climatepartner.com. Autofahrer können CO_2 hier kompensieren: wir-fahren-klimafreundlich.org (Privatpersonen) und project-climate.de (gewerblich).

Wir sind als Familie noch nie geflogen und vermissen nichts. Wir kommen auch mit der Bahn oder mit dem Auto dorthin, wo es schön ist. Das Geld, das wir für den Flug einsparen, geben wir lieber für leckeres Essen vor Ort aus.

Kapitel 11

Büro und Schule ohne Plastik

Im Büro gibt es viele Teile aus Plastik: Stifte, Locher, Klarsichthüllen. Auch hier gilt, weniger kaufen, dafür hochwertiger und mit der Möglichkeit, Verbrauchtes wieder aufzufüllen. Bei den technischen Geräten sollte man zudem drauf achten, dass sie zumindest mit einem Blauen Engel versehen sind, besser ist es auch hier, Hersteller direkt nach einer Zertifizierung von Cradle to Cradle zu fragen.

Blauer Engel

Seit 1978 kennzeichnet der Blaue Engel umweltfreundliche Produkte und Dienstleistungen. Sie erfüllen besondere Ansprüche an Umwelt-, Gesundheits- und Gebrauchseigenschaften, die über den gesamten Lebensweg betrachtet werden. Für jede Produktgruppe werden Kriterien erarbeitet, die die mit dem Blauen Engel gekennzeichneten Produkte erfüllen müssen. Um dabei die technische Entwicklung widerzuspiegeln, überprüft das Umweltbundesamt alle drei bis vier Jahre diese Kriterien. Mehr dazu: blauer-engel.de

Stifte

Hier gibt es viele plastikfreie Alternativen: Kugelschreiber aus Holz oder Metall, deren Minen bei Bedarf ausgetauscht werden können. Ansonsten ersetzen Holzstifte Filzstifte, Faserschreiber oder Textmarker. Was spricht eigentlich gegen den guten alten Bleistift, den man noch dazu gleich wegradieren kann?

Alternativ gibt es die Möglichkeit, Stifte zu kaufen, die man nachfüllen kann. Dazu zählen Text- oder Whiteboard-Marker. Die Tinte kommt dann zwar auch wieder in Plastik, es spart aber vergleichsweise viel Müll. Zudem sind die nachfüllbaren Stifte auch ökologischer als andere. Die Tinte ist auf Wasserbasis und die Hülle zum Großteil aus recyceltem Kunststoff.

Ordnen und Sammeln

Kaum etwas ist praktischer zum Sortieren von Papieren als Klarsichtfolien. Es gibt sie in vielen unterschiedlichen Farben auch aus Pergament und sind definitiv ein Hingucker. Zu beziehen sind sie wie viele nachhaltige Büromaterialien über memolife.de. Dort bekommt man auch Klarsichthüllen, die aus recyceltem Polypropylen oder Polyethylen sind. Gebraucht sind Klarsichtfolien ebenfalls gut in Second-Hand-Kaufhäusern zu bekommen.

Ordner erhält man problemlos aus Karton, ebenso Jurismappen, Schnellhefter und Zeitschriftensammler.

Schulmaterial ohne Plastik

Bei nachhaltigen Schulmaterialien denken die meisten vermutlich erst einmal an graue Umwelthefte und unlackierte Buntstifte. Doch der Schulalltag lässt sich ganz gut und farbenfroh ohne Plastik gestalten.

Bei unseren größeren Kindern war das Thema Plastik bei Schulsachen gar kein Thema, denn die beiden Jungs hatten eine sehr engagierte und ökologisch orientierte Lehrerin. Auf der Einkaufsliste für die 1. Klasse standen Holzstifte und andere Materialien aus Papier. Die Lehrerin selbst besorgte Umwelthefte und Papierumschläge. Ein wahrer Luxus und doch eher außergewöhnlich, wie ich später aus Gesprächen mit anderen Müttern und Lehrern erfahren habe. Erst in der 3. Klasse gab es durchsichtige Plastikumschläge, die als Schutz für die selbstangemalten Papierumschläge dienten. Die waren allerdings so robust, dass wir sie immer weiterverwendeten.

In der weiterführenden Schule war ich dann mit solchen Listen konfrontiert, die bunte Plastikumschläge und Schnellhefter forderten. Leider sind heutzutage Papierumschläge kaum noch in den Schreibwarenläden zu finden, noch nicht einmal Hefte aus Recyclingpapier. Der Grund: Die Leute würden sie nicht nachfragen.

Also wurde ich kreativ. Statt der bunten Umschläge aus Plastik nahmen wir einfach großes Tonpapier, das wir zu Bastelzwecken sowieso im Schrank hatten, und klebten es direkt auf das Heft. Das war für die Lehrer überhaupt kein Problem, und mein Sohn bemalte sie noch ein wenig. Für die Bücher besorgte ich eine Rolle schönes Papier und wickelte das Buch darin ein. Damit wir wussten, welches Buch es war, kopierte ich vorher die Vorderseite und klebte sie auf das Buch. Auch das war kein Problem für die Lehrer. Allerdings stellte sich mit der Zeit heraus, dass bei vielen der Bücher, die aus der Schule kamen, sowieso schon eine Folie drum war, sodass wir aus ökologischen Gründen einfach diese Folie weiterbenutzten.

Bei den Heftumschlägen fand ich bald eine hübsche und ökologische Variante: Minouki. Das sind Umschläge aus Recyclingpapier, die in Freising klimaneutral und mit ökologischen Farben gedruckt werden (minouki.com). Sie sind sogar mit einem Blauen Engel ausgezeichnet. Diese Umschläge sind ziemlich robust und dicker als die Papierumschläge von Herma, die es in manchen Schreibwarenläden gibt.

Hefte kaufte ich anfangs noch beim lokalen Schreibwarenladen. Da waren sie zwar nicht aus Recyclingpapier, dafür unterstützte ich zumindest den Händler in der Nachbarschaft. Als die Besitzerin aus Altersgründen den Laden schloss, entschied ich mich alternativ für den umweltfreundlichen Büroversand (memolife.de). Dort gibt es nicht nur Papier in Recyclingqualität, sondern auch andere Schulprodukte ohne Plastik oder aus Recyclingmaterial.

Als meine Tochter Lisa-Lu zur Schule kam, hatten wir schon einige Erfahrung und einige Produkte, die wir einfach weiter verwenden konnten. Sie wollte sogar den Piraten-Schulranzen ihres Bruders Julian verwenden. Doch dann haben wir an einem Nachmittag auf dem Heimweg einen Stopp beim Sozialkaufhaus gemacht. Dort stand ein riesiger Korb voller Schulranzen. Also fingen wir sofort an zu suchen und wurden nach einigem Ausprobieren fündig. Da ich nur noch ein paar Euros bei mir hatte, war ich mir nicht sicher, ob das Geld reichen würde und wollte den Ranzen schon zurücklegen. Doch als ich dann zahlte, kam die große Überraschung: Zwei Euro hat uns der gebrauchte Schulranzen mit Schlampermäppchen nur gekostet. Ein wahres Schnäppchen! Das Kind war glücklich und wir auch. Weil der Schulranzen so leicht und günstig war und dort kein Federmäppchen dabei war, haben wir ihr ein etwas teureres Lederfedermäppchen von Sonnenleder gekauft. Das ist so robust, dass es wohl bis zum Schulabschluss halten wird.

Schulranzen

Für Eilige: *Schulranzen aus Leder*

Die meisten Schulranzen sind heute aus Kunststoff, dafür leicht und ergonomisch. Doch der Trend zu weniger Plastik hat sich auch auf dem Markt für Schulranzen bemerkbar gemacht. Es gibt mittlerweile eine ansehnliche Auswahl aus Leder, die den anderen Ranzen in der Form in nichts nachstehen. Allerdings sind sie etwas schwerer als die Kunststoffvarianten und damit eher für etwas robustere Kinder und kürzere Schulwege geeignet.

Für Ressourcenschoner: *Gebrauchten Schulranzen kaufen*

Schulranzen kann man sehr gut gebraucht kaufen. Gerade die ergonomischen, neueren Schulranzen aus Recyclingmaterial sind so unempfindlich, dass sie gut noch von einem weiteren Kind genutzt werden können. Schauen Sie sich mal auf dem Flohmarkt oder in Anzeigenblättern um.

Hefte, Sammelmappen und Schnellhefter

Für Eilige: *Papierwaren aus Recyclingpapier*

Es ist leider nicht mehr so leicht, einen Schreibwarenladen ausfindig zu machen, der auch tatsächlich Recyclinghefte führt. Diese Hefte sind heute tatsächlich weiß und haben nichts mehr mit den grauen Heften zu tun, die es in den Anfangsjahren gab. Die Tinte verläuft nicht mehr, und man kann prima drauf radieren.

Auch Sammelmappen und Schnellhefter gibt es in allen Farben aus recycelter Pappe.

Siegel für gutes Recyclingpapier

Gutes und ökologisches Recyclingpapier trägt das Umweltzeichen »Der Blaue Engel«. Es gibt auch das »Ökopa-Plus-Siegel« und das »vup«-Zeichen. Irreführend sind dagegen Kennzeichnungen wie »Aqua pro Natura« und »Weltpark Tropenwald«, »holzfrei« oder »chlorfrei gebleicht«. Das sagt nichts darüber aus, wie nachhaltig das Papier tatsächlich ist. Auch »holzfreies Papier« wird aus Holz hergestellt. Bei diesem Papier wurde lediglich das Lignin, das im Holz vorkommt, herausgefiltert. Dadurch vergilbt das Papier später nicht so schnell, aber die Chemikalien belasten die Umwelt umso mehr. Ebenso weist die Aufschrift »chlorfrei gebleicht« nicht darauf hin, dass es sich um Recyclingpapier handelt. Heute ist es Standard, dass Papier ohne Chlor gebleicht wird. Das FSC-Siegel für nachhaltige Forstwirtschaft ist hier nur die zweite Wahl, denn für Papier mit diesem Zeichen wurden schließlich auch Bäume gefällt.

Da die Schreibwarenläden ihr Sortiment an Recyclingpapier in den letzten Jahren stark reduziert haben, sollten Sie immer wieder nachfragen, wenn es keine entsprechenden Hefte gibt. Denn Nachfrage schafft das Angebot!

Für Ressourcenschoner: *Freunde fragen*

Papierwaren häufen sich in Familien mit Schulkindern mit den Jahren an. Bevor Sie mit dem Einkaufen beginnen, fragen Sie doch lieber im Familien- und Freundeskreis nach, wer noch Restbestände zum Abgeben hat. Auch Secondhand- und Sozialkaufhäuser sind willkommene Quellen für ausrangierte Hefte, Hefter und Papier.

INFO
Vorteile von Recyclingpapier
Der Pro-Kopf-Verbrauch von Papier, Karton und Pappe lagen im Jahr 2012 in Deutschland bei 249 Kilogramm pro Einwohner. Damit liegen wir sogar vor den USA und Japan. Deshalb sollten wir darauf achten, nicht zu viel Frischfaserpapier zu verwenden und somit die Abholzung von Wäldern voranzutreiben. Bei der Herstellung von Recyclingpapier mit dem »Blauen Engel« werden 60 Prozent weniger Energie und 70 Prozent weniger Wasser verbraucht als bei der Herstellung von Frischfaserpapier. Zudem werden für Produkte aus 100 Prozent Altpapier keine zusätzlichen Bäume gefällt.

Malen
Malkästen sind häufig aus Kunststoff gefertigt, doch es gibt verschiedene Alternativen.

Für Eilige: *Nachfüllbarer Farbkasten*
Es gibt noch Malkästen, die völlig aus Metall sind und deren Töpfchen ausgetauscht werden können. Diese sind beispielsweise bei memolife.de erhältlich.

Für Ressourcenschoner: *Gebraucht kaufen*
Auch hier gilt: Fragen Sie, wer einen Farbkasten übrig hat oder schauen Sie in Gebrauchtwarenmärkten. Bei den meisten Farbkästen lassen sich die Farbtöpfchen austauschen. Wenn Sie keinen gebrauchten Malkasten bekommen, schaffen Sie einen an, der wiederverwendet werden kann.

Stifte und Zubehör

Holzstifte sind natürlicherweise ohne Plastik und daher immer erste Wahl. Am besten drauf achten, dass sie aus unbehandeltem Holz und qualitativ hochwertig sind. Wenn die Mine ständig bricht, muss sie oft nachgespitzt werden, und der Stift ist bald verbraucht. In der Lackummantelung von billigen Buntstiften können sich zudem Weichmacher oder Schwermetalle verstecken.

Was können Sie tun, wenn in der Schule Filzstifte verlangt werden? Sprechen Sie die Lehrer darauf an, ob es nicht einfache Holzstifte tun. Ansonsten Filzstifte auf Wasserbasis kaufen, die nachgefüllt werden können, zum Beispiel »Easy Aqua Pen« von ÖkoNORM. Sie sind lösungsmittelfrei und durch das Nachfüllen auch ökologisch. Übrigens, wenn Filzstifte mal eintrocknen, können Sie sie mit Essig wieder benutzbar machen.

Wachsmalkreiden gibt es erdölfrei, sogar im stabilen Blechetui oder in Pappe: zum Beispiel von Stockmar aus reinem Bienenwachs, Narawo oder ÖkoNORM.

Für die Anfangsklassen gibt es Füller leider nur mit einer Ausnahme aus Kunststoff. Lamy stellt einen Füller her, der zumindest zum Teil aus Holz ist. Für größere Kinderhände gibt es dann auch Füller aus Metall. Um viel Geld und Müll zu sparen, sollten die Füller mit einem Konverter ausgestattet werden, also einem wiederbefüllbaren Tintenkolben. Nachfülltinte ist im Glas erhältlich.

Knetmasse fanden wir schadstofffrei von ÖkoNORM. Sie wird aus nachwachsenden Rohstoffen produziert. Alternativ kann man die Knete selber machen, sie ist jedoch nicht so lange haltbar (Rezept siehe Seite 213).

Anspitzer, Lineal und Co.

Für Eilige: *aus Holz*

Hilfsmaterial wie Spitzer, Lineale und andere Dinge sind meist aus Kunststoff, brechen leicht, und sind daher nicht besonders langlebig. Bei manchen Dingen muss man dann einfach einen Kompromiss eingehen. So haben wir beim Geodreieck auf eine Variante aus Bioplastik zurückgegriffen, da es notwendigerweise durchsichtig sein muss. Scheren gibt es mit einem Kunststoffgriff, der aus recyceltem Material besteht. Auch Spitzer aus Bioplastik oder recyceltem Kunststoff werden angeboten. Spitzer und Lineale gibt es aus Holz oder Metall, manche Spitzer sind sogar aus Pappe. Diese sind sehr langlebig und eigentlich nicht kaputtzukriegen. Die Klingen können problemlos ausgetauscht werden, wenn sie stumpf sind. So halten sie ewig.

Radiergummi gibt es aus Naturkautschuk.

Scheren erhalten Sie auch komplett aus Metall.

Für Ressourcenschoner: *Gebraucht kaufen*

Suchen Sie in Second-Hand-Kaufhäusern nach abgelegten Spitzern oder Linealen, die nur darauf warten, einen neuen Besitzer zu finden.

Kleben

Meine Kinder waren schon einige Zeit in der Schule, als ich anfing, den Umgang mit Plastik zu hinterfragen. Meine erste Herausforderung kam, als mein Sohn meinte: »Mama, ich brauche einen neuen Klebestift.« Ich verwarf den ersten Impuls, einfach einen neuen zu kaufen und machte mich im Internet auf die Suche. Mein Weg führte mich auf den Blog der Vordenkerin des plastikfreien Lebens von Sandra Krautwaschl. Und siehe da, von UHU gibt es nachfüllbare Produkte. Ein Blick auf deren Website zeigte mir zwar sehr viele ökologische Kleber an, aber keinen, den man nachfüllen kann. Also weiter zu Pritt. Auch dort auf der Website: Fehlanzeige. Ein Anruf beim Kundenservice von Henkel brachte mir die Aussage:»Das gab es mal vor 15 Jahren, wurde aber leider nicht angenommen.« Vielleicht war die Zeit damals einfach noch nicht reif dafür?

Alternativ schlägt mir der nette Mann am Telefon den ganz normalen Pritt-Stift vor, dessen Verpackung so sparsam konstruiert sei, dass er mit einem Minimum an Kunststoff auskäme, und das wäre zu 99 Prozent aus nachwachsenden Rohstoffen – also aus Saccharose und Stärkederivaten. Dies klang schon ganz gut, doch als Neuling in Sachen Plastikvermeidung konnte ich damals nicht einschätzen, ob es tatsächlich positiv ist.

Also suchte ich weiter im Internet. Ein Erfahrungsbericht bezog sich auf ein Produkt von ÖkoNorm. Das stellt sich als Flüssigkleber heraus, der zwar nachfüllbar ist, allerdings genauso wie die Nachfüllflasche in einer Plastikflasche daherkommt und somit keine ideale Lösung war. Dann stoße ich auf den guten alten Gutenberg-Gummierstift. Es blitzen verschüttete Erinnerungen an meine Kindheit auf, in der ich selbst mit diesem Gumminippel geklebt habe. Eigentlich hatte mir das immer sehr gut gefallen. Diese Flasche ist aus Glas, mit einem Klebenippel aus Gummi arabicum, also reinem Pflanzengummi, und sie ist nachfüllbar. Ich bin begeistert! Und was sagen die Kinder und die Lehrer? Ganz ideal ist es nicht, weil das Glas zerbrechen kann. Aber meine Tochter hat mit ihm gute Erfahrung gemacht. Leider ist die Nachfüllflasche des Gummierstiftes auch aus Kunststoff, aber wenigstens aus recycelbaren PE.

Dennoch ist es Flüssigkleber, und die Kinder sollen ja einen Klebestift benutzen. Unsere Lösung: Klebestifte auf Wasserbasis, deren Hüllen aus recyceltem Kunststoff bestehen.

Für eilige Puristen: *Flüssigkleber im Glas*

Flüssigkleber gibt es in einer recycelbaren Glasflasche: der »Gummierstift« von Gutenberg, der nur aus Naturgummi und Wasser besteht.

Für Ressourcenschoner: *Nachfüllen*

Zum Nachfüllen gibt es Flüssigkleber aus Kartoffelschalen von Öko-NORM. Einen Klebestift zum Auffüllen bietet Lupus an. Dieser produziert weniger Müll als andere Klebestifte. Alternativ erhalten Sie Klebestifte von Tesa, deren Hülse zu 100 Prozent aus recyceltem Kunststoff bestehen.

Für Selbermacher: *Kleister anrühren*

Viel braucht es nicht, um Klebstoff selbst herzustellen.

Zutaten:

2 TL Mehl

2 TL Maisstärke

1 Tasse Wasser

2 TL Essig

Stieltopf

Glas mit Schraubverschluss

So geht's:

Wasser im Topf aufkochen. Mehl und Maisstärke unterrühren und bei niedriger Hitze so lange rühren, bis die Masse dickflüssig wird. Am Schluss den Essig unterrühren und den Topf vom Herd nehmen. Den fertigen Klebstoff warm in das Schraubglas füllen, verschließen und den Kleber abkühlen lassen.

Schultüte ohne Plastik

Die Schultüte hat ihren großen Auftritt nur einmal im Leben und verstaubt dann im Regal. Das ist eigentlich schade. Wenn Sie mehrere Kinder haben, können Sie die Schultüte wieder verwenden und so Ressourcen sparen. Oder Sie bringen Sie ins Sozialkaufhaus. Vielleicht freut sich noch ein anderes Kind darüber. Natürlich sollte auch der Inhalt aus Edelstahl der Schultüte möglichst nur Dinge enthalten, die lange Freude machen und die plastikfrei sind: wie zum Beispiel Bio-Knete, eine Trinkflasche aus Edelstahl oder ein schönes Lernspiel. Gutscheine fürs Kino oder fürs Schwimmbad kommen bei Kindern ebenfalls gut an!

Kapitel 12

Kleidung ohne Plastik

Plastikfallen bei Kleidung

▶ Kunststoffkleidung sondert Mikroplastik ab.
▶ Aus Regenkleidung können PAKs oder Weichmacher entweichen.

Als ich im vergangenen Sommer auf der Suche nach einem hübschen Sommerkleid durch die Kaufhäuser und Boutiquen zog, war ich sehr schnell verzweifelt. Überall waren Kunstfasern enthalten, häufig nicht nur als Beimischung, sondern das komplette Kleidungsstück bestand daraus. Es schien so, als wäre es gerade der absolute Trend, nur noch Polyester und Co. zu verwenden. In solchen Momenten fühlt es sich so an, als lebte ich in einem Paralleluniversum. Sind meine Familie und ich die Einzigen, die sich Naturmaterialien wünschen? Offenbar nicht, denn wenn man sich in Läden mit Bio-Mode umsieht, findet man Kleidung aus Baumwolle, Wolle und Seide. Die Eigenschaften dieser Materialien lassen es zu, dass man sie bei Wind und Wetter einsetzen kann – und natürlich auch bei schönstem Sommerwetter!

Kunstfasern dagegen sorgen regelmäßig für Schlagzeilen. Beim Waschen geben sie Mikroplastik ins Wasser ab, das so klein ist, das selbst Kläranlagen sie nicht filtern können.

Chemikalien in Outdoor-Kleidung

Besonders schädlich für die Umwelt ist Outdoor-Kleidung. Sie werden mit per- und polyfluorierten Chemikalien (PFC) hergestellt, die die Kleidung in die Natur abgibt. Mittlerweile wurde PFC sogar im Blut von Eisbären nachgewiesen. PFC sorgt dafür, dass Funktionskleidung wasser- und schmutzabweisend ist. Auch Nanoelemente wie Silber, Zinkoxid, Silizium- oder Titanoxid werden immer häufiger zum Schutz vor Schmutz, UV-Strahlen und Bakterien eingesetzt. Diese Partikel sind so klein, dass sie leicht in Körper und Umwelt eindringen können. Und keiner weiß, welche Auswirkungen sie haben.

Natürlich haben sich in den vergangenen Jahrzehnten die sehr praktischen, leichten und wasserabweisenden Materialien durchgesetzt. Doch sind die wirklich nötig? Baumwolle kann mit Wachs gegen Wasser geschützt werden. Wolle-Seide-Gemische sorgen für ein gutes Klima beim Sport, oder ein Schurwollmantel schützt im Winter vor Kälte. Selbst für Kleinkinder gibt es Wollwalk-Anzüge, die Schmutz und Nässe abhalten und mit denen Kleinkinder stundenlang im Sandkasten spielen können. Das sorgt nicht nur für Wärme, sondern gibt den Eltern auch das gute Gefühl, dass der Nachwuchs in natürlichem, schadstofffreiem Outdoor-Outfit unterwegs ist.

Achten Sie deshalb beim Kauf immer ganz genau auf das Etikett: Finger weg von Polyester, Polyamid, Polyacryl, Nylon, Elasthan oder Mikrofaser. Leider ist das nicht immer möglich, denn Elasthan wird auch Baumwollstoffen zugesetzt, damit sie sich besser nähen lassen. Da hilft nur der Griff zu Kleidung von Bio-Mode-Herstellern, die zertifiziert sind. So können Sie sicher sein, dass die Kleidung fair, schadstofffrei und kreislauffähig hergestellt wird. Siegel, die nur Kleidung aus Naturmaterialien zertifizieren, sind »IVN Best« und »Cradle to Cradle«. Andere Label lassen auch Mischgewebe und Synthetik-Material zu. Wer mehr dazu wissen will, findet im Heft *Textil-Siegel* von Greenpeace eine Menge Antworten.

Wenn Sie zertifizierte Biokleidung kaufen, entscheiden Sie sich nicht nur gegen Kunststoffe, sondern auch gegen die teils furchtbaren Bedingungen, unter denen Kleidung hergestellt wird. Die Modeindustrie ist auf Kurzlebigkeit ausgelegt. Kaufen Sie daher lieber weniger und achten Sie auf Qualität. Um sich auf das Wesentliche zu beschränken, kann man das Prinzip der Capsule Wardorbe anwenden, bei der man seine Garderobe auf wenige Stücke minimiert. Dazu gibt es im Internet viele Anleitungen. Das ist ein guter Ausgangspunkt für einen minimalistischeren Lebensstil.

TIPP Wer mehr zur Textilproduktion erfahren möchte, sollte sich den Film »The True Cost« ansehen.

Plastikfreie Naturmaterialien

Baumwolle

Baumwolle ist ein natürlicher Stoff, der atmungsaktiv, reißfest, saugfähig und angenehm auf der Haut ist. Allerdings ist der Anbau von Baumwolle sehr wasserintensiv. Etwa 3.000 Liter Wasser benötigt ein T-Shirt bei der Herstellung. Vor allem die künstliche Bewässerung der Baumwollfelder und das Färben der Stoffe benötigen viel Wasser. Durch das Färben entsteht zudem eine massive Wasserverschmutzung. Viele der Chemikalien und Farbstoffe sind gefährlich und stehen im Verdacht, Allergien zu verursachen, das Erbgut zu schädigen und Krebs zu erregen. Bei der Produktion von Baumwolle werden auch viele Pestizide eingesetzt, die Mensch und Umwelt schädigen. Wer auf kontrolliert biologische Baumwolle setzt, bewahrt zumindest rund sieben Quadratmeter Anbaufläche vor Pestiziden und Kunstdünger beim Kauf eines einzigen T-Shirts.

Wolle

Wolle hält dank Luftpolstern zwischen den Fasern besonders gut warm. Sie ist schmutzabweisend, farbbeständig, wasserbindend, schwer entflammbar und nimmt kaum Gerüche an. Wolle hat eine natürliche Selbstreinigungsfunktion: einfach auslüften. Weil Wolle Schweiß bindet, ist sie gut für Sportkleidung geeignet. Durch die Wasserbindung entsteht im Sommer eine kühlende Wirkung. Zudem schützt Wolle vor UV-Strahlen. Es ist also ein Material, das Ihnen durch das gesamte Jahr gute Dienste leistet. Es gibt auch Wolle aus kontrolliert biologischer Tierhaltung (kbT). Sie stammt damit von Tieren, die artgerecht und im Einklang mit der Natur gehalten werden.

Hanf

Hanf wird aus den Stängeln der sehr widerstandsfähigen Hanfpflanze gewonnen und zählt zu den umweltschonendsten Fasern, die es gibt. Hanfpflanzen wachsen sehr schnell, benötigen beim Anbau weder Pflanzen- noch Insektenschutzmittel und kommen mit sehr wenig Wasser aus. Hanffasern sind sehr reißfest und dadurch langlebig. Kleidung aus Hanffaser überzeugt durch ihre hohe Qualität bei gleichzeitig hervorragender Ökobilanz. Sie schützt vor UV-Strahlen und fühlt sich auf der Haut edel und oft ein wenig schwerer an als Baumwolle.

Bio-Leinen

Leinen ist eine pflanzliche Naturfaser und wird aus den Stängeln der Flachspflanze gewonnen. Leinen hat einen charakteristischen, natürlichen Glanz und wirkt feuchtigkeitsregulierend. Der kontrollierte biologische Flachsanbau (kbA) verzichtet auf chemische Düngemittel und Pestizide.

Seide

Seide gibt es nach kbT-Standards, bei dem auf Pestizide verzichtet und die Seide ausschließlich mit gesundheits- und umweltschonenden Chemikalien und Farbstoffen weiterverarbeitet und gefärbt wird. Allerdings ist Bio-Seide sehr selten. Zudem werden bei der Seidengewinnung die Seidenspinnerraupen in ihren Kokons durch Heißdampf oder kochendes Wasser abgetötet. So bleiben die Kokons unversehrt. Das ist bei Wildseide anders. Dabei werden die Kokons von wildlebenden Eichenspinnern oder Tussahspinnern gesammelt, nachdem diese geschlüpft sind. Daher haben sie ein Loch. Die Wildseide ist gröber als Zuchtseide und hat kleine Erhebungen und Knötchen. Dafür dürfen die Seidenraupen als Schmetterlinge weiterleben.

Viskose

Die Viskose ist ein halbsynthetischer Stoff. Sie wird in einem chemischen Verfahren aus Zellulose, also aus dem Holz von Buchen, Fichten, Bambus oder Eukalyptus hergestellt. Bei der energieintensiven Herstellung von normaler Viskose werden Chemikalien beigemischt, die sich negativ auf die Umwelt auswirken können. Alternativen zu herkömmlicher Viskose sind Modal, Lyocell/Tencel und Lenpur-Viskose. Sie werden mit einem ungiftigen organischen Lösungsmittel hergestellt, das nach der Herstellung wieder verwendbar und dadurch besonders nachhaltig und umweltfreundlich ist. Bei der Lenpur-Viskose wird darüber hinaus nur Rückschnitt von Bäumen verwendet. Es handelt sich somit um die nachhaltigste Viskose-Form.

Leder

Leder ist zwar ein Naturprodukt, ist aber deswegen nicht notwendigerweise ökologisch. Leder aus industrieller Massenfertigung wird zum größten Teil mit giftigen Chemikalien gegerbt und behandelt.

Das Billigleder stammt überwiegend aus Asien, wo es kaum Umwelt- und Arbeitsschutzstandards gibt. Solange das Leder von Schlachttieren stammt, die artgerecht gehalten wurden, ist im Sinne der Abfallverwertung nichts gegen Leder einzuwenden. Darüber hinaus sollte dieses Leder pflanzlich gegerbt sein. Das Label für Naturleder von IVN zertifiziert Lederwaren, die diesen Kriterien entsprechen und strenge Sozialstandards in der Produktion einhalten.

Milch, Algen, Soja, Banane, Kork

Derzeit wird an vielen alternativen natürlichen Ausgangsstoffen für die Textilindustrie geforscht. Darunter fällt die Milchproteinfaser Polylactid, für dessen Gewinnung Milch entwässert und abgeschöpft wird. Polylactid wird sehr umweltfreundlich mit geringem Wasser- und Energieverbrauch hergestellt. Die Fasern sind komplett kompostierbar, wirken antibakteriell und schützen vor UV-Licht.

Seacell wird aus Algen gewonnen, die einen hohen Anteil an Spurenelementen enthalten. Diese werden beim Tragen der Kleidung über die Haut an den Körper abgegeben und sollen so vor freien Radikalen schützen (sozusagen Anti-Aging-Kleidung) und die Heilung von Hautentzündungen beschleunigen. Seacell ist atmungsaktiv, besonders anschmiegsam und pflegeleicht, aber leider auch sehr teuer. Aber: Algen regenerieren sich schnell wieder und stellen daher einen nachhaltigen natürlichen Ausgangsstoff dar.

Auch aus dem Pflanzeneiweiß der Sojabohne oder aus dem Eiweiß der Produktionsabfälle von Tofu und Soja-Nuggets können Fasern gewonnen werden. Ebenso werden aus den Bananenfasern, die aus dem Rückschnitt der Bananenpflanze stammen, Fasern hergestellt.

Ersatz für Leder wird aus Kork, Ananas, Pilzfasern oder Eukalyptusfasern hergestellt.

Kapitel 13

Kindheit ohne Plastik

Plastikfallen im Kinderzimmer

▶ Windeln und Feuchttücher sind aus Kunststoff.
▶ Plastikspielzeug kann Schadstoffe enthalten.
▶ Kinderbücher können mit Plastik überzogen sein.
▶ Plastik- und Melamingeschirr meiden.
▶ Gummistiefel und Regenkleidung können Schadstoffe enthalten.

Kein Kinderzimmer ohne Plastik – so scheint es zumindest: angefangen von der Nuckelflasche über den Schnuller bis hin zum Spielzeug – Kunststoff, so weit das Auge reicht. Zum Glück gibt es durch Holz, Edelstahl und Glas sowie Wolle und Seide viele Möglichkeiten für eine glückliche und schadstofffreie Kindheit ohne Plastik. Allerdings ist es nicht immer leicht, das auch überall durchzusetzen. Denn grundsätzlich gilt der bunte, unzerbrechliche Kunststoff als ideal für Kinder. Im Kindergarten, bei Festen, Freunden und Verwandten gibt es haufenweise Plastik. Das muss nicht sein. Wenn die Kinder von klein auf lernen, sorgsam mit ihren Sachen umzugehen, dann zerbricht auch nicht so viel. Unsere Kinder haben eine Kinderkrippe besucht, in der alle ganz selbstverständlich und problemlos Porzellantassen und -teller genutzt haben.

Babys

Als meine Kinder noch klein waren, gab es hauptsächlich Nuckelflaschen aus Kunststoff. Aus der Geburtsklinik hatte ich eine aus Glas bekommen, die ich allerdings nicht oft einsetzte, weil alle Kinder gestillt wurden. Erst als die Kinder selbstständig trinken konnten, wurde das Thema Fläschchen aktuell. Weil ich es nicht besser wusste, ließ ich mich auf ein Trinklernfläschchen aus Kunststoff ein. Heute weiß ich, dass Kinder schon von klein auf aus einem Glas oder einer ganz normalen Trinkflasche trinken können. Das Kunststoff-Lernfläschchen können Sie sich also sparen – und damit nicht nur Geld, sondern auch eine ganze Menge unerwünschter Weichmacher aus dem Plastik.

Trinkflaschen

Zum Glück sind Trinkflaschen für Babys mittlerweile BPA-frei. Dennoch kommt gerade durchsichtiges Plastik nicht ohne Zusatzstoffe aus. Am besten sind daher immer noch Materialien, die nichts abgeben, also solche aus Glas oder Edelstahl. Mittlerweile ist eine große Auswahl unterschiedlicher Flaschen für Babys und Kleinkinder erhältlich. Viele der Trinkflaschen aus Edelstahl lassen sich mit unterschiedlichen Verschlüssen ausstatten, sodass aus einer Trinklernflasche eine ganz normale Trinkflasche wird. Sauger gibt es aus Silikon und aus Kautschuk.

Schnuller

Herkömmliche Schnuller sind aus Silikon, einer Verbindung, die auf Silicium basiert. Silikone werden auch medizinisch eingesetzt und grundsätzlich von Menschen gut vertragen.

Für Eilige: *Natürliche Variante*

Naturkautschuk dient als Basis für einen natürlichen Schnuller. Es gibt Schnuller, die haben nur einen Kautschuksauger (z.B. Nuk). Andere Schnuller wiederum bestehen komplett aus Kautschuk (Goldi).

Für Puristen: *Kein Schnuller*

Ganz kleine Babys sollten wegen der Saugverwirrung keinen Schnuller bekommen. Manchmal reicht es, einfach die Händchen festzuhalten und zu massieren, und ein Baby schläft ganz ohne Schnuller ein. Weinende Babys auf ihren Spieldecken möchten vielleicht nur auf den Arm und fühlen sich in einem Tragetuch wohl und beruhigt. Manche Babys beruhigen sich durch etwas anderes. Ein Schnuller ist also nicht unbedingt notwendig. Meine Kinder wuchsen weitgehend schnullerfrei auf. Sie wurden alle gestillt und sind meist dabei eingeschlafen. Eltern sollten ausprobieren, was für ihre Kinder das Beste ist.

Windeln

Beim Thema Windeln scheiden sich die Geister. Einwegwindeln sind sicherlich eine gute, bequeme Erfindung, die aber leider auch eine Menge Müll ergeben. Und viel zu oft landen sie in der Toilette, wo sie gar nicht hingehören. Sie müssen in die Restmülltonne.

Die tollen Eigenschaften von Windeln werden mit einer großen Menge Plastik bezahlt. Angefangen vom Superabsorber, der die Flüssigkeit aufsaugt, bis hin zu Auslauf- und Wäscheschutz. Die meisten Komponenten in der Windel werden aus erdölbasierten Materialien hergestellt.

Für Eilige: *Alternative Ökowindeln*

Der Unterschied zu herkömmlichen Windeln ist, dass sie aus zertifiziertem Zellstoff sind, dass auf die CO_2-Bilanz geachtet wird und dass der benötigte Kunststoff aus nachwachsenden Rohstoffen besteht. Sie verzichten alle auf Chlor und allergene Zusatzstoffe. Einen Schritt weiter geht die FairWindel (fairwindel.de). Hier ist nur noch der Windelverschluss aus Plastik. Der Windelkern ist aus einem Sauggel auf Basis organischer Stärke. Das ist biologisch abbaubar (kann also ohne den Plastik-Windelverschluss in den Biomüll) und unschädlich für Baby und Umwelt.

Für Motivierte: *Stoffwindel*

In Sachen Kinderpflege hat sich in den vergangenen Jahren viel getan. Als unser erster Sohn zur Welt kam, haben auch wir uns mit dem Thema Stoffwindel oder Einwegwindel beschäftigt. Irgendwo las ich dann, dass dies ökologisch keinen Unterschied mache. Durch das Auskochen der Stoffwindeln würde genauso viel CO_2 verbraucht wie bei der Herstellung der Wegwerfwindeln. Also entschieden wir uns für die vermeintlich einfachere Einwegwindel. Dabei sind die Stoffwindeln von heute wirklich gut und auch ökologischer. Sie haben eine Einlage, die man austauscht, nachdem ein Geschäft darin gelandet ist. Diese Windeln werden auch bei niedrigen Temperaturen sauber und erzeugen daher weder so viel CO_2 noch so viel Müll wie Wegwerfwindeln. Außerdem werden die in Stoff gewickelten Kinder meist früher sauber. Mittlerweile gibt es eine Vielzahl an unterschiedlichen Systemen, einen guten Überblick bietet stoffwindeln.de

Windelprämie:

Manche Kommunen bezahlen einen Zuschuss für Familien, die sich Mehrwegwindeln aus Stoff anschaffen. Das gilt übrigens auch für Windeln inkontinenter Personen. Fragen Sie doch einfach bei Ihrem örtlichen Abfallentsorger nach.

Für Experimentierfreudige: *Windelfrei*

Seit Nicola Schmidt mit ihrem Buch »artgerecht« die Rückbesinnung auf die natürliche und intuitive Baby-Beziehung propagiert, ist
auch das Thema »windelfrei« bei ökologisch denkenden Eltern an-
gekommen. Windelfrei bedeutet nicht, dass Babys komplett ohne
Windeln groß werden. Es heißt einfach, dass Babys die Möglichkeit
bekommen, ihr Geschäft in eine Toilette statt in die Windel zu machen. Eltern lernen bald zu erkennen, wann ihr Kind Hunger hat
oder müde ist. Genauso erkennbar ist es, wenn sie aufs Klo müssen.
Diese Zeichen zu deuten und ihnen dann die entsprechende Möglichkeit zu geben, steckt hinter der Idee »windelfrei«. Das hat nichts
mit Klotraining zu tun, sondern einfach nur mit Kommunikation.
Daher tragen auch windelfreie Kinder, vor allem nachts, eine Windel. Ein netter Nebeneffekt ist allerdings, dass Kinder früher sauber
sind. Dazu gibt es eine Menge Information im Internet.

Feuchttücher

Babys nach dem Wickeln sauber zu machen geht ganz einfach und
schon fast standardisiert mit Feuchttüchern. Doch nicht nur die
Verpackung, sondern auch die Tücher selbst sind aus Kunststoff.
Das Trägermaterialen der Einwegfeuchttücher sind Vliesstoffe aus
Kunststoff wie Polyester, Polypropylen und Polyethylen. Getränkt
werden Feuchttücher mit chemischen Inhaltsstoffen wie Tensiden,
also einer synthetischen Waschsubstanz auf Erdölbasis, Duftstoffen,
Alkoholen und vielem mehr. Das sind schon viele künstliche Inhaltsstoffe für den Po eines Babys. Dass diese in den Abfall und nicht in
die Toilette gehören, sollte klar sein.

Für Eilige: *Alternative Reinigungstücher*

Feuchttücher aus natürlichen Materialien wie Baumwolle oder Viskose gibt es bei denselben Anbietern, die auch ökologische Windeln

anbieten. Doch auch sie sind nicht ganz frei von Zusatzstoffen und sind durch die Verpackung nicht völlig plastikfrei, auch wenn diese aus biobasierten Kunststoffen bestehen, die teilweise kompostierbar sind.

Für Selbermacher: *Küchenpapier befeuchten*

Selbstgemachte Feuchttücher sind auch für unterwegs eine gute Idee. Sie ist zwar nicht müllfrei, aber zumindest völlig ohne Chemie und sehr hautverträglich. Wie das geht? Einfach mit einer Küchenpapier- oder Klopapierrolle, Wasser und etwas Öl. Damit macht man Babys Po nicht nur sauber, sondern pflegt ihn durch das Öl optimal.

Sie brauchen:

½ Küchenrolle (mit einem Küchenmesser halbieren) oder 1 Klopapierrolle

----

200 – 250 ml warmes Wasser

----

2 EL Öl (Kokos- oder Olivenöl)

----

250 ml Wasser aufkochen, das Kokosöl darin auflösen oder Olivenöl mit dem warmen Wasser mischen. Das Gemisch vorsichtig über die Küchenpapierrolle geben und warten, bis alles eingezogen ist. Fertig sind die Feuchttücher.

Für unterwegs:

Einzelne Blätter so falten, dass sie in eine gut verschließbare Box (z.B. Brotzeitdose) passen.

Für zu Hause:

Die Rolle aufrecht in eine Dose stellen, damit man die Tücher einzeln von innen rausziehen kann.

Für Puristen: *Waschlappen und Wasser / Öl*

Eine müllfreie Möglichkeit ist der gute alte Waschlappen. Mit etwas warmem Wasser wird der Windelbereich schön sauber. Ein Glas mit Kokosöl neben dem Wickeltisch hilft, Gröberes zu beseitigen und pflegt gleichzeitig – ganz ohne Chemie.

Das Angebot an speziellen Tüchern für Babys ist groß und reicht vom einfachen Waschlappen bis hin zu Flanelltüchern. Für unterwegs kann man diese Tücher ebenso mit der Wasser-Öl-Mischung präparieren oder sie einfach vor Ort nass machen. Sogenannte Wetbags helfen unterwegs die feuchten Tücher geruchsfrei wieder nach Hause zu bringen. Das sind wasserundurchlässige Taschen, die man kaufen oder selber machen kann – zum Beispiel aus dem beschichteten Baumwollstoff der Bienenwachstücher.

Spielen und Basteln ohne Plastik

Durch seine Formen- und Farbenvielfalt ist Plastik beliebt in Kinderzimmern. Doch es gibt viele sehr schöne Spielsachen aus Holz, die die Fantasie anregen. Angefangen von der Holzeisenbahn, über Bauklötze bis hin zu den Kapla-Steinen, die auch größeren Kindern und Jugendlichen noch Spaß machen. Egal ob aus Plastik oder aus Holz: Bei Spielzeug sollte man auf geprüfte Qualität mit dem »Blauen Engel« oder dem GS-Siegel achten, damit keine Schadstoffe im Kinderzimmer einziehen.

Und was ist mit dem beliebten Kinderspielzeug aus Plastik wie Lego oder Playmobil? Dabei handelt es sich ja um ein langlebiges, qualitativ hochwertiges Produkt, das über Generationen weitergegeben werden kann. Auch bei uns gibt es noch Lego und Playmobil aus unseren Kindheitstagen. Bei diesen Sachen sollten Sie sich von nachhaltigen Grundsätzen leiten lassen: Weniger ist mehr: Verschenken Sie eigenes Spielzeug aus Kindertagen, falls Sie es noch besitzen, kaufen Sie es gebraucht und geben Sie es weiter, wenn Ihre Kinder dem Spielzeug entwachsen sind.

Es muss nicht immer neu sein

Grundsätzlich kann man Eltern nur den Tipp geben, möglichst wenig Spielzeug selbst (neu) zu kaufen und stattdessen lieber auf Flohmärkten zu schauen. Oft findet man dort Dinge, die so gut wie neu sind. In Bibliotheken kann man Spiele ausleihen und sich bequem vier Wochen lang ausgiebig damit beschäftigen. Das spart viel Geld, Platz im Kinderzimmer und lange Diskussionen, welches Spiel man denn nun am Sonntagnachmittag auspackt.

Basteln ohne Plastik

Kennen Sie Bügelperlen? Ich wusste lange nicht, was das ist, zu Gesicht bekommen habe ich Bügelperlenbilder erst, als wir 2014 in Kur gingen. In der dortigen Kinderbetreuung wurden Bilder aus Bügelperlen am laufenden Band gefertigt. Wobei ich mir unter »Perlen« doch etwas Glamouröseres vorgestellt hatte. Dabei handelt es sich jedoch nur um »schnöde« Plastik-Pailletten, die aus Polyethylen gemacht sind. Gesundheitlich betrachtet geht von diesem Kunststoff keine Gefahr aus, aber es handelt sich eben um erdölbasierten Kunststoff. Grundsätzlich sind Bügelperlbilder recycelbar, wenn man sie im Wertstoffhof abgibt. Meine Kinder waren schon sehr fantasievoll, was ihre Motive betraf, doch ein Workshop, bei dem aus Strandgut vom Chiemsee Boote gebastelt wurden, brachte auch wunderschöne Ergebnisse.

Fantasievolle Dinge kann man ganz ohne Plastik auch aus einem Salzteig herstellen, der auch als Knetmasse taugt.

Knete aus Salzteig:

Zutaten:

1 Tasse (250 ml) lauwarmes Wasser

4 Tassen (1000 ml oder ca. 750 g) Weizenmehl

1,5 Tassen (375 ml oder ca. 500 g) Salz optional

½ Tasse Speisestärke, hält den Teig besser zusammen, wenn man ihn backt

2 EL Öl, dann wird die Knete geschmeidiger, jedoch auch mit der Zeit ranzig

Lebensmittelfarben oder andere Färbemittel nach Belieben

1 große Schüssel

4 kleine Schüsseln (für 4 Farben)

So geht's:

Mehl, Salz und optional Speisestärke zusammen in eine Schüssel geben. Wasser hinzufügen und alles zu einem glatten Teig verkneten. Entweder mit der Küchenmaschine oder gleich von den Kindern kneten lassen. Wer möchte, gibt das Pflanzenöl hinzu und knetet nochmals ausgiebig. Das erhöht die Geschmeidigkeit des Teiges. Für die unterschiedlichen Farben den Teig in vier kleine Schüsseln aufteilen.

Natürliche Farben kann man auf folgende Art gewinnen:

- Gelb: Curry, Kurkuma oder Safran
- Rot: Rote-Bete-Pulver oder Saft, Paprikapulver
- Blau: Sud von Rotkohlblättern
- Grün: Sud von Spinat oder Brennnesselblättern, Spinatpulver
- Braun: Kakao- oder Kaffeepulver

Basteln und Malen ist bei uns eigentlich erst wirklich Thema, seit unsere Tochter alt genug ist, um etwas selbst zu machen. Die großen

Jungs waren da eher zurückhaltend. Doch meine Tochter nimmt Bastelaktionen gerne an. So hat sie in der Schule gelernt, kleine Geschenkboxen aus Papier zu basteln. Das ist ziemlich praktisch, kann man doch kleine Geschenke wunderbar unterbringen. Wir haben haufenweise Origami-Papier, aus denen die verschiedensten Tiere gebastelt werden und ständig holt sie sich Schmierpapier, um zu zeichnen, zu schneiden und auch zu kleben. Gut, dass es einen Bastelkleber gibt, den man einfach und schnell selber machen kann.

Bastelkleber
Zutaten:

2 Esslöffel Speisestärke

1 Tasse Wasser

So geht's:
Wasser erwärmen und die Speisestärke darin vollständig auflösen. Dann in ein leeres Schraubglas geben, Deckel drauf und abkühlen lassen. Nach Anbruch hält der Kleber etwa eine Woche. Er kann mit den Fingern oder mit einem Pinsel verwendet werden und sorgt so für ungiftigen Bastelspaß.

Bastelideen mit Schätzen aus dem Wald
Gerne sammeln Kinder auf Wanderungen allerhand vom Wegesrand: Steine, Tannenzapfen und Stöcke in allen möglichen Formen, die sie mit Begeisterung zum Auto schleppen und die dann unter Protest der Eltern im Kofferraum landen. Doch diese Fundstücke der Natur bringen Waldgefühl in die eigenen vier Wände. Mit etwas Fantasie entstehen daraus herrliche Deko-Stücke oder sogar richtige Kunstwerke. Bei Steinen reicht etwas Farbe, um bunte Akzente zu setzen oder fröhliche Gesichter aufzumalen. Mit etwas Geschick

entstehen so steinerne Marienkäfer oder andere Waldbewohner. Aus Papier und Stoffresten lassen sich zusätzlich Augen, Nasen, Bärte, Mützen und viele andere lustige Details gestalten.

Auch Zapfen können nach Belieben verschönert und in Schalen arrangiert werden, zum Beispiel zu bunten Frühlingsblumen. Dazu einfach die Tannenzapfen in verschiedenen blumigen Farbtönen wie Rot, Rosa, Lila oder Blau bemalen, umdrehen und in die Mitte einen gelben Punkt malen.

Ebenso bieten kleine Aststücke und Stöcke eine Vielzahl von Bastelmöglichkeiten. Verzweigte Äste können als »Bäume« auf Holzbretter oder Leinwände geklebt werden. Zusammen mit Blättern, Nüssen und Fruchtkörpern, wie zum Beispiel Hagebutten, entstehen herrliche Collagen, die mit Farben zusätzlich verschönert werden können. Mehrere Äste ähnlicher Größe können bemalt und in eine Vase gestellt werden: eine fast unbegrenzt haltbare Alternative zu Blumensträußen. Mit Fäden und etwas Geschick lassen sich auch Mobiles, Tannenbäume oder Bilderrahmen basteln – der Fantasie sind keine Grenzen gesetzt!

Outdoorkleidung für Kinder

Liest man die Testberichte der Stiftung Warentest oder Ökotest wird schnell klar, dass Matschkleidung und Gummistiefel aus Kunststoff reichlich mit Schadstoffen belastet sind. In Gummistiefeln und Regenbekleidung finden sich hormonell wirksame Phthalate sowie polyzyklische aromatische Kohlenwasserstoffe (PAK), die als krebserregend oder krebsverdächtig gelten und fortpflanzungsgefährdende oder erbgutverändernde Wirkung haben. Grundsätzlich enthält Outdoorkleidung auch umweltschädliche per- und polyfluorierte Chemikalien (PFC).[41] Näheres dazu finden Sie im Kapitel »Kleidung ohne Plastik«.

Für Eilige: *Wollwalk-Kleidung*

Gerade für kleine Kinder eignen sich Walk-Overalls aus Schurwolle, die es bei vielen ökologischen Kleiderherstellern wie Engel oder Hess Natur gibt. Sie sind schmutz- und nässeabweisend. Größere Kinder sind mit Jacken und Hosen[42] aus Wollwalk oder Fleece aus Schurwolle gut gegen nasses Wetter gerüstet. Es gibt Outdoorhosen, die mit Wachsstoffen gegen Nässe imprägniert werden, wie zum Beispiel von Fjäll Räven. Doch auch sie bestehen aus einem Polyester-Baumwoll-Gemisch und haben einen stolzen Preis. Behelfen kann man sich, wenn man eine Baumwollhose selbst mit Bienenwachs behandelt.[43] Gummistiefel gibt es aus Naturkautschuk von Marken wie MBS oder Frugi.

Für Ressourcenschoner: *Gebraucht kaufen*

Nicht nur Wollwalk-Kleidung gibt es günstig secondhand zu kaufen, auch herkömmliche Regenkleidung spart eine Menge Ressourcen und Geld, wenn man sie gebraucht kauft. Gerade Wollwalk ist sehr langlebig und kann viele Kinder vor Kälte, Nässe und Schmutz schützen, bevor er aufgetragen ist. Schauen Sie auf Flohmärkten, Second-Hand-Läden oder Kleinanzeigen nach Angeboten.

Kapitel 14

Feiern und Schenken ohne Plastik

Weihnachten, Geburtstage und andere Gelegenheiten können einen Plastikverweigerer ganz schön ins Schwitzen bringen. Nicht nur bei der Auswahl der Geschenke, sondern wenn es darum geht, selbst beschenkt zu werden. Dass das Umfeld über den Plastikverzicht informiert ist, heißt noch lange nicht, dass es auch entsprechend handelt. Und so bekam auch ich zu meinem ersten plastikfreien Geburtstag wohlmeinende Geschenke in Plastiktuben (Duschgel und Bodylotion). Geschenke abzulehnen fühlt sich aber auch nicht richtig an ... was also tun? Im vergangenen Jahr habe ich deshalb einfach ein Sommerfest statt des Geburtstags gefeiert und ging so der Frage nach den Geschenken aus dem Weg.

Alternativ können Sie auch eine ganz konkrete Wunschliste schreiben. Das ist vor allem dann hilfreich, wenn Ihnen noch etliche Sachen fehlen, die man zum plastikfreien Leben braucht. Falls Sie jedoch schon alles haben, können Sie dies auch explizit auf die Einladung schreiben:

Wie ihr wisst, lebe ich ohne Plastik. Ich bitte daher bei etwaigen Geschenken darauf Rücksicht zu nehmen. Ich freue mich aber über ... Gerne könnt ihr eine Spende machen an ...»

Ideen für plastikfreie Geschenke:

▶ Zeit statt Zeug: Gutschein für gemeinsame Zeit oder Unternehmungen (mit Freunden), Konzerte, Theater, Ausflüge, besondere Restaurants, Kochkurs. Auf der Website zeit-statt-zeug.de gibt es viele Anregungen.

▶ Do-it-yourself: Schenken Sie etwas Selbstgemachtes (Marmelade, Eingemachtes, Kuchen, Plätzchen), eine eigene Backmischung oder etwas Leckeres in Mehrwegverpackung oder Glas.

Geschenke plastikfrei einpacken:

▶ Alternatives Papier wie Zeitung, alte Kalenderblätter, Packpapier oder gebrauchtes Geschenkpapier wiederverwenden

▶ Stoffbeutel nähen

▶ Stofftücher verknoten: mit der japanischen traditionellen Knottechnik Furoshiki. Es gibt viele Anleitungen im Internet, zum Beispiel auf japanwelt.de/blog/furoshiki-binden-falt-techniken.

Weihnachten

Wir kaufen insgesamt zwar viel weniger, seitdem wir uns mit Plastik und unseren Konsumgewohnheiten beschäftigen, dennoch feiern auch wir noch Weihnachten. Nur eben ein bisschen anders. Statt eines Weihnachtsbaums gibt es bei uns einen Weihnachtsstrauch aus Tannenzweigen, die wir im Wald sammeln oder die beim Weihnachtsbaumverkauf übrig bleiben. Bei Freunden haben wir eine interessante Variante gesehen. In ihrem Garten gibt es sehr alte, hohe Hecke. Davon wird jedes Jahr der obere Teil eines Heckentriebs abgeschnitten und als Weihnachtsbaum verwendet. Wiederverwendbare Weihnachtsbäume können aus Holz- oder Pappringen gebastelt werden oder als Mobile mit unterschiedlich langen Stecken. Auch eine alte Holzleiter wird mit etwas Schmuck zu einem schönen Weihnachtsbaum-Ersatz. Geschmückt wird natürlich mit Glaskugeln und anderem plastikfreien Weihnachtsschmuck.

Geschenke werden bei uns nicht in Geschenkpapier verpackt, das dann hinterher im Müll landet, sondern liebevoll in Tücher. Dafür werden alle Tücher genommen, die im Haus zu finden sind.

Seitdem ich auf die japanische Kunst des Verpackens in Tücher »Furoshiki« gestoßen bin, machen wir das nur noch so. Schön ist es natürlich, wenn man anderen so ein Tuch inklusive Anleitung schenkt und damit weitere Menschen dazu anregt, wiederverwendbare Verpackungen zu nehmen.

Stoffsäckchen sind auch eine gute Sache für Geschenke, die man leicht selbst nähen, häkeln oder stricken kann. Größere Geschenke passen vielleicht in einen Stoffbeutel. An unserem ersten plastikfreien Weihnachten steckte die Patentante meines großen Sohns ein Spiel in eine selbstgenähte Tasche. Die ist so schön, dass ich sie nun liebend gern zum Einkaufen verwende.

Unverpacktes für den Adventskalender

Wer einen eigenen Adventskalender bastelt, kommt ganz ohne Plastik aus. Zum Beispiel kann man 24 Stoffsäckchen nehmen und an eine Leine hängen oder 24 kleine Schächtelchen, die man auf einem Sideboard platziert. Für den Inhalt gibt es ebenfalls plastikfreie Möglichkeiten. Seit einigen Jahren gibt es immer mehr Schokoladenläden, die offene Pralinen und andere Schokoladenspezialitäten anbieten. Ich bestücke unsere Adventskalender immer mit Schokoladen aus solchen Läden. Wer noch einen eigenständigen Bäcker oder Tante-Emma-Laden in der Nähe hat, kann dort nachfragen. Auch Manufakturen stellen Bonbons oder Äähnliches her und verkaufen diese offen. Wir haben in Augsburg eine Bonbonmanufaktur. Die Besitzerin ist zwar skeptisch, was die Haltbarkeit der Süßigkeiten betrifft, wenn man sie ins Glas füllt, macht es aber dennoch.

TIPP Fragen Sie am besten schon vor der Weihnachtssaison in Ihrem Wunschladen nach verpackungsfreier Schokolade und holen Sie die im eigenen Beutel ab. Viele Läden verpacken die angelieferten Köstlichkeiten vor Weihnachten schon in Zellophantütchen, damit sie diese schneller verkaufen können.

Ostern

Schwieriger noch als Weihnachten ist Ostern. Wenn man etwas im Wald oder im Garten verstecken möchte, sollte es zumindest verpackt sein. Da sind die in Aluminium und Plastik verpackten Eier ideal, doch damit fällt viel Plastikmüll an. Die Lösung: Ein Gefäß, zum Beispiel ein ausrangiertes Schraubglas, in das die Süßigkeiten gegeben und dann versteckt werden. Wer mag, kann es schön verzieren: entweder anmalen oder mit einem bunten Stoff bekleben. Schön sind auch Eier aus Metall oder buntem Karton, die man öffnen kann. Dort finden Schokolade oder andere Köstlichkeiten Platz, und die Eier können später problemlos im Freien versteckt werden. Statt Schokoei mit Überraschung gibt es nun eben ein Überraschungsei mit Schoko.

Eine eigene Verpackung bringen auch gefärbte Hühnereier mit. Sie sehen später hübsch im Osterkorb aus, den man übrigens auch wunderschön ohne Plastik dekorieren kann.

Statt Kunststoffgras aus der Tüte gibt es bei uns Moos aus dem Wald. Das ist eine alte Tradition der Familie meines Mannes. Die Osterspaziergänge gingen dort immer durch tiefe Wälder, in denen wir wunderbar Eier verstecken konnten. Und da wir sowieso schon im Wald unterwegs waren, haben wir auch gleich Moos mitgenommen und zu Hause in die Körbe getan.

Kindergeburtstage

Wer Nachwuchs hat, kommt um das Thema Kindergeburtstage kaum herum. Schaut man sich in Läden um, so entsteht der Eindruck: je bunter und je mehr Plastik, desto besser die Feier. Bunte Pappteller, Strohhalme und einzeln eingepackte Süßigkeiten in Massen. Und dann noch die Tütchen, die jedes Kind am Ende der Party mit nach Hause bekommt. Süßigkeiten sind da die kleinsten Sünden, ebenso häufig sind kleine Giveaways enthalten: Minispielzeug aus Plastik. Auf fremde Feste hat man zwar keinen Einfluss, jedoch auf die eigenen und kann sie entsprechend gestalten.

Natürlich können auch schon kleine Kinder mit normalem Geschirr und Gläsern umgehen. Das klappt bei uns ganz gut. Um Gläser zu unterscheiden, können größere Kinder ihre Namen auf Aufkleber schreiben, oder Sie besorgen kleine Klammern mit unterschiedlichen Motiven oder Namensschildern. Wer doch lieber Wegwerfgeschirr haben möchte, kann einfarbige, unbeschichtete Pappteller oder -becher aus Holz- oder Bambusfasern verwenden. Nach der Feier einfach in Stücke reißen und im Bioabfall entsorgen.

Und die Tütchen? Nun, es ist ja kein Muss, jedem Kind noch etwas mitzugeben. Daher habe ich mich gegen diese Tradition lange gewehrt. Ich wollte nicht mit noch einem zusätzlichen Gegenstand die Kinderzimmer anderer Familien belasten. Aber beim vergangenen Kindergeburtstag meiner Tochter Lisa-Lu habe ich die Schätze, die es zur Belohnung bei der Schatzsuche gab, in eine Papiertüte gepackt.

TIPP Besonders viel Spaß macht an einem Kindergeburtstag ein Bastel-Event: T-Shirts bedrucken mit Kartoffeldruck oder Boote aus Fundholz und anderen netten Findlingen oder Naturmaterialien basteln. Sie sind ein schönes Mitbringsel nach dem Kindergeburtstag.

Kapitel 15

Tiere halten ohne Plastik

Plastikfallen bei der Haltung von Heimtieren

- ▶ Behälter aus Plastik sondern kleine Plastikpartikel ab, wenn sie zerbissen oder zerkratzt werden.
- ▶ Stoffe aus Kunstfasern geben Mikroplastik ab.
- ▶ Tiernahrung kommt in Plastikbeuteln oder Dosen.
- ▶ Tiere nehmen Plastik aus Tierspielzeug auf, indem sie daran kauen.
- ▶ Hundekotbeutel verrotten in der Natur nicht.

Wir selbst haben derzeit zwar keine Haustiere, ich weiß aber, dass es vielen Tierbesitzern ein Anliegen ist, ihren vierbeinigen oder fliegenden Lieblingen Futter und Spielsachen ohne Plastik anzubieten. Eine Zeitlang hatten wir Zwergkaninchen. Nagetiere sind in ihrem Essverhalten glücklicherweise ziemlich ökologisch, denn sie freuen sich über Reste von Salat, Möhren, Äpfel oder anderes Obst und Gemüse. Wenn unsere Küchenabfälle nicht reichten, holte ich die Abfälle aus dem Bio-Supermarkt oder bestellte bei unserer Rollenden Gemüsekiste entsprechendes Häschen-Futter. Vor allem das Grün der Karotten schmeckt Hasen und Co. vorzüglich. Auch unseren Grasschnitt haben sie sich gut schmecken lassen. In unserer Nähe befindet sich zudem ein Getränkemarkt, der auch Tierfutter und anderes Zubehör verkauft. Dort konnten wir das Stroh ohne Verpackung bekommen, anderes Tierfutter gibt es dort ebenfalls ins eigene Gefäß.

Tierfutter

Für Eilige: *Im Glas*
Es gibt tatsächlich Hunde- und Katzennahrung in Bioqualität im Glas oder in der Papiertüte. Der Hersteller Wuff & Mau Heimtiernahrung aus Mecklenburg-Vorpommern (wuffundmau.de) bietet eine große Auswahl davon an.

Für Puristen: *Unverpackt*
Viele kleinere Läden bekommen Tiernahrung in großen Säcken und füllen sie selbst ab. Fragen Sie also einfach in Ihrem Fachgeschäft nach und lassen Sie sich das Tierfutter in eigenen Behältern mitgeben. Große Ketten wie Fressnapf oder Futterhaus haben eine ansehnliche Auswahl an offenem Tierfutter, das Sie in eigene Boxen einfüllen können.

Für Ressourcenschoner: *Reste geben lassen*
Fragen Sie bei Ihrem Metzger nach Resten vom Fleischverkauf, Knochen und Innereien. Viele geben solche Reste sogar kostenfrei ab.

Ebenso können Sie beim Gemüsehändler, Hofladen oder Gemüselieferdienst nach Gemüse- und Obstresten für Ihre Nagetiere fragen. Oder bitten Sie Ihre Nachbarn um den Rasenschnitt. Der eignet sich nicht nur als Nahrung für Nagetiere, sondern auch als Stroh.

Für Selbermacher: *Futter mischen*
Katzen- und Hundefutter können Sie selbst machen. Sie finden spezielle Rezepte im Internet, zum Beispiel auf einfachtierisch.de. Be-

liebt ist seit einigen Jahren das BARFen, das auf eine natürliche Ernährung von Tieren setzt.

BARF: Biologisch Artgerechte Rohfütterung

Auch in Sachen Tiernahrung geht es zurück zu den Wurzeln, denn kein Tier würde in freier Wildbahn gekochtes Fleisch essen. Das ist die Grundlage von BARF (Biologisches artgerechtes rohes Futter). Den Tieren wird rohes Futter aus Fleisch, Innereien, Knochen und Fisch zusammengestellt. Ergänzt wird es mit Obst und Gemüse. Damit die Tiere auch genügend Nährstoffe bekommen, werden dem BARF Vitamine, Mineralien und Spurenelemente zugesetzt. Für dieses sogenannte Supplementieren gibt es Ratgeber und Hilfen, um die richtige Dosierung zu errechnen. Wer selbst barft, weiß genau, was im Futter enthalten ist. Durch dieses artgerechte Futter verbessert sich die Verdauung, es kommt zu weniger Kot und lässt zum Beispiel den Streubedarf bei Katzen sinken.

Allerdings ist BARF teurer und aufwändiger als Fertigfutter, weil ja alles frisch zubereitet werden muss. Tiere, die Fertigfutter gewöhnt sind, müssen sich erst einmal umstellen. Das erfordert viel Geduld für Mensch und Tier. Zudem besteht immer die Gefahr von Parasiten, Würmern und anderem. Infos gibt es beispielsweise bei barf-fuer-hunde.de oder katzen-richtig-barfen.de

Tierzubehör

Entscheiden Sie sich beim Kauf von Käfigen und anderem Zubehör stets für Varianten aus Holz oder Metall. Haustiere nagen oder scharren an dem Material. Handelt es sich dabei um Plastik, so nimmt das Tier entsprechend Kunststoff zu sich. Katzen scharren meist fleißig in ihrer Toilette, sodass sich auch dort der Kunststoff mit der Zeit ablöst. Das führt dazu, dass es möglicherweise unangenehm riecht.

Ebenso sind viele Teile mit Webpelz aus Polyester überzogen. Auch hier lösen sich die Kunststoffteilchen als Mikroplastik mit der Zeit aus dem Stoff. Eine große Auswahl an Tierzubehör aus natürlichem Material bekommen Sie bei Waschbaer.de.

Für Katzenbesitzer:

Eine Freundin hat das Problem mit der Katzentoilette gelöst, indem sie einen sogenannten Gastronormbehälter verwendet, den sie aus einer Gaststätten-auflösung gebraucht gekauft hat. Das sind die Edelstahlbehälter, die zum Warmhalten von Speisen bei Buffets in der Gastronomie verwendet werden. Schauen Sie einfach mal bei Gaststättenauflösungen oder suchen Sie im Internet nach solchen Behältern.

Für Eilige und Puristen: *Natürliche Materialien*

Wenn Sie Zubehör für Tiere anschaffen, entscheiden Sie sich stets für die plastikfreie Alternative. Hier einige Beispiele:

- Transportbox aus Aluminium
- Körbe aus Rattan
- Käfige für Nager und Vögel aus Metall und möglichst mit Stangen aus Holz- oder Edelstahl
- Näpfe aus Edelstahl oder Porzellan
- Halsband und Leine aus Leder
- Katzentoilette aus Edelstahl
- Katzenstreu, Ökostreu
- Kuscheldecken und andere Stoffe aus Naturmaterialien
- Bürste für die Fellpflege aus Naturmaterialien, zum Beispiel vom Bürstenhaus Redecker

▶ Krallenscheren und anderes Pflegeequipment komplett aus Edelstahl besorgen

Für Selbermacher: *Kratzbaum*

Sie können einen Kratzbaum selbst machen. Suchen Sie sich einen dicken Ast und umwickeln Sie ihn mit einem Sisalseil. Schrauben Sie den Ast dann auf ein großes Brett. Montieren Sie ein weiteres Brett auf dem Stamm, dann kann es sich Ihre Katze auch oben gemütlich machen. Wollen Sie es noch flauschig beziehen, dann nehmen Sie Webpelz-Stoff aus Baumwolle und Schurwolle (z.B. bei allnatura.de). Natürlich können Sie auch einen aufwändigeren Kratzbaum mit Höhlen bauen – je nach handwerklichem Geschick.

Spielzeug

Für Eilige: *Natürliche Materialien*

Wählen Sie gezielt Spielzeug aus natürlichen Materialien, wie Holz, Baum- oder Schurwolle aus.

Für Selbermacher / Upcycler: *Bälle und Spielangeln*

Viel Spielzeug für Tiere können Sie leicht aus Dingen, die schon da sind, selber machen. Hier einige Beispiele:

▶ *Weiche Kronkorken:* Umhäkeln Sie einen Kronkorken mit Wolle.
▶ *Spielangel:* Knoten Sie ein Büschel aus Federn an einer Schnur fest. Nehmen Sie dann einen Stecken und knoten den Faden daran.
▶ *Spielsocke:* Mehrere einzelne Socken in eine Socke stopfen. Dieses Spielzeug macht Hunden und Katzen Spaß.

Hundekotbeutel

Ein Produkt, das selbst Leute ohne Tiere beschäftigt, sind die Hundekotbeutel. Es ist schon etwas seltsam, dass etwas Organisches wie Hundekot in einen Plastikbeutel kommt, der verbrannt werden muss. Natürlich ist es sinnvoll, vor allem in der Stadt, die Hinterlassenschaften von Hunden von der Straße zu nehmen. Und natürlich gehören diese in den Restmüll. Doch wenn man in der Natur spazieren geht, sieht man immer wieder am Wegesrand Hundekotbeutel liegen. Das liegt wohl daran, dass manchen Hundebesitzern der Weg zum nächsten Abfalleimer zu weit ist. Statt natürlich zu verrotten, liegt dann der Hundekot in seiner Tüte mehrere Jahre in der Natur und produziert Mikroplastik statt Dünger.

Für Eilige: *Papier statt Plastik*
Hundekotbeutel aus Papier kaufen, der auch biologisch abbaubar ist. Diese gibt es als Hundekotgreifer von Trixie (trixie.de) oder als kleinen Karton PooPick (thepoopick.com). Falls so ein Beutel tatsächlich mal in der Natur liegen bleiben sollte, dann verrottet er zumindest relativ schnell.

Kapitel 16

Gemeinsam ohne Plastik

Jeder kann nur bei sich selbst anfangen, die Welt zu verändern: weniger Plastik, weniger Konsum, weniger CO_2. Doch Sie können auch andere mitnehmen! Tun Sie sich mit anderen zusammen, die genauso denken wie Sie. Dank Facebook und Instagram ist es heutzutage relativ leicht, Gleichgesinnte zu finden. Gibt es in Ihren Ort vielleicht schon eine aktive Facebook-Community, die sich für weniger Plastik oder nachhaltigeren Konsum einsetzt? Wenn nicht, gründen Sie eine! In meiner Stadt gab es bereits die Facebook-Gruppe »Plastikfrei in Augsburg«, als ich anfing, nach Alternativen für Plastik zu suchen. Das war sehr praktisch, um konkrete Tipps innerhalb der Stadt zu bekommen. Auch Naturschutz-Gruppen sind in Sachen »Plastikvermeidung« engagiert: BUND, Greenpeace, NABU sind die richtigen Ansprechpartner. Vielleicht gibt es sogar eine Transition Town Gruppe bei Ihnen vor Ort?

Organisieren Sie einen Stammtisch, einen Vortrag oder einen Workshop und gründen Sie eine Gemeinschaft, die Ihre Gemeinde plastikfreier machen möchte. Es gibt viele Projekte, die Sie angehen können: Alternativen zu Coffee-to-go-Bechern, Pfandsysteme für Becher und Boxen, Einkaufen mit eigener Verpackung in den Läden Ihrer Stadt, Verbot von Kunstrasen mit Mikroplastik in Ihrer Stadt oder Gemeinde, mehr Bio-Essen in Kindergärten, Schulen und öffentlichen Einrichtungen, mehr Gemeinwohl in der Kommune ... es gibt unendlich viele Möglichkeiten, die Welt vor Ihrer Haustür besser zu machen. Beispiele finden Sie im Anhang.

Wir alle können Einfluss nehmen und etwas bewirken. Wie leicht oder schwer das ist, hängt natürlich auch von dem Willen oder der Überzeugung der jeweils Verantwortlichen ab. Wenden Sie sich also an die örtlichen Leiter oder Zuständigen in den Behörden für Umwelt und Abfall und schlagen Sie Ihnen Ihre Projekte vor. Oftmals sind diese Stellen froh über bürgerschaftliches Engagement, da ihnen selbst für viele Projekte die Zeit fehlt.

Wenden Sie sich an Ladenbesitzer und Restaurantbetreiber. Viele möchten gerne mehr für die Umwelt tun und freuen sich, wenn sie dies umsetzen können. Auch durch Ihren veränderten Konsum können Sie ausdrücken, was Ihnen wichtig ist.

Nachhaltigkeit vor Ort

Die Türen der städtischen Verwaltung haben sich mir in Augsburg ziemlich offen gezeigt. Denn die Stadt befindet sich in einem aktiven Nachhaltigkeitsprozess, der die Bestrebungen einer plastikfreien Stadt sehr begrüßte. In diesem Prozess der Lokalen Agenda 21 engagieren sich Bürger*innen für eine nachhaltige Entwicklung der Stadt. Die Stadt selbst unterstützt diesen Prozess finanziell und personell durch das Büro für Nachhaltigkeit. Das Büro ist die Schnittstelle zwischen den Bürgern und den Verantwortlichen der Stadt. Gemeinsam werden Projekte initiiert und durchgeführt, die das Stadtleben in allen Facetten der Nachhaltigkeit voranbringen – ganz im Sinne der Augsburger Zukunftsleitlinien. Diese wollen auch die Weltnachhaltigkeitsziele erreichen: die Sustainable Development Goals (SDGs). Das sind die von der UN-Vollversammlung 2015 beschlossenen Nachhaltigkeitsziele, die bis 2030 weltweit umgesetzt werden sollen. Der offizielle deutsche Titel lautet Transformation unserer Welt: die Agenda 2030 für nachhaltige Entwicklung.[44]

Der politische Wille zur nachhaltigen Entwicklung ist also da. Ebenso wie die Institutionen, die diese Vorhaben unterstützen. In Deutschland ist das der Rat für Nachhaltige Entwicklung sowie die RENN-Stellen (Regionale Netzstellen Nachhaltigkeitsstrategien renn-netzwerk. de). Wenn Sie Projekte anstoßen, werden Sie von solchen Stellen unterstützt. Um die Dinge zu ändern, braucht es couragierte Menschen, die ihr Ändern leben. Menschen, die den Mut und die Kraft haben, Dinge anzugehen, verkrustete Strukturen aufzureißen und Platz für Neues zu schaffen. Seien Sie einer von diesen Menschen. Fangen Sie im Kleinen bei sich an und nehmen Sie andere Leute mit. Die Reise wird sich lohnen!

Sprechen Sie Politiker an

Sie wünschen sich mehr Engagement von der Politik? Schreiben Sie Briefe an Ihre Abgeordneten. Politische Entscheidungen werden getroffen, weil die Politiker wiedergewählt werden wollen. Wenn Abgeordnete wissen, welche Dinge sie politisch voranbringen müssen, damit sie in ihrem Amt bestätigt werden, werden sie sich dafür einsetzen. Also nicht über die Politik schimpfen, lieber direkt Einfluss nehmen und sagen, was Sie sich von der Politik wünschen. Schließlich wählen wir Menschen, die unser Land in die Richtung lenken, die wir uns vorstellen: nämlich unsere Welt zu erhalten. Wenn wir also unser Verhalten so ändern, dass wir unsere Umwelt mit Respekt behandeln und unsere Mitmenschen und die Politiker zum Mitmachen bewegen, geht auch etwas voran. Seien Sie dabei!

Kapitel 17

Die 30-Tage-Challenge für mehr Nachhaltigkeit im Alltag

Willkommen in Ihrem neuen Leben! Sie ärgern sich auch schon lange über das ganze Plastik, das Sie nach dem Einkaufen zu Hause entsorgen? Vieles in Ihrem Leben könnte nachhaltiger laufen, aber dann steigen Sie doch wieder ins Auto, um kurz vor Ladenschluss die Fertigpizza zu holen? Denn neben Job und Kindern ist die Zeit einfach knapp? Sie fragen sich: Muss das alles sein? Sie wollen das ändern, wissen aber nicht so recht, wie Sie das anstellen können, und wo Sie anfangen sollen?

Damit ist jetzt Schluss. In den nächsten 30 Tagen wird vieles anders. Und keine Angst: Sie werden nicht plötzlich zur langweiligen »Öko-Tussi« oder zum ungewaschenen »Öko-Hippi«. Im Gegenteil, Sie werden zum Vorbild für die Menschen in Ihrem Umfeld in Sachen zukunftsfähigem Leben. Und Sie werden sicher weniger Plastik im Haus haben und insgesamt nachhaltiger leben. Neue Gewohnheiten und Erfahrungen werden Sie bereichern, Sie werden ziemlich sicher gesünder und bewusster leben: Statt über Probleme zu grübeln, haben Sie etwas verändert.

Denn wer Plastik vermeidet, nimmt plötzlich viele Dinge anders wahr und sieht Absurditäten im Alltag, die man bisher vielleicht nie hinterfragt hatte. Wer braucht eigentlich einen To-go-Becher? Warum gibt es so viel Fleisch in der Kantine? Und wieso ist die Banane eingeschweißt – sie hat doch schon eine Schale?

Jeder, der etwas nachdenkt und im Kleinen Verantwortung übernimmt, beeinflusst unsere Zukunft positiv und trägt ein Stück weit dazu bei, dass auch unsere Kinder diese Welt noch bewohnen können. Wenn Sie sich dieser 30-Tage-Challenge stellen, können Sie mit Recht stolz auf sich sein!

Ihr Weg zu mehr Nachhaltigkeit

Die Challenge beginnt idealerweise an einem Samstag, denn am Wochenende ist mehr Zeit für die Planung und Vorbereitung. Bis dahin können Sie die Zeit nutzen, um mit offenen Augen durch die Straßen zu gehen. Reden Sie mit Freunden, Nachbarn und Kollegen, welche alternativen Läden es gibt, wo frisches Gemüse und Obst aus der Region erhältlich sind: Vielleicht macht sogar jemand bei der Challenge mit? Der Sonntag ist ab Woche 2 für das Essen oder Kochen reserviert. Da gerade bei der Ernährung eine Menge Plastik gespart werden kann, wollen wir uns jeweils an diesem Tag darauf konzentrieren, neue Gewohnheiten beim Essen zu etablieren.

Die Challenge-Übersicht

		Fokus: Bewusstsein schärfen – Dinge besorgen
1	**Planung**	Bestandsaufnahme Einkaufen
2	**Vorbereitung**	Familie mitnehmen, Buddy finden
3	**Vorbereitung**	Vorbereitung unverpackter Einkauf, Equipment dafür sammeln

4	Vorbereitung	Läden recherchieren, die offene Produkte verkaufen
5	Aktion	Sag-Nein-Tag: Ablehnen von Einwegplastik und Werbegeschenken starten
6	Vorbereitung	Bestandsaufnahme Putzutensilien: Was habe ich, was brauche ich. Zutaten für Bienenwachstuch besorgen
7	Umsetzung	Unverpackt einkaufen Teil 1: Einkaufen im Supermarkt, Zutaten für Putzmittel besorgen
		Fokus: Küche / Haushalt
8	Planung	Bestandsaufnahme Küche / To-go-Equipment: Was habe ich, was brauche ich, wie kann ich improvisieren.
9	Aktion	Lieblingsgericht plastikfrei kochen
10	Umsetzung	Putzmittel selbst machen (Spülmittel)
11	Aktion	Upcyling-Tag: Lappen aus alten Sachen herstellen
12	Umsetzung	Mülltrennung optimieren
13	Aktion	Bienenwachstuch selber machen
14	Umsetzung	Unverpackt einkaufen Teil 2: Spezialläden testen (Hofladen, Mühle, Metzgerei, Käse)
		Fokus: Bad / Kosmetik
15	Planung	Bestandsaufnahme Bad
16	Umsetzung	Essen plastikfrei im Lieblingsrestaurant holen
17	Umsetzung	Fehlende Sachen fürs Bad besorgen: Seife, Zahnbürste, Zutaten zum Selbermachen etc.
18	Umsetzung	DIY: Abschminkpads nähen und rasieren ohne Plastik
19	Aktion	Clean up: Plastikmüll unterwegs sammeln

20	Aktion	Deo selber machen
21	Umsetzung	Unverpackt einkaufen Teil 3: Tee, Kaffee, Gewürze, Schokolade
		Fokus: Wohnen / Kinderzimmer / Büro
22	Aktion	Wohn- und Kinderzimmer plastikfrei machen
23	Umsetzung	Essensbasics selber machen
24	Bestandsauf-nahme	Haushalts-Check: Aufbewahrung? Möbel?
25	Aktion	Knete / Kleber selbst machen
26	Bewusstsein	Erfahrungen austauschen: Mit Freunden reden
27	Planung	Plastikfrei schenken: Ideen sammeln, Verpackungen überlegen
28	Aktion	Büro plastikfrei gestalten
		Fokus: Kleidung / Abschluss
29	Planung	Bestandsaufnahme Kleidung: Bio-Mode und Secondhandläden finden
30	Planung und Abschluss	Was ist noch offen? Liste vervollständigen. Feiern!

1. Woche – Bewusstsein schärfen – Dinge besorgen

Tag 1: Planung

Bestandsaufnahme Einkaufen

Jede Reise beginnt mit dem ersten Schritt. Auch die Reise in ein Leben ohne Plastik. Um sie antreten zu können, sollten Sie sich zunächst ein Bild von der Lage machen, eine Bestandsaufnahme. Gehen Sie durch Ihre Wohnung oder Ihr Haus und schauen Sie sich um: Wo sehen Sie Plastik, das Sie stört? Merken Sie sich Dinge, die Sie bis zum Ende der Challenge verändern oder ersetzen möchten.

Geht es Ihnen gut? Dann sind Sie bereit für den wichtigsten Schritt am heutigen Tag! Checken Sie Ihre Mülleimer und Mülltonnen: Was landet hauptsächlich in Ihrem Plastikmüll? Schreiben Sie eine Liste mit Dingen, die Sie üblicherweise in Plastik verpackt kaufen. Für die meisten gängigen Produkte gibt es Alternativen. Informationen und Anregungen dazu finden Sie im Kapitel »So gelingt der Einkauf ohne Plastik«.

Machen Sie sich's leicht und konzentrieren Sie sich auf ein bis zwei Produkte, die Sie durch plastikfreie Alternative ersetzen oder ganz weglassen können. Ein besonders empfehlenswerter Schritt, der gleich einen großen Unterschied macht, ist das Weglassen von Tetrapaks. Jeder hat gewisse Routinen und Lieblingsprodukte: Wenn Sie Ihr Verhalten Stück für Stück ändern und darauf achten, dass es Ihnen dabei gut geht, fühlen Sie sich nicht überfordert.

Falls heute schon ein Einkauf ansteht: Gleich ausprobieren! Notieren Sie auf Ihrem Einkaufszettel, welche Produkte auf Ihrer Plastikmüll-Liste Sie plastikfrei kaufen wollen, damit Sie auch im Laden nicht das Ziel aus den Augen verlieren.

Tag 2: Vorbereitung

Umfeld mitnehmen, Buddy finden

Gemeinsam geht vieles leichter. Suchen Sie sich daher Verbündete auf Ihrem Weg zu weniger Plastik. Wenn Sie Familie haben, sollten Sie gemeinsam über Ihr Vorhaben reden und es vorbereiten. Leben Sie allein, können Sie sich mit Freunden zusammentun oder einen »Buddy« für die Challenge suchen: Einen Partner, der Ihnen zur Seite steht oder sich idealerweise gemeinsam mit Ihnen auf den Weg zu einem plastikfreieren Leben macht.

Gerade in Partnerschaften und in der Familie ist es wichtig, dass Sie über Ihr Vorhaben sprechen. Denn auch hier gilt: kein Zwang, keine Überforderung! Fragen Sie lieber nach, wer den Weg zu weniger Plastik mitgehen möchte und ob es Vorschläge gibt, wie das Ziel erreicht werden kann. Da inzwischen fast alle Menschen von den Problemen mit Plastik und Plastikmüll gehört haben, rennen Sie vielleicht offene Türen ein. Kinder, die bisher bei jeder Gelegenheit nach Süßigkeiten in Plastiktüten gefragt haben, könnten Sie überraschen: Oft sind sie sofort an Bord, wenn es darum geht, Neuerungen umzusetzen.

Eine weitere Möglichkeit: Schauen Sie sich mit Ihrer Familie einen Film zum Thema an. Gut geeignet ist zum Beispiel »Plastic Planet«, der sehr viele Menschen davon überzeugt hat, auf Plastik besser zu verzichten. Auf der Seite der Bundeszentrale für politische Bildung können Sie den Film kostenfrei ansehen: bpb.de/mediathek/187448/plastic-planet.

Tag 3: Vorbereitung

Vorbereitung unverpackter Einkauf, Equipment dafür sammeln

Je nachdem, welche Vorlieben Sie haben, brauchen Sie unterschiedliche Einkaufsutensilien. Die wichtigsten:

- Körbe, große Baumwolltaschen oder andere wiederverwendbare Einkaufstaschen
- Kleinere Taschen oder Tütchen für Obst und Gemüse; Sie können gebrauchte Papier- oder Plastiktüten wiederverwenden oder kleine (Baumwoll-)Säckchen kaufen oder selber machen.
- Behälter für Wurst und/oder Käse
- leere Schraubgläser für unverpackte Sachen wie Oliven, Frischkäseaufstriche, Nüsse oder Ähnliches (sollten noch keine vorhanden sein: jetzt ist der richtige Zeitpunkt, mit dem Sammeln zu beginnen)

In den ersten Wochen scheitert der plastikfreie Einkauf häufig daran, dass man keine Tasche oder die nötigen Utensilien dabeihat. Legen Sie am besten alles für den Einkauf bereit und platzieren Sie Taschen und Behälter gegebenenfalls im Auto bzw. im Fahrradkorb. Eine Einkaufstasche und ein Brotbeutel passen zusammengefaltet auch gut in die Hand- oder Jackentasche. Sorgen Sie dafür, dass Sie immer eine Tasche dabeihaben, wenn Sie unterwegs sind. Haben Sie aber am Anfang Geduld mich sich (und anderen), wenn trotz aller Vorbereitung mal etwas fehlt, denn jede neue Gewohnheit braucht Zeit, um zur Normalität zu werden.

Legen Sie als Nächstes eine Einkaufs- oder Wunschliste an, auf der Sie alles notieren, was Sie für ein Leben ohne Plastik brauchen. Ob Dose, Tasche, Glasbehälter oder Beutelchen: Notieren Sie es und legen Sie den Zettel in Ihren Geldbeutel, damit Sie bei Gelegenheit gleich zuschlagen können. In vielen Supermärkten, vor allem in Bioläden, gibt es kleine Gemüsetaschen zu kaufen, manchmal auch Brotzeitdosen, die sich gut für Wurst und Käse eignen. Achten Sie dabei aber darauf, dass diese kein Plastik beinhalten! Ressourcenschonender ist es in jedem Fall, wenn Sie das, was Sie bereits haben, weiterverwenden oder upcyceln und Taschen zum Beispiel selber nähen.

Tag 4: Vorbereitung

Läden recherchieren, die offene Produkte verkaufen

Wo können Sie am besten plastikfrei einkaufen? Hat Ihr lokaler Supermarkt vieles unverpackt, oder müssen Sie sich nach alternativen Läden umsehen? Gibt es kleine Spezialgeschäfte, in denen Waren ohne Plastikverpackung erhältlich sind? Testen Sie verschiedene Supermärkte und orientieren Sie sich neu, wenn Sie dort keine oder zu wenige Produkte ohne Plastik finden.

Wenn Sie plastikfrei einkaufen, wird die vermeintlich große Auswahl plötzlich sehr viel überschaubarer. Lohnt sich der Weg zum Discounter dann überhaupt noch? Früher war auch ich bei den großen Ketten Stammkunde. Inzwischen komme ich sehr gut ohne sie aus. Dafür entdeckte ich einen neuen Reichtum an kleinen Geschäften mit guten Waren und nettem Verkaufspersonal, bei denen Einkaufen wieder Freude macht und keine lästige Pflicht mehr ist.

Die Geschäfte, die für Sie die richtigen sind, finden sich nicht von heute auf morgen. Recherchieren Sie, ob es in Ihrer Gegend einen Unverpackt-Laden gibt. Manchmal existieren auch kleine Tante-Emma-Läden oder Hofläden in der Nähe, von denen kaum einer weiß. Sie sind oft eine Goldgrube, wenn es um regionale und unverpackte Waren geht. Machen Sie einen Spaziergang durch Ihr Wohnviertel oder erkunden Sie die Umgebung durch ausgiebige

Radtouren. Halten Sie nach Spezialitätenläden Ausschau, denn die verkaufen vieles offen. Vielleicht gibt es sogar einen Verein, in dem Sie Gemüse aus solidarischer Landwirtschaft beziehen können?

Suchen Sie in der Nähe eine Metzgerei, einen Getränke- und einen Käseladen Ihres Vertrauens. Sprechen Sie mit Verkäufern und Besitzern, um herauszufinden, wer regionale Produkte anbietet. Probieren Sie Erzeugnisse von Bauern, kleinen Brauereien und Saftpressen vor Ort. Wo gibt es Tee- oder Kaffeeläden, die offen verkaufen? Gibt es spezialisierte Gewürzläden?

Nehmen Sie sich die nötige Zeit, um diese besonderen Einkaufsmöglichkeiten für sich zu entdecken. Auf diesem Weg werden Sie vielleicht mehr Zeit und Geld als sonst investieren müssen. Dafür erhalten Sie meiner Erfahrung nach fast immer bessere Qualität und viel gesündere Produkte, dazu den Kontakt zu interessanten Menschen und eine Beratung, die den vielleicht höheren Preis doppelt und dreifach wert sind.

Tag 5: Aktion

Sag-Nein-Tag: Ablehnen von Einwegplastik und Werbegeschenken starten

Nehmen Sie diesen Tag zum Anlass, bewusst auf die kleinen und großen Geschenke zu verzichten, die Ihnen angeboten werden: der Strohhalm im Latte macchiato, die kleine verpackte Süßigkeit zwischendurch, das Werbegeschenk in der Fußgängerzone. Sprechen Sie es ruhig aus: »Nein danke, ich vermeide überflüssiges Plastik.« So wird Ihr Gegenüber vielleicht ein Gefühl dafür entwickeln, dass es einfach nicht mehr zeitgemäß ist, solche Dinge zu verteilen.

Nehmen Sie sich zu Hause den Stapel mit Werbepost und Katalogen vor und bestellen Sie diese ab, am besten alle. Das ist normalerweise mit einer kurzen E-Mail oder einem Anruf bei der Kunden-hotline erledigt. Tragen Sie sich anschließend auf der Robinson-Liste ein (robinsonliste.de) ein, um sich vor unerwünschter Werbung zu schützen. Falls Sie noch keinen Keine-Werbung-Aufkleber auf dem Briefkasten kleben haben, besorgen Sie sich einen oder schreiben Sie selbst einen Zettel.

Werbung und Kataloge dienen nur dazu, den Wunsch nach Din-gen zu wecken, die man weder braucht noch unbedingt haben will. Stattdessen sparen Sie nicht nur eine Menge Papiermüll, sondern auch eine Menge Zeit und Geld, wenn Sie auf Katalogblättern und Werbepostöffnen verzichten. Was Sie wirklich brauchen, das kaufen Sie idealerweise beim Händler in Ihrer Stadt, oder Sie suchen gezielt im Internet, wenn Sie vor Ort nicht fündig werden. Falls Sie bisher ein Schnäppchenjäger waren, dann werden Sie vielleicht merken, dass Sie dieses Verhalten ändern wollen. Zum einen, weil Schnäpp-chen fast immer in Plastik eingepackt sind, zum anderen, weil Sie feststellen könnten, dass diese Produkte meist aus gutem Grund billig verkauft werden. Sparen Sie sich das Geld und der Umwelt die Ressourcenverschwendung.

Tag 6: Vorbereitung

Bestandsaufnahme Putzutensilien: Was habe ich, was brauche ich. Zutaten für Bienenwachstuch besorgen

Schauen Sie heute Ihre Putzutensilien durch. Wenn Sie einen nor-malen Haushalt führen, werden Sie viel Plastik vorfinden: Putz- und Spülmittel in Plastikflaschen, Bürsten und Putztücher aus Plastik, Plastikeimer, Plastikbesen. Was davon noch gut ist, sollten Sie erst einmal weiter verwenden oder weitergeben, zum Beispiel ins Sozial-kaufhaus. Bei Mikrofasertüchern wird es allerdings schwierig. Für das Weiterbenutzen spricht, dass Sie Ressourcen schonen, weil Sie nichts Neues kaufen. Fürs Ersetzen spricht, dass sich bei jeder Benutzung kleinste Kunststofffasern lösen, die nicht ausgefiltert werden können und so in die Natur gespült werden. Letztlich ist es eine Gewissensfrage. Ich benutze zum Beispiel den Guppyfriend, einen Beutel für die Waschmaschine, der Mikroplastik zurückhält (guppyfriend.com).

Wenn der gute alte Spülschwamm und die Plastikspülbürste nichts mehr taugen, ist es Zeit, diese Dinge durch plastikfreie waschbare Lappen und Holzbürsten zu ersetzen. Welche Alternativen es gibt, finden Sie im Kapitel »Sauber machen ohne Plastik«.

Hier eine Übersicht der wichtigsten Dinge für einen plastikfreien Haushalt:

- waschbare Tücher aus Baumwolle, Bambus oder Hanf (langlebig und plastikfrei)
- Haushaltshandschuhe aus Naturkautschuk
- Spülbürste aus Holz oder Edelstahl mit austauschbarem Kopf
- Putzmittel mit unproblematischen Inhaltsstoffen kann man kostengünstig selbst herstellen (aus Natron, Soda, Zitronensäure und Spülmaschinensalz).

Wenn Ihnen das eine oder andere Produkt noch fehlt, schreiben Sie es jetzt auf Ihre Wunsch- oder Einkaufsliste und besorgen es bei der nächstmöglichen Gelegenheit, damit Sie Ihre plastikfreien Lösungen jederzeit parat haben. Wo Sie diese Dinge bekommen, lesen Sie im Kapitel »Sauber machen ohne Plastik«.

Tag 7: Umsetzung

Unverpackt einkaufen Teil 1: Einkaufen im Supermarkt, Zutaten für Putzmittel besorgen
Falls Sie es bisher noch nicht gemacht haben, dann ist es heute endlich so weit: Der erste Einkauf ohne Plastik! Freuen Sie sich auf das, was Sie erwartet.

Haben Sie ein Lieblingsgericht, das Sie bisher immer nur als verpacktes Fertiggericht oder als Fertigmischung gekauft haben? Ob Pizza, Fischfilet im Teigmantel oder die Bolognese-Fertigmischung: Suchen Sie sich vor dem Einkauf ein Rezept dazu und kaufen Sie die Zutaten dafür frisch und unverpackt ein, denn an Tag 9 werden Sie ausprobieren, wie das Gericht schmeckt, wenn Sie es selbst gekocht haben!

Ebenso besorgen Sie sich die Zutaten für die Putzmittel sowie die plastikfreien Reinigungsutensilien, die Ihnen noch fehlen. Möglicherweise müssen Sie dazu noch einen Abstecher in den Drogeriemarkt machen.

Taschen eingepackt, Gefäße für etwaige Fleisch- oder Käsetheken bereit? Dann los: Gehen Sie zunächst in den Supermarkt, in dem Sie auch sonst eingekauft haben. Nehmen Sie sich Zeit und prüfen Sie genau, was es dort alles ohne Plastik gibt und was nicht.

Es gibt viele Möglichkeiten, Plastik einzusparen:

- Kaufen Sie Obst & Gemüse offen ein und füllen Sie es nötigenfalls in die mitgebrachten Tüten/Beutel.
- Suchen Sie bei jedem Lebensmittel in Plastikverpackung nach Alternativen in Glas, Papier oder Pappe.
- Registrieren Sie aufmerksam, welche Produkte es nur in Plastik gibt und reagieren Sie darauf so, dass Sie sich wohl dabei fühlen: Sie können auf diese Produkte verzichten, eine Ausnahme machen oder entscheiden, diese Produkte zukünftig woanders einzukaufen.

▶ Abgepackte Wurst, Fleisch und Käse aus Kühlregal und Tief-
kühltruhe sind oft minderwertig; außerdem sind sie fetthaltig
und lösen deshalb Schadstoffe im Plastik: Besorgen Sie sich
lieber Produkte an der Frischetheke oder direkt in der Metzgerei und im Käseladen.

▶ Konservendosen sollten Sie ebenfalls meiden, denn sie sind
innen mit Kunststoff beschichtet

Resümee Woche 1:

Glückwunsch, Sie haben die 1. Woche geschafft. Wie schaut es in
Ihren Küchenschränken und im Kühlschrank aus? Erkennen Sie bereits den Unterschied? Notieren Sie sich doch auf einer Liste, welche
Gegenstände aus Plastik Sie die vergangenen sieben Tage bereits
vermieden haben und hängen Sie diese sichtbar auf: Ist die gelbe
Tonne / der gelbe Sack schon leerer? Ja? Dann sind Sie auf einem
guten Weg. Weiter so!

2. Woche – Küche / Haushalt

Tag 8: Planung

Bestandsaufnahme Küche / To-go-Equipment: Was habe ich, was
brauche ich, wie kann ich improvisieren?

Töpfe, Pfannen, Pfannenwender, Schüsseln: Viele Sachen in der Küche sind aus Plastik oder haben Plastikbeschichtungen. Problematisch wird es überall dort, wo Plastik stark beansprucht oder erhitzt
wird, denn da lösen sich Inhaltsstoffe aus dem Plastik und gelangen schnell direkt ins Essen. Prüfen Sie daher Ihre Küchen-Utensili-
en und ersetzen Sie alles aus Plastik, was zerkratzt oder beschädigt
ist, insbesondere Pfannen, Töpfe, Kuchen- und Auflaufformen mit

Beschichtungen und Pfannenwender aus Kunststoff. Ergänzen Sie Ihre Wunschliste mit all den Dingen, die Sie jetzt und in näherer Zukunft ersetzen wollen. Vergessen Sie dabei nicht, Eltern, Großeltern sowie Verwandte und Freunde zu fragen, ob diese noch alte Sachen gelagert haben, die mit einer sorgfältigen Reinigung wieder einsatzbereit gemacht werden können. Prüfen Sie bei dieser Gelegenheit, welche Aufbewahrungslösungen für Lebensmittel Sie bereits haben und ergänzen Sie diese gegebenenfalls.

Lösungen für eine plastikfreie Küche:
- abdeckbare Schüsseln und Dosen aus Glas oder Edelstahl mit Deckel statt Plastikschalen und Frischhaltefolie
- Schraubgläser in allen Größen
- Kochlöffel, Pfannenwender und Schneidebretter aus Holz
- Töpfe und Pfannen ohne Beschichtung

Checken Sie auch Ihre Trinkgefäße und Brotzeitdosen. Wer unterwegs bisher hauptsächlich aus Plastikflaschen getrunken oder gerne mal einen Coffee to go mitgenommen hat, der darf jetzt gerne auf müll- und plastikfreie Lösungen umsteigen: Aus Glas- und Edelstahlflaschen schmeckt jedes Getränk besser, und oft kann man sich den Kaffee auch in einen mitgebrachten Becher füllen lassen. Wer einmal seinen Becher für den Kaffee unterwegs vergessen hat, bekommt mittlerweile in vielen Städten Pfandbecher. Sie können aber auch einfach den Kaffee von zu Hause in der Thermoskanne mitnehmen. Wenn Sie planen, unterwegs einen Snack zu sich zu nehmen, stecken Sie Messer und Gabel aus Edelstahl ein. Falls dies häufiger der Fall ist, empfiehlt es sich, immer ein Etui mit Besteck dabei zu haben. Schreiben Sie alles auf Ihre Wunschliste, was Sie zukünftig noch besorgen möchten.

Das brauchen Sie für unterwegs:

- Brotzeitdose aus Edelstahl
- Trinkflasche aus Glas oder Edelstahl (kann auch einfach eine Glasflasche oder ein Schraubglas sein)
- Thermosbecher aus Edelstahl
- auslaufsichere Boxen mit Deckel oder Tiffin-Boxen (»Henkelmann«), auch leere Schraubgläser sind geeignet, wenn Sie mal Essen mitnehmen wollen
- optional: Bestecketui

Tag 9: Aktion

Lieblingsgericht plastikfrei kochen

Heute bereiten Sie Ihr liebstes Fertiggericht aus frischen unverpackten Zutaten, die Sie schon beim letzten Einkauf besorgt haben, selbst zu. Für einige mag das keine Schwierigkeit bereiten, vielleicht erscheint es Ihnen sogar banal. Andere mögen diese Aufgaben jedoch als große Herausforderung betrachten, weil sie selten kochen oder Fertiggerichte bevorzugen, da sie sich schwer nachkochen lassen. Ich möchte Sie dennoch ermutigen, sich dieser Aufgabe zu stellen. Oft ist der Aufwand überschaubarer, als man denkt. Leckere Rezepte finden Sie auf Plattformen wie Chefkoch.de im Internet. Darüber hinaus ist Selbstgekochtes gesünder, hat weniger Kalorien und schmeckt meist deutlich besser. Viel Erfolg und guten Appetit!

Tag 10: Umsetzung

Putzmittel selbst machen: zum Beispiel Spülmittel
Natron, Zitronensäure, Waschsoda … alles da? Dann geht es spätestens heute ans Ausprobieren. Es ist ganz einfach. Sie löffeln ein paar Zutaten in ein großes Schraubglas, einmal kurz durchschütteln … fertig! Vielleicht fangen Sie mit dem Spülmittel an? Die genauen Rezepte für die Reinigungsmittel finden Sie im Kapitel »Sauber machen ohne Plastik«.

Wer motiviert ist, darf natürlich auch andere Dinge ausprobieren. Sie können sogar nach immergrünem Efeu suchen und daraus einen Reiniger oder ein Waschmittel herstellen. Aber auch hier gilt: nicht überfordern, lieber einzelne kleine Schritte machen und dafür am Ball bleiben!

Tag 11: Aktion

Upcycling-Tag: Lappen aus alten Sachen herstellen
Am heutigen Tag der Challenge geht es um Upcycling und Selbermachen. Wenn Sie kein eigenes Projekt im Blick haben, stellen Sie doch einfach eine Alternative für Küchen- und Mikrofasertücher her.

Zunächst brauchen Sie Stoff. Suchen Sie dazu alte, kaputte T-Shirts oder andere Baumwollkleidung heraus und schneiden Sie diese auf passende Größen. So entstehen schnell und einfach Spül- und Putzlappen, die auch als Ersatz für Küchentücher genutzt werden können. Besonders gut geeignet sind alte Frotteehandtücher. Wer lieber häkeln möchte, der findet auf *gemachtmitliebe.de/spueltuecher-haekeln* eine einfache Anleitung für Putz- und Scheuerlappen. Machen Sie es sich zum Ziel, am Ende des Tages mindestens ein Objekt aus Plastik ersetzt zu haben.

Tag 12: Umsetzung

Mülltrennung optimieren

Natürlich gilt: Gar kein Müll ist der beste Müll. Aber manchmal lässt er sich nicht vermeiden. Wer anfallenden Müll richtig trennt, der verwandelt Abfall in Wertstoffe. Ein gutes Beispiel ist die Saure Sahne, die ich bisher tatsächlich nirgendwo im Glas gefunden habe: den Aludeckel sollten Sie komplett entfernen, bevor Sie Becher und Aludeckel getrennt in den gelben Sack geben.

Die Aufgabe für heute: Erstellen Sie Checklisten und hängen Sie diese bei den Abfalleimern auf, bis Sie (und alle anderen im Haushalt) sie auswendig kennen. Wohnen Sie in einem Mehrfamilienhaus und ärgern sich vielleicht über die Nachbarn, die den Müll nicht ordentlich trennen? Hängen Sie die Checkliste im Hausflur auf! Eine fertige Liste zum Download finden Sie auf

http://plastikfreies-augsburg.de/wp-content/uploads/2018/03/
Müll-trennen-zum-Wohl-von-Mensch-und-Umwelt.pdf.

Tag 13: Aktion

Bienenwachstuch selber machen

Nicht immer lässt sich Plastikfolie durch Glasbehälter ersetzen. Die plastikfreie Alternative: Bienenwachstücher! Diese sind im Einkauf sehr teuer, lassen sich aber relativ einfach selbst herstellen: Die Challenge für den heutigen Tag!

Planen Sie für diese Aktion etwa ein bis zwei Stunden ein, damit Sie gleich eine größere Anzahl an Tüchern in verschiedenen Größen für unterschiedliche Lebensmittel herstellen können. Idealerweise binden Sie dabei Familie, Partner oder Freunde ein, damit das Ganze mehr Spaß macht. Um ein Bienenwachstuch herzustellen, brauchen Sie etwa zehn Minuten. Die Anleitung gibt es auf S. 92.

Die Tücher lassen sich auch aus bedruckten Stoffen herstellen und können so zu wahren Schmuckstücken werden. So eignen sie sich auch wunderbar als Geschenk. Wer eine Herausforderung braucht, der kann aus den Tüchern wasserfeste Beutel nähen: Darin können zum Beispiel Feuchttücher für unterwegs plastikfrei aufbewahrt werden.

Tag 14: Umsetzung

Unverpackt einkaufen Teil 2: Spezialläden testen (Hofladen, Mühle, Metzgerei, Käse)

Gehen Sie heute bewusst auf die Suche nach Lebensmittelfachgeschäften für Produkte, die es oft nur in Plastik verpackt gibt. Ziel Ihrer Suche sollten Geschäfte für wichtige Nahrungsmittel sein, die regionale Produkte anbieten und diese plastikfrei verkaufen: zum Beispiel Metzger, Bäcker oder Käsefachgeschäfte, aber auch Hofläden und kleine Geschäfte im Stil alter Tante-Emma-Läden.

Machen Sie Probeeinkäufe und finden Sie heraus, welche Produkte Sie dort unverpackt kaufen können. Wie reagiert der Verkäufer, wenn Sie Ihre Dose auf den Tresen stellen oder Ihren Beutel auf Ihrer Seite der Verkaufstheke aufhalten und darum bitten, die Einkäufe dort einzufüllen?

Sie werden schnell feststellen: In einem guten Geschäft wird Sie keiner schief ansehen, wenn Sie erklären, dass Sie Verpackungen und Plastikmüll vermeiden wollen. Denn die Verkäufer kennen die Probleme mit Verpackungen meist besser als die Käufer selbst.

Mittlerweile gibt es viele Läden, die offensiv mit dem Thema umgehen und von sich aus anbieten, ihre Waren in mitgebrachte Behälter zu füllen und die Kunden darüber auf Schildern informieren. In meiner Heimatstadt Augsburg gibt es beispielsweise »Bring's mit«-Aufkleber[45], die darauf hinweisen, dass mitgebrachte Gefäße gerne befüllt werden. Manche Händler geben sogar Rabatt, denn mitgebrachte Verpackungen sparen nicht nur Ressourcen, sondern auch bares Geld.

Resümee Woche 2:

Auch in dieser Woche dürfen Sie sich wieder auf die Schulter klopfen. Überlegen Sie, wo Sie in den vergangenen sieben Tagen überall Plastik gespart haben und halten Sie es auf Ihrer Liste fest. Der Coffee-to-go-Becher, die Frischhaltefolie und die Käseverpackung? Bleiben Sie dran! Es wird noch besser!

3. Woche – Bad / Kosmetik

Tag 15: Planung

Bad

Heute schauen wir an, was im Bad alles aus Plastik ist. Da wird eine Menge zusammenkommen, denn vom Augen-Make-up-Entferner bis hin zu Zahnbürste und Zahnpastatube ist fast alles in Plastik verpackt. Sie können vieles davon leicht selber machen. Etliche Produkte gibt es auch in anderer Form oder anderer Verpackung. Entscheiden Sie, welche Produkte Sie zukünftig durch plastikfreie Alternativen ersetzen möchten. Falls Sie etwas selbst herstellen möchten: Erkundigen Sie sich, ob es einen Laden oder ein Spezialgeschäft wie Spinnrad oder einen Hobbythek-Laden bei Ihnen in der Nähe gibt, der die Zutaten führt. Ansonsten gibt es zahlreiche Online-Händler, bei denen Sie die Zutaten bestellen können. Auch in Apotheken können Sie viele dieser Zutaten erhalten oder bestellen: Fragen Sie doch einfach nach!

Wenn Sie unsicher sind, wo Sie anfangen sollen: Am einfachsten ist es, die Plastikzahnbürste durch eine Bambuszahnbürste zu ersetzen. Diese gibt es inzwischen auch in vielen Drogerien und Supermärkten. Sie müssen die alte nicht gleich wegwerfen: Es reicht, wenn Sie dafür sorgen, dass der plastikfreie Ersatz bereits vorrätig ist, wenn die aktuelle ersetzt werden muss.

Ein weiterer schnell umzusetzender Punkt: plastikfreie Zahnpasta (siehe S. 141). Probieren Sie die neuen Möglichkeiten aus, während Sie die alte Zahnpasta aufbrauchen, damit Sie sich um andere Ersatzmöglichkeiten kümmern können, wenn die erste Lösung Sie noch nicht überzeugen konnte. In jedem Fall sollten Sie die bisher genutzte Zahnpasta verbrauchen, damit kein unnötiger Müll entsteht.

Wichtige Ersatzprodukte im Bad:
- Seifenstück statt Flüssigseife oder Duschgel
- Naturkosmetik im Glas statt Kosmetik mit Mikroplastik
- Festes Shampoo oder Haarseife statt Flüssigshampoo (enthält oft Mikroplastik und andere problematische Inhaltsstoffe)
- Zahnbürste aus Bambus
- Öl statt Make-up-Entferner (Kokos-, Mandel-, Oliven- oder Rapsöl)
- Unverpacktes Toilettenpapier oder Recycling-Toilettenpapier
- Taschentücher aus Recyclingpapier im Pappkarton oder Stofftaschentücher

Erstellen Sie eine Liste der Dinge, die Sie durch plastikfreie Alternativen ersetzen wollen. Auch hier sei nochmal daran erinnert: Konzentrieren Sie sich lieber auf einzelne Punkte, statt alles auf einmal umstellen zu wollen und nach kurzer Zeit genervt aufzugeben. Sie haben auch dann etwas geschafft, wenn Sie nur ein oder zwei Produkte durch plastikfreie Alternativen ersetzen. Der Rest folgt meiner Erfahrung nach mit der Zeit ganz von allein.

Tag 16: Umsetzung

Essen plastikfrei im Lieblingsrestaurant holen

Heute ist vermutlich Sonntag – zumindest, wenn Sie an einem Samstag mit der Challenge angefangen haben. Daher widmen wir uns wieder dem Thema Essen, um Sie hier fit für neue Gewohnheiten zu machen.

Wie Sie im eigenen Haushalt Plastik vermeiden, haben Sie selbst in der Hand. Aber wie steht es, wenn Sie Essen bestellen oder ins Büro mitnehmen wollen? Auch hier können Sie mit eigenen Behältern Plastik und Müll sparen. Vorbereitung ist alles: Nehmen Sie einfach ein entsprechendes Behältnis mit und fragen Sie nett nach, ob man das Essen auch in seiner eigenen Box mitnehmen kann.

Mögliche Gefäße:

- Großes Schraubglas für Salate und Suppen
- Brotzeitdose für belegte Brote
- Tiffin-Box oder unterteilte Bento-Box für mehrteilige Essen
- verschiedene Glas- oder Edelstahl-Boxen für die einzelnen Zutaten eines Gerichts

Die große Herausforderung bei dieser Aufgabe besteht darin, verunsicherte Wirte, Köche oder Bedienungen davon zu überzeugen, dass man Essen durchaus ohne die üblichen Schaumstoffschalen oder sonstige Verpackungen transportieren kann. Nehmen Sie etwaige Zweifel oder Ablehnung nicht persönlich, sondern erklären Sie Ihren Wunsch (Vermeidung von Plastik- und Verpackungsmüll) und üben Sie sich bei der möglicherweise umständlichen Suche nach Lösungen in Geduld.

Tag 17: Umsetzung

Fehlende Sachen fürs Bad besorgen: Seife, Zahnbürste, Zutaten zum Selbermachen

Gehen Sie mit der Liste von Tag 15 los und besorgen Sie fehlende Dinge, die Sie für ein plastikfreieres Bad brauchen: Sei es die Bambuszahnbürste, ein schönes Seifenstück oder Zutaten für Dinge zum Selbermachen. Wenn Sie keine passenden Geschäfte in der Nähe haben, bestellen Sie die benötigten Produkte im Internet. Überlegen Sie sich auch, was Sie gerne selbst herstellen möchten und besorgen Sie sich die entsprechenden Zutaten. Anregungen finden Sie im Kapitel »Bad ohne Plastik«.

Tag 18: Umsetzung

DIY: Abschminkpads nähen und rasieren ohne Plastik

Im Bad und bei Hygiene-Artikeln können Sie viele Dinge selber machen. Dazu gehören zum Beispiel Abschminkpads, die man nähen oder häkeln kann. Statt Make-up-Entferner können Sie zum Abschminken Öl verwenden, z.B. Kokosöl oder Olivenöl. Sogar Monatsbinden können Sie selbst produzieren.

Eine entsprechende Anleitung finden Sie unter blumenkinder.eu/shop/Stoffbinden-selbst-naehen:_:39.html.

Und die Männer? Die dürfen sich an diesem Tag mit dem plastikfreien Rasieren beschäftigen. Dafür gibt es eine Lösung, die viele nur noch aus alten Filmen kennen: den Rasierhobel. Auch Rasierschaum lässt sich problemlos selber machen. Alle Anleitungen finden Sie im Kapitel »Bad ohne Plastik«.

Tag 19: Aktion

Clean-up-Tag: Unterwegs Plastikmüll sammeln
Es ist eine gute Sache, selbst Plastikmüll zu vermeiden. Leider gelangt trotzdem immer noch jede Menge davon in die Natur. Überbleibsel von Grillfesten, sorglos weggeworfene Essensverpackungen an Straßenrändern oder Müll aus überquellenden Mülleimern werden vom Winde verweht und verunstalten die Landschaft. Vieles gelangt in Flüsse und darüber weiter bis ins Meer. Die kommunalen Abfallentsorgungsbetriebe kümmern sich um viele dieser Abfälle. Sie können jedoch nicht überall sein und sind deshalb auf unsere Mithilfe angewiesen. Die Challenge für den heutigen Tag: Organisieren Sie mit Freunden, Kollegen oder einem Verein einen »Clean-up-Tag«. Die Ausrüstung dafür bekommen Sie bei Ihrem Abfallentsorgungsbetrieb, die solche Aktionen unterstützen. Um die Öffentlichkeit für solche Themen zu sensibilisieren, können Sie auch der örtlichen Zeitung von Ihrer Aktion erzählen. Falls Ihnen das zu aufwändig ist, ziehen Sie einfach alleine oder mit Ihrem Buddy bzw. Ihrer Familie los. Nehmen Sie ausreichend Tüten und Schutzhandschuhe mit und machen Sie sich auf den Weg. Ich habe mir inzwischen angewöhnt, immer eine Tüte mitzunehmen, wenn ich spazieren gehe. Und leider finde ich auch immer etwas.

Andere sammeln sogar beim Laufen Müll. Aus Schweden kommt das sogenannte »Plogging«. Das Wort setzt sich aus dem schwedischen Wort »plocka« (sammeln, suchen oder aufheben) und »Jogging« zusammen. Das hat nicht nur für die Umwelt einen positiven Effekt, auch der Jogger selbst profitiert: Durch das regelmäßige Beugen, Aufrichten und Aufheben werden zusätzliche Muskelgruppen trainiert. In vielen deutschen Städten gibt es bereits solche Events: Schauen Sie sich die Aktionskarte auf der Seite *gruenkoepfe.de/plogging-cologne* an. Oder werden Sie selbst aktiv und organisieren Sie ein »Plogging«-Event.

Tag 20: Aktion

Deo selber machen

Weiter geht es heute mit Kosmetikartikeln, die Sie einfach selbst herstellen können: zum Beispiel ein Deo oder Zahnpasta. Anleitungen finden Sie in Kapitel »Bad ohne Plastik«. Sie werden sehen: Die Ersatzprodukte fühlen sich in jeder Beziehung angenehmer und gesünder an!

Tag 21: Umsetzung

Unverpackt einkaufen Teil 3: Tee, Kaffee, Gewürze, Schokolade

Heute geht es zu etwas spezielleren Läden. Um dauerhaft plastikfrei einkaufen zu können, müssen Sie nämlich auch Lösungen für weniger häufig gebrauchte Nahrungsmittel finden, die Sie aber nicht missen möchten, zum Beispiel Schokolade oder Bonbons. Etliches muss nicht unbedingt in Spezialgeschäften gekauft werden. So gibt es in Supermärkten Gewürze im Glas. Schokolade erhalten Sie auch plastikfrei, müssen dafür aber mit der aus anderen Gründen problematischen Alufolie als Verpackungsmaterial leben.

Suchen Sie heute gezielt nach ungewöhnlichen Geschäften und entdecken Sie plastikfreie Lösungen für Produkte, die Sie in Supermärkten und den normalen Lebensmittelfachgeschäften vermisst haben. Finden Sie heraus, wo Sie Essig und Öl abfüllen können, wo es Süßigkeiten ohne Plastikverpackung gibt und wie Sie Nüsse, Kekse und andere leckere Kleinigkeiten lose beziehen können. Überlegen Sie sich bitte auch, welche in Plastik verpackten Nahrungsmittel Sie ungern missen möchten und besorgen Sie Zutaten, um diese selbst zubereiten zu können.

Was brauchen Sie?

- Dosen für Tee oder Kaffee
- Dosen oder Gläser für Gewürze
- Schraubgläser oder Dosen für Schokolade, Pralinen oder Bonbons
- Flaschen für Öl, Essig oder Spirituosen

Resümee Woche 3:

Nun haben Sie bereits drei Wochen geschafft! Der virtuelle Berg an vermiedenem Plastik wird immer größer: Plastikflaschen für Duschgel, Plastikverpackungen von Kaffee sowie für das Essen zum Mitnehmen stehen auf Ihrer positiven Anti-Plastik-Liste. Gut gemacht. Nun sind Sie schon fast ein Profi. Notieren Sie auf Ihrer Liste, was Sie in den vergangenen sieben Tagen an Plastik vermieden haben.

4. Woche – Wohnen / Kinderzimmer / Büro

Tag 22: Aktion

Wohnzimmer & Kinderzimmer plastikfrei machen

Nach Küche und Bad stehen nun Wohnzimmer und Kinderzimmer auf dem Programm. Schauen Sie sich um und beseitigen Sie nach Möglichkeit alle dekorativen Dinge aus Plastik: Meist werden Sie sie kaum vermissen. Prüfen Sie die Inhalte von Schubladen und Kisten, denn hier findet sich oft viel überflüssiger Kleinkram, den Sie bei dieser Gelegenheit aussortieren können. Falls Sie Kinder haben, wird dieser Tag eine größere Herausforderung. Denn Kinderzimmer quellen bei den meisten Familien über mit Spielsachen und Krimskrams, und ein schockierend großer Teil davon besteht aus Plastik. Dennoch ist es eine heikle Sache, Spielsachen auszusortieren. Es ist viel Überzeugungsarbeit gefragt, damit Kinder sich willig von Plastikspielzeug trennen. Konzentrieren Sie sich deshalb vor allem auf billige Spielsachen aus Plastik, die sich komisch oder unangenehm anfühlen und möglicherweise auch verdächtig riechen. Ob Sie Lego und Playmobil aussortieren möchten, bleibt Ihnen überlassen: Bei uns durften sie bleiben, da wir davon ausgehen, dass von ihnen keine Gefahr ausgeht.

Unsere Kinder waren erstaunlich vernünftig und durch den Film »Plastic Planet« schon für das Thema sensibilisiert, sodass wir relativ problemlos aussortieren konnten. Spielsachen, deren Inhaltsstoffe uns suspekt vorkamen, wanderten direkt in den Müll. Alles andere haben wir auf dem Flohmarkt verkauft oder ins Sozialkaufhaus gebracht. Zum Glück hatten wir schon immer gern Holzspielsachen gekauft, sodass auch viel Schönes bleiben durfte.

Haben Sie noch Wickelkinder? Dann wäre heute ein guter Tag, sich mit den Alternativen zu Pampers und Co. zu beschäftigen, die Sie im Kapitel »Kindheit ohne Plastik« finden.

Tag 23: Umsetzung

Essensbasics selber machen

Endlich Sonntag, endlich Zeit, sich den Genüssen des Essens zu widmen. Heute machen wir wieder etwas selber. Müsli oder spezielle Aufstriche gehören zu den Dingen, bei denen das Vermeiden von Plastikmüll besonders schwerfällt. Hier lautet oft die einzig mögliche Lösung: selber machen! Deshalb dreht sich an diesem Tag alles um die Herstellung Ihrer persönlichen Lieblingslebensmittel, die es im Supermarkt oder anderen Lebensmittelgeschäften ohne Plastikverpackung einfach nicht gibt. Dazu gehören Sauerrahm, Pflanzenmilch, Hummus und Müsli.

Deshalb versuchen Sie sich heute an einem selbst gemachten Müsli oder an einem Aufstrich, ganz nach Ihren persönlichen Vorlieben. Rezept-Ideen für Müsli finden Sie haufenweise im Internet, für einen Hummus auf S. 88. Auch Sauerrahm oder Kräuterquark können Sie selbst herstellen (siehe S. 66). Was immer Sie sich heute vornehmen: Ich wünsche Ihnen gutes Gelingen!

Tag 24: Bestandsaufnahme

Haushalts-Check: Möbel? Aufbewahrung?

Wahrscheinlich besteht Ihr Heim nicht nur aus Vollholzmöbeln und Naturstoffen. Deshalb soll heute das Augenmerk auf Böden, Möbel und andere große Einrichtungsgegenstände gerichtet werden. Grundsätzlich gilt hier das Motto: weiterbenutzen statt wegwerfen.

Anders sieht die Sache aus, wenn es um eine mögliche Schadstoffbelastung geht. Verdächtig sind PVC-Böden, Kunststoff-Teppiche und furnierte Billigmöbel. Aber auch elektronische Geräte, deren Kunststoffhüllen mit fragwürdigen Flammschutzmitteln versetzt wurden, können Probleme für die Gesundheit darstellen. Nötigenfalls können Sie die Schadstoffbelastung auch testen lassen.

Wenn Sie bei Möbeln oder Böden unsicher sind und diese gerade nicht ersetzen können oder wollen, sollten Sie zumindest darauf achten, häufig zu staubsaugen und zu wischen, um mögliche Plastik- und Schadstoffpartikel zu beseitigen. Bei Neuanschaffungen möglichst natürliche Materialien wählen und Produkte mit dem blauen Umweltengel, damit Sie langlebige Lösungen finden.

Erstellen Sie eine Liste, was Sie in Ihrem Umfeld ersetzen möchten. Nehmen Sie sich genügend Zeit, denn gerade bei der Inneneinrichtung, die Sie ständig um sich haben, gilt die Regel: Qualität zahlt sich aus!

Tag 25: Aktion

Eigenes Plastikfrei-Projekt umsetzen, Familien machen selber Knete / Kleber

An diesem Tag sollte Zeit dafür sein, Ihr persönliches Plastikfrei-Projekt umzusetzen. Wo stört Sie Plastik am meisten? Wie können Sie es ersetzen? Lassen Sie Ihrer Kreativität freien Lauf!

Wenn Sie mit Ihrem Fortschritt zufrieden sind, können Sie heute an plastikfreien Lösungen für besondere Fälle arbeiten. So bringen zum Beispiel nahezu sämtliche Kleber zwangsläufig Plastikmüll mit sich. Ich habe lange recherchieren müssen, um den Kleber zu finden, den ich noch aus meiner Kindheit kannte: flüssiger Kleber in einer Glasflasche, der über eine abgeflachte Gummispitze mit Schlitz verteilt werden konnte. Vielleicht möchten Sie heute ja Ihren eigenen plastikfreien Kleber herstellen? Die Anleitung finden Sie auf S. 197.

Für Eltern kleiner Kinder habe ich eine andere Empfehlung: Selbst gemachte Knete! Das Rezept für Knete, die gleichzeitig als Salzteig gebacken werden kann, gibt es auf S. 213.

Tag 26: Bewusstsein

Erfahrungen austauschen: Mit Freunden reden

Wer so viel erreicht hat, der darf seine Erfahrungen auch gerne teilen. Nehmen Sie sich heute Zeit, um mit Freunden, Kollegen und der Familie zu sprechen. Berichten Sie, was Sie in den vergangenen Wochen erreicht haben. Erzählen Sie, was sich für Sie verändert hat und wie Sie sich dabei gefühlt haben. Vielleicht inspirieren Sie andere, denselben Weg zu gehen!

Tag 27: Planung

Plastikfrei schenken: Ideen sammeln, Verpackungen überlegen

Schenken und beschenkt werden: Wer denkt dabei schon an Plastik und Müll? Doch wenn Sie Ihr Leben wirklich plastikfrei gestalten wollen, müssen Sie dafür sorgen, dass dies auch von anderen respektiert wird. Denn sonst besteht immer die Gefahr, dass Sie wieder etwas mit reichlich Kunststoffbestandteilen überreicht bekommen, das zusätzlich liebevoll in Plastik verpackt ist. Um dies zu umgehen, hilft Ihnen wieder die Wunschliste mit Dingen, die Ihnen noch zum plastikfreien Leben fehlen. Diese können Sie an Geburtstagen, zu Weihnachten oder bei Einladungen zur Verfügung stellen und auf diese Weise sichergehen, dass Freunde und Verwandte Ihnen gerade bei feierlichen Anlässen nicht die Laune verderben. Alternativ können Sie sich natürlich auch einfach wünschen, dass Geld für wohltätige Zwecke gespendet wird. Im Kapitel »Feiern und Schenken ohne Plastik« finden Sie Tipps, was Sie sich wünschen bzw. was Sie selbst verschenken können.

Tag 28: Aktion

Büro plastikfrei gestalten

Heute versuchen Sie, Ihr Büro bzw. Ihr Arbeitszimmer plastikfrei zu gestalten. Prüfen Sie zunächst Ihre Schreibwaren, sowohl zu Hause als auch an Ihrem Arbeitsplatz. Überlegen Sie, auf was Sie künftig verzichten können. Hier gilt ebenfalls, dass Sie möglichst erst bei Neuanschaffungen auf alternative Produkte setzen, die lange halten und aus nachhaltigen Ressourcen hergestellt wurden. Welche Alternativen es für das Büro gibt, erfahren Sie im Kapitel »Büro und Schule ohne Plastik«.

Die wichtigsten Punkte im Büro sind:

- Recyclingpapier statt Frischfaser
- Auffüllbare Stifte oder Holzstifte
- Kugelschreiber aus Holz
- Klarsichthüllen aus Pergamentpapier oder recyceltem Material
- Büro-Utensilien aus langlebigem Holz oder Metall

Resümee Woche 4:

Fast geschafft! Ihr Haushalt ist nun schon sehr viel plastikfreier. Sie haben die Verpackung für einige Fertigprodukte eingespart und werden künftig hauptsächlich mit Kugelschreibern aus Holz oder Metall schreiben. Bei Möbeln achten Sie auf Schadstofffreiheit, und unnötiges Plastikspielzeug gehört der Vergangenheit an. Und der Müll? Wie oft müssen Sie noch Plastikmüll entsorgen? Schreiben Sie den Plastiksparerfolg dieser Woche auf Ihren Zettel.

5. Woche – Kleidung / Abschluss

Tag 29: Planung

Bestandsaufnahme Kleidung: Bio-Mode und Secondhandläden finden

Viele Kleidungsstücke haben synthetische Anteile. Beim Waschen lösen sich Fasern aus dem Gewebe. Sie sind so klein, dass sie in den Kläranlagen nicht herausgefiltert werden können. Prüfen Sie, ob Sie solche Kleidungsstücke haben und ob Sie diese noch tragen. Nutzen Sie die Gelegenheit zum Ausmisten und verkaufen Sie verwendbare Kleidung auf dem Flohmarkt oder spenden Sie diese an gemeinnützige Organisationen. So werden die Sachen wenigstens noch getragen, und es werden Ressourcen für die Herstellung neuer Kleidung gespart.

Wenn Sie viele Funktionskleidungsstücke aus Kunststoff besitzen, überlegen Sie, ob Sie sich einen Guppy-Bag anschaffen möchten mit dem Sie synthetische Stoffe in der Maschine waschen können (guppyfriend.com).

Wenn Sie komplett auf Kleidung aus Kunststoff verzichten möchten oder wenn Sie etwas Neues brauchen, sollten Sie wissen, wo Sie ökologische Kleidung bekommen können. Idealerweise beziehen Sie sie aus Läden mit ökologischer Mode in Ihrer Nähe. Ansonsten gibt es viele Versandhändler, die sich auf Bio-Mode spezialisiert haben. Wenn Sie nachhaltig, plastikfrei und ressourcenschonend an modischer Kleidung kommen wollen, können Sie auch Flohmärkte besuchen oder sich in Secondhandläden und Sozialkaufhäusern umsehen. Neben dem günstigen Preis haben Sie dabei den Vorteil, dass eventuelle Schadstoffe aus gebrauchter Kleidung bereits weitgehend herausgewaschen wurden.

Tag 30: Planung und Abschluss

Was ist noch offen? Liste vervollständigen. Feiern!

Heute ist der letzte Tag der Challenge. Zeit also, dass Sie sich Ihre Erfolge vor Augen führen. Schauen Sie, was Sie alles erreicht haben. Setzen Sie sich mit Ihrer Familie oder Ihrem Buddy zusammen und gehen Sie gemeinsam alle Bereiche noch einmal durch: einkaufen gehen, Küche und Essen kochen, putzen, Bad, Wohnen, Kinder, Kleidung, Büro. Wo klappt es schon gut? Wo gibt es noch Lücken? Was fehlt noch?

Überlegen Sie auch, wie es weitergehen soll. Vieles konnten Sie vielleicht noch gar nicht umsetzen, weil Dinge wie Deo, Waschmittel oder Ketchup in der Plastikflasche noch vorhanden sind. Wenn Sie dafür die plastikfreien Alternativen tatsächlich vorrätig haben, werden Sie nicht in die Versuchung kommen, diese erneut in der Plastikverpackung zu kaufen.

Resümee:

Sie haben viel erreicht, manche Herausforderung bestanden, vielleicht war auch der eine oder andere Rückschlag dabei, aber sicherlich nutzen Sie heute weniger Plastik als vor 30 Tagen. Schauen Sie die Liste an, auf der Sie das gesparte Plastik verzeichnet haben. Beeindruckend, oder?

Diesen Erfolg sollten Sie feiern! Schaffen Sie die Zubereitung eines komplett plastikfreien Menüs für die ganze Familie bzw. für Ihren Buddy oder ganz viele Freunde? Vielleicht ist das schon die nächste Herausforderung, der Sie sich stellen wollen!

Challenge geschafft – und dann?

Glückwunsch! Sie haben es geschafft! In den vergangenen 30 Tagen haben Sie viel Plastik gespart und den Grundstein für ein nachhaltigeres und hoffentlich auch entspannteres Leben gelegt. Ich freue mich, wenn Sie das plastikfreie Leben trotz mancher Einschränkungen schätzen gelernt haben und motiviert sind, weiterhin auf dem neuen plastikreduzierten Pfad weiterzugehen. Jede neue Gewohnheit braucht einige Wochen, bis sie zur Selbstverständlichkeit wird. Die größte Hürde, den Anfang, haben Sie bereits gemeistert.

Diese Challenge können Sie mehrfach wiederholen und dabei immer neue Möglichkeiten finden, Plastik aus Ihrem Leben zu verbannen. Mit den Tipps aus den jeweiligen Kapiteln können Sie frei wählen, wie weit Sie bei der Vermeidung von Plastik gehen wollen.

Ich persönlich sehe den Verzicht auf Plastik inzwischen als Bereicherung und qualitative Aufwertung meiner Ernährung und meines Lebensumfeldes. Ich würde mir wünschen, dass Sie das plastikfreie Leben ebenfalls nicht als Einschränkung, sondern eher als Befreiung erleben. Und falls Sie mal in Augsburg sind: Schauen Sie beim Plastikfrei-Stammtisch vorbei. Ich freue mich darauf, Sie kennenzulernen!

Anhang

Zum Weiterlesen und Einkaufstipps

Allgemeine Informationen

Ökologisch und plastikfrei leben:
- enorm-magazin.de
- utopia.de

Plastikfreie Produkte fürs tägliche Leben:
- naturehome.com
- naturlieferant.de
- gruene-bude.de
- gopandoo.de (Bambusshop)
- holzladen24.de
- kivanta.de
- laguna-onlineshop.de
- monomeer.de
- manufactum.de
- plastikfreiheit.de
- sonnengruen.com
- weckglaeser.com
- zerowasteladen.de

Was ist Plastik?
- verbraucherzentrale.de/wissen/lebensmittel/lebensmittelproduktion/von-der-verpackung-ins-lebensmittel-11944

- greenpeace.org/austria/de/themen/konsum/Hintergrund-Info/ bewusst-einkaufen/konsum/chemikalien-kunststoffe/ kunststoffe
- bund.net/chemie/achtung-plastik/schadstoffe-in-plastik
- umweltbundesamt.de/presse/pressemitteilungen/biokunststoffe-nicht-besser
- stern.de/panorama/wissen/natur/plastik-im-meer--wer-ist-schuld-an-den-vermuellten-ozeanen--3971376.html

Mikroplastik:

- umsicht.fraunhofer.de/content/dam/umsicht/de/dokumente/ publikationen/2018/kunststoffe-id-umwelt-konsortialstudie-mikroplastik.pdf?fbclid=IwAR2uLOjjTHcvjLGciBPgsaYU4na UIqzx72zAKAfXBCHE3PRkacgcWK7NG40

Einkaufen

Pfandsystem:

- peppermynta.de/eco-lifestyle/zero-waste-verpackungen-super-markt-edeka-mehrweg-system-buesum-mehrwegverpackung-pfand-system-pfand-dose/)
- fleischexperten.de/news-pool/hygienestandards-im-fleischverkauf. html

Fleisch:

- wwf.de/themen-projekte/landwirtschaft/ernaehrung-konsum/ fleisch/fleisch-frisst-land (Infos vom WWF)

Alternativ Fleisch kaufen:

- cowfunding-freiburg.de
- kaufnekuh.de
- kaufeinhuhn.de
- kaufeinschwein.de

Stofftaschen kaufen:

- memolife.de
- naturtasche.de

Unverpackt-Läden:
- Eine aktuelle Übersicht findet sich auf meinem Blog: gruenerwirdsnimmer.de
- smarticular.net/verzeichnis
- Österreich: zerowasteaustria.at/zero-waste-shops.html
- Schweiz: zerowasteswitzerland.ch
- Weltweit: zerowastemap.org/de

Kochen ohne Plastik

Alufolie:
- regenwald.org/themen/aluminium/fragen-und-antworten#start
- utopia.de/ratgeber/alufolie-benutzen

Bienenwachstücher:
- jausnwrap.at
- little-bee-fresh.de

Backpapier:
- ifyoucare.com
- direktnatur.info

Küchenpapier:
- utopia.de/ratgeber/kuechenrolle-kuechenpapier

Produkte aus Naturkautschuk:
- fairtradecenter.info
- fair.zone

Holz:
- welt.de/wissenschaft/article1208273/Schneidebrett-aus-Holz-besser-als-aus-Plastik.html

Melamin:
- test.de/Melamin-Geschirr-Gesundheitsgefahr-durch-Erhitzen-4238495-0/
- utopia.de/ratgeber/melamin-4-gute-gruende-gegen-das-kunststoff-geschirr/

Eisenpfannen:

- pfannenhelden.de/eisenpfanne-einbrennen
- freeyourfamily.net/2016/04/mit-schweren-toepfen-gegen-eisenmangel
- LuckyFish

Unterwegs essen und trinken ohne Plastik

Trinkflaschen:

- naturesdesign.de
- 24bottles.com
- kivanta.de
- kleankanteengermany.de

Leitungswasser:

- swr3.de/aktuell/nachrichten/Weitere-Studie-weist-Mikroplastik-im-Mineralwasser-nach/-/id=47428/did=4700764/1sdw411/index.html
- sueddeutsche.de/muenchen/hahn-oder-flasche-mineralwasser-oder-leitungswasser-1.742606
- reset.org/act/trinkwasser-aus-dem-rohr-statt-aus-der-plastik-flasche
- trademachines.de/info/abgefuelltes-wasser/
- spiegel.de/wissenschaft/natur/plastik-menschen-haben-mehr-als-8-milliarden-tonnen-produziert-a-1158676.html
- bild.de/ratgeber/gesundheit/trinkwasser/so-viel-plastik-schwimmt-in-unserem-trinkwasser-53107428.bild.html

Sauber machen ohne Plastik

Waschen /Reinigungsmittel:

- umweltbundesamt.de/themen/chemikalien/wasch-reinigungsmittel/umweltbewusst-waschen-reinigen

Baukastensystem:

- spinnrad-gut-fuer-mich.de/produkte/waschmittelbaukasten
- jean-puetz-produkte.de/waschmittelbaukasten-c-15_32.html
- sonett.eu/anwendung/waschen-im-baukastensystem/

Reinigungskonzentrat:
- sodasan-shop.de/nachfuellkonzentrat-dusche-bad-reiniger-100-ml/
- uni-sapon.com/

Tipps zum Selbermachen:
- smarticular.net
- wundermittel-natron.info

Zutaten zum Selbermachen (auch für Kosmetik):
- behawe.com
- hinterauer.info/shop

Bad ohne Plastik

Seife / EDTA:
- bio-blog.de/2016/10/10/fuenf-umweltschaedigende-inhaltsstoffe-in-kosmetik/

Noo-Poo:
- Claudia Peters: Vergiss Shampoo! No Poo – der natürliche Weg zu glanzvoll gesundem Haar. Create Space Independent Publishing Plattform, 2015.

Einkaufstipps für Kosmetik:
- bio-naturel.de
- ecco-verde.de
- greenglam.de
- lush.com
- najoba.de

Einkaufstipps für Seifen:
- naturseifen-manufaktur.de
- sauberkunst.de

Seifensieden:
- naturseife.com
- seifen-rezepte.de/rezept-stil/einfache-seifenrezepte/

Einkaufstipps für Haarschmuck:
- ◗ carolandme.de/haarklammern/sunshine-haarklammer-rot-aus-metall-und-strass
- ◗ haarschmuckparadies.de/haarschmuck/haarspange/hornoptik
- ◗ manufactum.de/haarklammer-zelluloseazetat-p1462116
- ◗ redwood-fashion.com/products/breite-haarspange-alicante

Einkaufstipps für Haarbürsten:
- ◗ cosmundi.de
- ◗ gruenspecht.de
- ◗ kostkamm.de

Einkaufstipps für Hygienepapier:
- ◗ avocadostore.de/brands/smooth-panda
- ◗ hygi.de
- ◗ hygiene-shop.com (Edelstahl Einzelblatt Spender)

Einkaufstipps für Monatshygiene und Taschentücher:
- ◗ kulmine.de

Popodusche:
- ◗ popodusche.de

Wohnen ohne Plastik

Schadstoffe in der Luft:
- ◗ luftanalyse-zentrum.de/schadstoffbelastung-raeume/schadstoffe-wohnraeume

Kerzen:
- ◗ waschbaer.de/magazin/nachhaltige-kerzen-im-ueberblick
- ◗ smarticular.net/kerzen-preiswert-selber-machen-aus-pflanzenoel
- ◗ utopia.de/ratgeber/bio-palmoel

Einkaufstipps fürs Wohnen:
- ◗ allnatura.de
- ◗ grueneerde.com

- greenpicks.de
- naturehome.com
- plastikfreiheit.de
- purenature.de

Gärtnern ohne Plastik

- meinwoody.de (Aufzuchtsets ohne Plastik)

Wurmkiste:

- smarticular.net/die-wurmbox-verwandelt-abfaelle-in-frischen-duenger
- Lydia Bruksch, Jasper Rimpau: Kompost aus der Kiste: Wurmkisten für den Hausgebrauch, Verlag Eugen Ulmer, 2013.

Bokashi-Eimer:

- smarticular.net/kompostieren-direkt-der-kueche-mit-dem-bokashi-eimer

Mobil ohne Plastik

- utopia.de/ratgeber/fliegen-co2-kompensation-ausgleich
- wwf.de/zwei-wochen-mallorca-verursachen-eine-tonne-co2

Büro & Schule ohne Plastik

Einkaufstipps für nachhaltige Büro- und Schulartikel:

- memo.de
- oekonorm.com
- ruitertassen.de (Schulranzen)

Kleidung ohne Plastik

- nachhaltigkeit.info/artikel/nachhaltige_stoffe_1768.htm
- blattgruen.blog/das-abc-der-nachhaltigen-stoffe/
- lenzing.com

Polylactid:
- qmilkfiber.eu

Algen:
- funktionschnitt.de/pages/seacell

Kork:
- utopia.de/ratgeber/veganes-leder-muss-nicht-aus-kunststoff-sein

Einkaufstipps für Kleidung:
- avocadostore.de
- hanfhaus.de
- hessnatur.com
- maas-natur.de gruenschnabel-shop.de
- waschbaer.de

Kindheit ohne Plastik
Kleber selber machen:
- smarticular.net/tesa-und-uhu-ersatz-plastikfreies-kreatives-kleben-mit-unbedenklichen-stoffen
- utopia.de/blog/selbstversuch-2012-ein-fast/klebrige-fussabdruecke

Einkaufstipps für Kinderkleidung:
- hans-natur.de
- loud-proud.com

Tiere halten ohne Plastik
Hundekotbeutel:
- thepoopick.com
- rixie.de

Tierzubehör:
- breker.de
- waschbaer.de

Gemeinsam ohne Plastik

- ❱ Aktion »Bring's mit« des Forums Plastikfreies Augsburg
plastikfreies-augsburg.de/aktivitaeten/brings-mit
- ❱ Aktion »Einmal ohne, bitte« von Rehab Republic München,
einmalohnebitte.de
- ❱ Klimafairer Einkauf in der Stadt Brackenheim bei Heilbronn
Brackenheim.de
- ❱ Infos zu den SDGs
- ❱ umweltbundesamt.de/themen/nachhaltigkeit-strategien-
internationales/sdgs-herausforderung-fuer-die-1
(abgerufen im Februar 2019)

Aktionen für ein sauberes Meer:

- ❱ Coastal Cleanup: oceanconservancy.org
- ❱ One Earth one Ocean: oneearth-oneocean.com
- ❱ Gewässerretter: Aufräumaktionen registrieren:
www.gewaesserretter.de
- ❱ Initiative Take3 ruft dazu auf, bei jedem Strandbesuch drei Teile
Müll mitzunehmen: take3.org
- ❱ Meere ohne Plastik (NABU): nabu.de/spenden-und-mitmachen/
spenden/plastik.html

Literaturverzeichnis

Buchtipps

Michael Braungart: Intelligente Verschwendung. Oekom Verlag, 2014.
Michael Braungart: Cradle to Cradle: Einfach intelligent produzieren.
Oekom Verlag, 2014.
Lydia Bruksch, Jasper Rimpau: Kompost aus der Liste: Wurmkisten für den
Hausgebrauch, Verlag Eugen Ulmer, 2013.
Anneliese Bunk, Nadine Schubert: Besser leben ohne Plastik. Oekom
Verlag 2016.
Bea Johnson: Glücklich leben ohne Müll. Steve-Holger Ludwig Verlag,
2016.

Markus Franken, Monika Götze: Einfach Öko. Oekom Verlag, 2017.

Jutta Grimm: Statt Plastik. pala Verlag 2015

Rob Hopkins: Einfach. Jetzt. Machen! Wie wir unsere Zukunft selbst in die Hand nehmen. Oekom Verlag, 2014

Sandra Krautwaschl: Plastikfreie Zone – Wie es meine Familie schafft, fast ohne Kunststoff zu leben. Heyne Verlag, 2012.

Martin Lagoda, Bettina Snowdon: Sehr gut haltbar machen. Stiftung Warentest, 2013.

Sarah Schill: Anständig leben. Mein Selbstversuch rund um Massenkonsum, Plastikmüll und glückliche Schweine. Südwest Verlag, 2014.

Hannah Sartin, Carlo Krauss: Wie wir es schaffen, ohne Müll zu leben: Zero Waste als Lifestyle, mvgverlag, 2017.

Nadine Schubert: Noch besser leben ohne Plastik. Oekom Verlag, 2018.

Heike Schröder: Plastik im Blut. Wie wir uns und die Umwelt täglich vergiften. VAK Verlag, 2018.

Shia Su: Zero Waste. Weniger Müll ist das neue Grün. Freya Verlag, 2016.

Smarticular: Fünf Hausmittel ersetzen eine Drogerie. Smarticular Verlag, 2016.

Olga Witt: Ein Leben ohne Müll: Mein Weg zu Zero Waste. Tectum Wissenschaftsverlag, 2017.

Filme

Plastic Planet (Werner Boote) plastic-planet.de

Plastic Ocean: plasticoceans.org/film

Tomorrow – die Welt ist voller Lösungen: tomorrow-derfilm.de

ZDF ePlanet »Eine Welt ohne Müll« vom 23. April 2017: zdf.de/dokumentation/planet-e/planet-e-eine-welt-ohne-muell-100.html

Läden für verpackungsfreies oder verpackungsreduziertes Einkaufen

Aus dem Nischensegment sind die Unverpackt-Läden längst herausgetreten. In Stadt und Land schießen sie derzeit wie Pilze aus dem Boden. Da den Überblick zu behalten ist fast unmöglich. Hier finden Sie eine Übersicht der Läden, die Anfang 2019 geöffnet oder in Planung waren. Eine aktuelle Liste finden Sie auf meinem Blog unter www.gruenerwirdsnimmer.de. Dort erhalten Sie weitere Tipps und Infos für ein Leben ohne Plastik.

AACHEN
Unverpackt Aachen
Ab Sommer 2019
unverpacktaachen.de

AALEN
unverpackt GD
unverpackt-GD.de

AUGSBURG
rutaNatur – Unverpackt Augsburg
rutanatur.de

ASCHAFFENBURG
Landingstr. 22, 63739 Aschaffenburg

BAD KREUZNACH
Unverpackt Bad Kreuznach
unverpackt-badkreuznach.de

BAD OEVENHAUSEN
Bio Provinz
bio-provinz.de

BAD TÖLZ
Ois Ohne
Unverpackt-Laden Oberland (i.G.)
e.G.
ois-ohne.de

BAMBERG
Unverpackt Bamberg
unverpackt-bamberg.de

BERLIN
Friedrichshain

Mein Markt meene Welt
philosophers-stone-berlin.com

Kreuzberg
Original Unverpackt
original-unverpackt.de

Neukölln
Biosphäre
Weserstr. 212, 12047 Berlin
Tel: (030) 559 523 98

Prenzlauer Berg
Der Sache wegen –
einfach richtig einkaufen
der-sache-wegen.de/derladen

BOCHUM
Bioku
bioku.org

BONN
Freikost Deinet
freikost.de

BOTTROP
Allerlei verpackungsfrei
allerlei-verpackungsfrei.de

BRAUNSCHWEIG
Wunderbar Unverpackt
wunderbar-unverpackt.de

BREMEN
Füllkorn
füllkorn.de

BREMEN
 SelFair
 facebook.com/selfairbremen/

L'Epicerie Bio
 facebook.com/EpicerieBio
 UnverpacktBremen

CHEMNITZ
 Peacefood
 peacefood-chemnitz.de

DARMSTADT
 Unverpackt Darmstadt, Darmstadt
 unverpacktdarmstadt.com

DIETRAMSZELL-BAIRAWIES
 FreiZeit
 freizeit-bairawies.de/unverpackt

DRESDEN
 Lose
 losedresden.wixsite.com/lose
 Quäntchen
 quaentchen-dresden.de

DÜSSELDORF
 Bilk
 Pure Note
 purenote.de
 Düsseltal
 Unverpackt Düsseldorf
 unverpacktduesseldorf.de

Flingern
 FLinse & Co.
 flinse.co

ECKERNFÖRDE
 Freihandel – Unverpackt Eckernförde
 frei-handel.de

ERFURT
 Louise genießt
 Paulstr. 25, Erfurt

Clärchen
 claerchen-erfurt.de

ESSEN

Glücklich unverpackt
 facebook.com/gluecklichunverpackt
 von Grünstadt
 vongruenstadt.de

ETTLINGEN
 Unverpackt
 www.unverpackt.de

FRANKFRUT/ MAIN
 gramm.genau
 grammgenau.de

FREIBURG
 Glaskiste – Natürlich Unverpackt
 glaskiste-unverpackt.de

FREISING
 Bioladen Lebenskunst
 bioladen-lebenskunst.de
 Fräulein Lose
 fraeuleinlose.de

GELDERN
 Lieber Unverpackt
 lieber-unverpackt.de

GÖRLITZ
 Emma's Tante – unverpackte
  Naturalien
 emmastante.com

GÖTTINGEN
 Naturalia
 Kurze Str. 17, 37073 Göttingen
 Wunderbar Unverpackt
 wunderbar-unverpackt.de

HAMBURG
 Bergedorf
 Onkel Emma
 onkelemma-unverpackt.de

Eimsbüttel
 Bio.lose
 biolose.de

Eppendorf
Erdkorn Biomarkt
erdkorn.de

Ottensen
Stückgut Ottensen
stueckgut-hamburg.de

St. Pauli
Twelve Monkeys – Vegankrams
twelvemonkeys.de

Stückgut St Pauli
www.stueckgut-hamburg.de

Volksdorf
Ohne Gedöns
ohnegedoenshamburg.de

HANNOVER
LoLa – der LoseLaden
lola-hannover.de

HEIDE
Heider Naturkost
facebook.com/regional.bio.Unverpackt.Heide

HEIDELBERG
Annas Unverpacktes
annas-unverpacktes.de

IMMENSTADT
Immenstadt Unverpackt
immenstadt-unverpackt.de

INGOLSTADT
nurINpur, Ingolstadt
nurinpur.de

JENA
Jeninchen – Fröhlich Unverpackt
Einkaufen
unverpackt-jena.de

KARLSRUHE
Unverpackt
Unverpackt.de

KIEL
Unverpackt – lose, nachhaltig, gut
unverpackt-kiel.de

KIRCHBERG
Gutes Unverpackt
gutes-unverpackt.de

KÖLN
Ehrenfeld
Veedelskrämer
veedelskraemer.de
The good food (Essensretter)
the-good-food.de

Hürth
Tante Olga – Köln unverpackt
Tante-olga.de

Neustadt - Süd
migori
migori.de

KONSTANZ
Back to Nature – verpackungsfrei
facebook.com/UnverpacktKonstanz

LANDAU
Unverpackt Landau,
unverpacktlandau.de

LEIPZIG
Einfach Unverpackt
einfach-unverpackt.de

LEUTKIRCH
Happy End Store,
happyendstore.de

LOHMAR
Fräulein Jule
fraeulein-jule.de

LORSCH
Unverpackt Lorsch
facebook.com/unverpacktlorsch

LÜBECK
Unverpackt Lübeck
unverpackt-luebeck.de/team

LUDGWIGSBURG
ohne PlaPla
ohneplapla.de

LÜNEBURG
Plietsch - natürlich unverpackt
plietsch-unverpackt.de

MAGDEBURG
Frau Ernas loser Lebensmittelpunkt
– MD Unverpackt
frauernas.de
HiesigLecker
hiesiglecker.com

MAINZ
unverpackt Mainz
unverpackt-mainz.de

MANNHEIM
Eddie's – verpackungsfrei einkaufen
Eddies-Mannheim.de

MARBURG
Kauf's lose
kaufs-lose.de
Mudda Natur
facebook.com/muddanaturmarburg

MARKDORF (Bodenseekreis)
Heimatliebe unverpackt
heimatliebe-unverpackt.de

MAINHARDT (Landkreis
Schwäbisch Hall)
Lädle im Riegenhof
demeterhof.info

MEISENHEIM
Genussecke
facebook.com/Genussecke-Heike-
Hartmann-390791854344405/

MÖNCHENGLADBACH
Tante Lemi
tantelemi.wordpress.com

MÜNCHEN
Maxvorstadt
Schellingstraße 42
Ohne, Der verpackungsfreie
Supermarkt
ohne-laden.de

Haidhausen
Rosenheimer Straße 85
Ohne, Der verpackungsfreie
Supermarkt
ohne-laden.de
Plastikfreie Zone
naturlieferant.de/plastikfreiezone

MÜNSTER
Einzelhandel – Zum Wohlfüllen
einzelhandel.ms
natürlich unverpackt
natuerlich-unverpackt.de

MURNAU
Solaya's Naturkost und Naturwaren
Grüngasse 7, 82418 Murnau

NEUBURG AN DER DONAU
Auffüllbar
facebook.com/auffuellbar

NÖRDLINGEN
Ohne Umweg
ohneumweg.com

Nottuln (bei Münster)
Bio-Nette
regio-nette.de

NÜRNBERG
Gostenhof
Bioundnah
bioundnah.de
ZeroHero – Unverpackt Nürnberg
zerohero-nuernberg.de

OLDENBURG
Ecocion
ecocion.de
Veggiemaid
veggiemaidamdamm.de

OSNABRÜCK
Tara – unverpackt genießen
tara-unverpackt.de

PADERBORN
Kernidee
kernidee-paderborn.de

PASSAU
Tante Emmer – unverpackt & bio
tante-emmer.com

POTSDAMM
maßVoll
facebook.com/MaßVoll-einkaufen-
unverpackt-1060164730789948

RAVENSBURG
Wohlgefühl
wohlgefuehl-unverpackt.de

REGENSBURG
Füllgut – die Mehrwegerei, Regensburg
facebook.com/fuellgut

REUTLINGEN
Fridi unverpackt
fridi-unverpackt.biodeliver.de

RÖBEL
Müritz Unverpackt
facebook.com/mueritz.unverpackt.de

ROSENHEIM
Nimm's lose
nimmslose.bio

ROSTOCK
Bio-Kogge
bio-kogge.de

SAARBRÜCKEN
Unverpackt Saar
facebook.com/UnverpacktSaar
Unverpackt Saarbrücken
unverpackt-saarbruecken.de

SCHORTENS-GRAFSCHAFT
Fairhandelshaus Mercado Mundial
fair-nuenftig.de

SCHWÄBISCH GMÜND
Unverpackt GD
unverpackt-GD.de

SEEFELDEN (bei Freiburg)
Naturkost Luzernhof
naturkost-luzernenhof.de

SIEGEN
Unverpackt Siegen
unverpackt-siegen.de

SPEYER
Kaufladen-Speyer
kaufladen-speyer.de

STRAUBING
Straubing Unverpackt
startnext.com/straubing-unverpackt

STUTTGART
Schüttgut – nachhaltige &
unverpackte Lebensmittel
schuettgut-stuttgart.de

TRIER
Unverpackt Trier
unverpackt-trier.de

TÜBINGEN
Speicher
speicher-tuebingen.de

TÜRKHEIM
Füllwerk
fuellwerk-tuerkheim.de

UTTING AM AMMERSEE
LaVida
biomarkt-lavida.de

WEIßENHORN
Klare Kante
klarekanteweissenhorn.de

WERDAU
Natürlich & unverpackt
facebook.com/Natürlich-unver-
packt-585324031859086

WIESBADEN
Bio Unverpackt
bio-unverpackt.com

WITTEN
Füllbar
fuellbar-witten.de

WÜRZBURG
Unverpackt Würzburg
wuerzburg-unverpackt.de

Weitere Läden

LUXEMBURG
OUNI
ouni.lu/de

ÖSTERREICH

GRAZ
BIO-LADEN Matzer & Kornwaage
bio-laden.at
Das Gramm
dasgramm.at

HOHENEMS
Frida Bioladen & Café
frida-bio.at/der-bioladen/

INNSBRUCK
Liebe und Lose
liebeundlose.at

SALZBURG
Frau von Grün
frauvongruen.at

ST. LEONHARD AM FORST
d'Greisslerei
d-greisslerei.at

ST. VALENTIN
Tante Hanna LadeN
www.tante-hanna-laden.at

VILLACH
UniKorn
facebook.com/Unikorneinzelhandel/

WIEN
Lunzers Maß-Greisslerei
mass-greisslerei.at

Mehr Läden und Infos unter
zerowasteaustria.at/
zero-waste-shops.html

SCHWEIZ

BASEL
Abfüllerei Basel
abfuellerei-basel.ch

BÜLACH
Fürst Unverpackt
fuerst-unverpackt.ch

CHATEL-SAINT-DENIS
Naturellement Vrac
naturellementvrac.ch

LUZERN
Unverpackt Luzern
unverpackt-luzern.ch

SION
Chez Mamie
chezmamiebiovrac.com

TROGEN
Bio Ohne
bio-ohne.ch

WIDEN
Pfünderli
pfuenderli.ch/laden.html

ZÜRICH
BachserMärt
bachsermaert.ch

FOIFI
foifi.ch

Mehr Läden und Infos:
zerowasteswitzerland.ch

Anmerkungen

1   Ein Bokashi ist ein kleiner Eimer, mit dem man in der Küche Biomüll kompostieren kann.

2   Bea Johnson: Zero Waste home – Glücklich leben ohne Müll, 2016. Verlag Ludwig

3   https://de.wikipedia.org/wiki/Kunststoff

4   Studie der Universität Basel, www.focus.de/wissen/natur/wissenschaft-rhein-stark-mit-winzigen-plastikteilen-belastet_id_5139625.html (abgerufen im Dezember 2018)

5   www.nabu.de/natur-und-landschaft/meere/muellkippe-meer/20755.html

6   www.theoceancleanup.com

7   Bayrisches Staatsministerium für Umwelt und Verbraucherschutz (https://www.vis.bayern.de/produktsicherheit/technik_chemie_basis/gefahrstoffe/pak.htm)

8   www.bfr.bund.de/de/presseinformation/2013/13/weichmacher_dehp_wird_hauptsaechlich_ueber_lebensmittel_aufgenommen-186791.html

9   www.verbraucherzentrale.de/wissen/lebensmittel/lebensmittelproduktion/kunststoffe-7035

10 www.omv.com/de/news/omv-wandelt-kunststoffmuell-in-rohoel-um

11 www.bioplastics.ch/EN-13432.pdf, https://de.wikipedia.org/wiki/Biologisch_abbaubarer_Werkstoff

12 IfBB-Broschüre »Biopolymers – facts and statistics«, Ausgabe 2018 (www.ifbb-hannover.de/de/facts-and-statistics.html

13 www.iwks.fraunhofer.de/de/presse-und-medien/pressemeldungen-2018/positionspapier-zu-bioplastik.html

14 www.iwd.de/artikel/das-plastik-problem-36842 (Abgerufen im Dezember 2018)

15 www.umweltbundesamt.de/daten/ressourcen-abfall/verwertung-entsorgung-ausgewaehlter-abfallarten/kunststoffabfaelle#textpart-4 (Abgerufen im Dezember 2018)

16 projekte.sueddeutsche.de/artikel/wirtschaft/deutscher-plastikmuell-verschmutzt-malaysia-e590969 (abgerufen im Februar 2019)

17 www.bmu.de/pressemitteilung/das-verpackungsge-
setz-ist-in-kraft-getreten-weniger-verpackungen-mehr-transparenz-
und-recycling (Abgerufen im Dezember 2018)

18 www.ritter-sport.de/de/ernaehrung-gesundheit/gut-zu-wissen/
Verpackung-Der-Schokolade-neuer-Kleider-RITTER-SPORT
(Abgerufen im Dezember 2018)

19 www.bfr.bund.de/de/presseinformation/2013/13/weichmacher_
dehp_wird_hauptsaechlich_ueber_lebensmittel_aufgenom-
men-186791.html

20 www.verbraucherzentrale.de/wissen/lebensmittel/lebensmittel
produktion/wie-viel-fleisch-ist-das-richtige-mass-5535

21 Nationales Forschungsinstitut für Landwirtschaft in Tsukuba,
Japan
www.spiegel.de/wissenschaft/natur/klimabilanz-ein-kilo-fleisch-
verursacht-36-kilogramm-kohlendioxid-a-495414.html (abgerufen
im Dezember 2018)

22 Mehr Infos unter https://gruenanteil.net oder https://anstiftung.de/
urbane-gaerten/gaerten-im-ueberblick?view=map

23 www.dw.com/de/der-lebensweg-einer-plastikflasche/g-17345961

24 utopia.de/ratgeber/wasser-plastikflaschen-gesundheit/

25 test 08/2016, Leitungswasser und Mineralwasser. Der große Wasser-
check.

26 www.natursinn.de/2018/12/21/wasserhahn_leitungswasser_
qualitaet (abgerufen im Dezember 2018)

27 www.spiegel.de/gesundheit/ernaehrung/trinkwasser-ist-unser-
wasser-wirklich-voller-mikroplastik-a-1166410.html (abgerufen
im Dezember 2018)

28 https://luckyironfish.com/pages/research

29 www.test.de/Melamin-Geschirr-Gesundheitsgefahr-durch-Erhitzen-
4238495-0 (abgerufen im Dezember 2018)

30 Stellungnahme Nr. 012/2011 des BfR vom 09.03.2011

31 energieverbraucher.de/de/tipp19-wasserkocher__1966/#con-5916
(aufgerufen im Dezember 2018)

32 https://plastikfreiheit.de/ohne-plastik/sojamilchbereiter-fuer-
frische-soja-nuss-getreidemilch/

33 www.spektrum.de/news/wie-gefaehrlich-sind-bisphenol-a-und-seine-ersatzstoffe/1285126 (abgerufen im Dezember 2018)

34 www.uni-sapon.com

35 Eine Anleitung zum Häkeln finden Sie zum Beispiel hier: gemachtmitliebe.de/spueltuecher-haekeln, zum Stricken unter simply-kreativ.de/stricken/saubere-sache-strickanleitung-fuer-spueltuecher

36 utopia.de/ratgeber/efeu-waschmittel-selber-machen-saponine

37 umweltbundesamt.de/themen/chemikalien/wasch-reinigungs mittel/umweltbewusst-waschen-reinigen

38 https://utopia.de/sponsored-content/kokosoel-bio-fair-nachhaltig/)

39 smarticular.net/die-wurmbox-verwandelt-abfaelle-in-frischen-duenger/; wurmwelten.de

40 wwf.de/zwei-wochen-mallorca-verursachen-eine-tonne-co2

41 Regenjacken: Ökotest-Jahrbuch Familie 2015: oekotest.de/kinder-familie/12-Regenjacken-fuer-Kinder-im-Test_105591_1.html Gummistiefel: Ökotestet September 2018: oekotest.de/kinder-familie/16-Gummistiefel-fuer-Kinder-im-Test_111418_1.html, Konsument Oktober 2017: konsument.at/cs/Satellite?pagename= Konsument/MagazinArtikel/Detail&cid=318902357557) Matschhosen im Test: Jahrbuch Kleinkinder 2018: oekotest.de/kinder-familie/13-Matschhosen-im-Test_110635_1.html

42 dohero.de/kind/grune-kindermode/hosen/wollwalk-hose-gr.-50-128-in-verschiedenen-farben

43 outdoor-magazin.com/service/camp-equipment/bekleidung-impraegnieren-mit-wachs.1562784.3.htm

44 umweltbundesamt.de/themen/nachhaltigkeit-strategien-internationales/sdgs-herausforderung-fuer-die-1 (abgerufen im Februar 2019)

45 plastikfreies-augsburg.de/aktivitaeten/brings-mit/

Unsere Leseempfehlung

192 Seiten

Bäume lassen jeden von uns gesünder und länger leben. Noch vor einigen Jahren galt die Heilkraft des Holzes als Volksmeinung, inzwischen ist ihr großer Nutzen auch von der etablierten Medizinforschung wissenschaftlich bestätigt. Dieses Buch ist ein verlässlicher Begleiter, wenn es darum geht, die wiederentdeckten Kräfte der Natur zurück in ihr Leben zu bringen: Welches Holz beeinflusst meinen Organismus positiv? Was kann ich tun, um wieder besser zu schlafen? Entdecken Sie gemeinsam mit dem Förster und Naturholzspezialisten Erwin Thoma und dem Medizinwissenschaftler Maximilian Moser das uralte Wissen um die heilende Kraft des Waldes neu.

Unsere Leseempfehlung

ca. 272 Seiten

Haben Pflanzen ein Bewusstsein? Wie ist es um ihr Sinnesleben bestellt? Die Forschung des israelischen Biologen Daniel Chamovitz hat Erstaunliches zutage gefördert. Etwa darüber, welche Geräusche Pflanzen wahrnehmen und wie sie über ihre Wurzeln miteinander kommunizieren. Wissenschaftlich fundiert erläutert Chamovitz, warum sich nicht nur Menschen, sondern auch Kirschblüten an gutes Wetter erinnern, dass das Basilikum auf der Fensterbank spürt, wenn wir es rupfen – und Sonnenblumen die Welt, genau wie wir, in den buntesten Farben wahrnehmen.